KB202397

고독하지만

고독하지만

초판 1쇄 **인쇄**   2021년 12월 21일
초판 1쇄 **발행**   2021년 12월 27일

지은이   허화평
펴낸이   이재욱
사 진   박주현
펴낸곳   ㈜새로운사람들
마케팅 관리   김종림

ⓒ허화평, 2021

등록일   1994년 10월 27일
등록번호   제2-1825호
주소   서울특별시 도봉구 덕릉로 54가길 25(창동 557-85, 우 01473)
전화   02-2237-3301
팩스   02-2237-3389
이메일   ssbooks@chol.com

ISBN   978-89-8120-632-1 (03300)

*책값은 뒤표지에 씌어 있습니다.

고독하지만

허화평

새로운사람들

머리글

국가는 심한 자폐증(自閉症)을 앓고 있고, 국민은 가볍지 않은 우울증(憂鬱症)과 심통(心痛)을 겪고 있다. 1993년 이래 날로 깊어져 가고 있는 중병이자 오직 혁명적 변화로만 치유 가능한 난치병이다. 부분적 변화나 표피적 개선이 아니라 전반적이고 근원적인 개선과 변화가 아니면 치유 불가능하고 방치하면 할수록 악화되어 가는 고질병 현상이다.

나라의 도(道)는 혼란스럽고 치(治)는 걷잡을 수 없는 지경에 이르고 있다. 동양사상에서 도(道)란 사상과 가치관을 뜻하고 치(治)는 도(道)를 구현시키는 원칙과 방책을 의미한다. 사상이 빈곤하여 생각이 비천한 사회에서는 도(道)가 제 자리에 설 수 없고 치(治)가 제대로 작동할 수 없다. 이러한 환경에 놓인 국가는 내부 분열과 갈등, 시행착오의 반복으로 국가 에너지를 소진하고, 국민으로 하여금 허위의식과 허영심에 빠지게 하여 국가의 추락과 국민의 타락을 가속화함으로써 급기야는 막다른 골목에 이르게 된다.

일제 식민지 통치로부터 벗어난 지 76년이 지나고 한일협정으로 양국 간 문제가 매듭지어진 지 56년이 지났음에도 천박한 사고와 언어에 의존하여 반일(反日)로 출세하고 잘 살아보겠다는 무리들이 줄어들지 않고 있다.
북한 공산주의자들에 의한 6.25 남침으로 민족적 대참사(大慘事)를 겪었음에도 불구하고 '위수김동(衛首金同, 위대한 수령 김일성 동지)'을 외치며 김일성이 남겨두고 간 유훈을 읊어대는가 하면 국민이 피와 땀으로 이루어낸 지난날의 성취를 '민주', '민족해방', '민족자주'라는 부적(符籍)으로 가리고 조롱하면서 피로써 지켜낸 자유 대한민국을 김일성 세습왕조가 꿈꾸고 있는 주체사회주의 국가, 전체주의 국가로 만들고자 하는 자들이 혁명적 음모와 책동을 서슴지 않고 있다.

인간의 삶에서 낭패(狼狽)를 겪고 나서야 후회하는 것만큼 어리석은 경우는 없다. 조선왕조가 망할 때 조선의 백성들이 그러했고 오늘을 살아가는 우리 역시 그때와 크게 다르지 않다. 생각이 천박하고 결기(決起)가 부족한 인간은 동물적 본능의 꼭두각시일 뿐이며 현실에 안주하면서 폭민(暴民) 앞에 움츠러들고 강자들의 겁박과 감언이설(甘言利說)에 쉽게 농락당하고 기만당하는 존재들이다.

지금은 지난날을 뒤돌아보고 우리 자신에 대해 순수한 마음과 맑은 눈으로 살펴봐야 하는 중요하고 위태로운 시기다.

근대국가인 우리나라는 근대국가로서 갖추어야 할 근대사상의 이론과 지식과 제도를 수입한 국가다.

이것들을 우리 자신의 것으로 숙성시키고 발효시켜야 했으나 노력은 소홀했고 실행은 허술했다. 겨우 겉모양만을 흉내 내어 왔을 뿐 그간의 성취에 도취하여 모든 것을 소화해내고 성공적으로 모방한 것처럼 착각하며 자만하고 있다. 이를 확인하려면 더 보탤 말과 글이 필요치 않다. 지금 현재 우리 눈앞에서 벌어지고 있는 행정부, 입법부, 사법부를 망라한 정치판과 교육현장이 생생한 증거들이다.

우리는 그야말로 혁명적 변화, 혁명적 변신이 요구되는 시대를 살아가고 있다. 이를 위한 첫걸음은 착각과 자만에서 벗어나는 것이다.

수준 낮은 사상 수입 국가, 수준 낮은 이론과 지식 수입 국가, 수준 낮은 제도 수입 국가, 저질 정치 후진국이자 여전히 미완의 근대국가임을 진솔하게 인정하는 것을 의미한다.

독일 유태계 출신으로 1941년 나치스를 피해 미국으로 건너가 사상과 철학계에 큰 영향을 끼쳤던 한나 아렌트는 『전체주의 기원 The Origin of the Totalitarianism』(1951)에서 나치즘(Nazism)과 스탈린주의(Stalinism)에 맞서 살아가야 하는 인간은 과거를 새롭게 조명함으로써 현재를 재인식하고 미래를 위한 빛을 선사하기 위하여 '심대한 충격을 가할 수 있는 새

한나 아렌트
Hannah Arendt
1906~1975
독일, 미국

로운 사상(the deadly impact of new thoughts)'이 필요하다고 역설했다.

전체주의 광풍과 비극을 직접 겪어야 했던 아렌트의 호소는 지금 우리에게도 여전히 유효함을 깊이 인식할 필요가 있다. 스탈린주의와 나치즘을 합쳐놓은 체제를 고수하고 있는 북한이 분단 이래로 대남적화 노선을 포기한 적이 없고 남한 내에서는 북한을 추종하는 세력들이 곳곳에 포진하고 있기 때문이다.

주사파를 등에 업고 있는 국정 최고 책임자가 구체적 설명도 없이, 더욱이 국민의 동의조차 구하지 않고 발언한 다음과 같은 내용은 평범한 국민조차 우려와 의문을 갖게 했다.

"한 번도 가보지 않았던 길을 갈 것이다."
"국가가 국민의 삶을 책임지도록 하겠다."

이 말은 국가 체제와 국민 삶의 방식을 송두리째 바꿔놓겠다는 뜻으로 받아들여질 수 있는 위험하고 급진적인 표현이다. 만약 대통령이 그와 같은 뜻으로 말했다면 이는 곧 혁명을 의미한다. 대한민국은 자유주의 길을 걸어가고 있는 국가이고 국민의 삶에 대한 책임은 개개인에게 있는 국가이기 때문이다.

헌법을 새롭게 고쳐 쓰지 않는 한 그와 같은 대통령의 뜻은 실현될 수 없다. 개헌은 주권자인 국민의 권리이지 대통령의 권한에 속하는 것이 아니다. 당연히 제1야당은 발언의 참뜻에 대해 공개적이고 공식적인 질의를 통하여 국민의 의문을 해소시켜 줄 책임이 있음에도 침묵했다. 거세(去勢)된 노새와 같고 거대 여당의 실책에 기대어 가까스로 명맥을 유지해가고 있는 기생(寄生) 정당인 제1야당(국민의힘)이 이를 막아내고 시대가 요구하고 있는 새로운 변화를 촉발해주기를 기대한다는 것은 순진한 환상이다.

오직 자유주의 체제를 지켜내고자 하는 국민만이 주사파를 중심으로 하는 저들의 음모를 저지하고 혁명적 변화를 추동(推動)해 갈 수 있다. 이 것은 이 시대를 살아가고 있는 주권자인 국민의 역사적 사명이자 위대한 책무다. 자유 대한민국을 지켜내고자 하는 국민의 내재적 에너지가 응축되어 표출되는 역사의 숨결이 멈추지 않는 한 깨어 있는 국민이 새로운 시대를 열어가면서 새로운 세상을 만들어가는 것이 최선의 길이자 가장 바람직한 길이다.

결코 쉬운 길은 아니지만 불가능하지도 않다. 그러나 유감스럽게도 지금은 낙관적이라기보다 비관적이다. 하루하루의 삶에 얽매여 힘겹게 살아가는, 순진하기 이를 데 없는 대다수 국민들이 요란한 가면을 쓴 권력자들이 쏟아내는 사카린처럼 달콤한 약속에 속아 넘어가고 저들이 내미는 매끄러운 유혹의 손길에 농락당하면서 저들을 둘러싼 추종자들의 난동에 가까운 무례함과 횡포에 속수무책으로 노출되어 있고 국가가 송두리째 요동치고 있기 때문이다.

이처럼 엄중하고 절박한 시기에 이 땅의 주인(主人)이자 자유민주공화국 대한민국의 주권자(主權者)로서 귀를 막고 눈을 막은 채 분노할 줄도 절규할 줄도 모르고 행동하지 않는다면 국민이라고 할 수 있을까? 국민으로서 사명과 책무를 다하려면 통렬한 자기반성을 전제로 먼저 우리 자신에 대해 분노할 줄 알아야 한다.

사상이 무엇이며 왜 중요한 것인가를 소홀히 여긴 것에 대해, 국가·사회와 관련하여 무엇이 중요하고 무엇이 잘못되어 가고 있는지 모르고 있었던 무지에 대해, 진실을 외면하고 참된 것과 거짓된 것을 분별하려고 노력하지 않았던 태만에 대해, 속거나 농락당해온 어리석음에 대해, 눈을 감고 귀를 막으며 침묵해온 비겁함에 대해 분노한 후에라야 무대를 독점하고 국정을 요리하며 사회를 좌지우지하는 무리들을 향해 분노하는 것이 정직한 태도이다.

또한 분노는 잘못된 제도, 잘못된 법률, 잘못된 규정, 잘못된 관행, 고질적 악습과 풍토와 같은 근원적 모순에 대한 것으로 연결되어야만 한다. 분노할 때 절규하게 되고 절규가 행동으로 변할 때 새로운 변화가 이뤄지고 새로운 세상이 도래할 것이라는 믿음이 요구되는 시대이자 지금은 추락(墜落)의 길과 상승(上昇)의 길을 두고 선택을 해야 하는 중대한 시기다. 한 사람의 분노가 만인의 분노가 되고 한 사람의 절규가 만인의 절규가 될 때 비로소 우리는 올바른 선택을 할 수 있게 될 것이다.

나는 자유민주공화국 대한민국이라는 테두리 안에서 나의 사상, 나의 가치관에 입각하여 본질적인 문제점들을 서술했고 자유대한민국 체제에 반하는 개인과 무리들의 생각들, 정책들, 행태들과 무기력한 제1야당에 대해 비판했으나 이것은 시비를 위한 것이 아니라 건강한 논쟁의 불씨가 되어주기를 기대하면서 서술했다.

동서냉전이 끝났다고 해서, 사상의 자유가 허용된다고 해서 국가체제의 기본인 헌법정신을 공공연하게 무시하거나 무력화시키는 행태는 폭력적 혁명이 아니고서는 어떤 경우에도 용납되지 않는 것이 현대국가의 포기할 수 없는 운영 원칙이다.

그럼에도 이미 우리의 헌법정신은 깊은 상처를 입고 있다.

새로운 시대, 새로운 세상을 위한 혁명적 변화는 진폭과 충격이 클 수밖에 없다. 진폭과 충격이 클수록 새로운 갈등과 충돌이 발생할 가능성이 높아질 수밖에 없는 것이 한국사회 풍토이므로 타협과 관용을 수반하는 지혜로운 접근이 절대적으로 필요하다.

따라서 국민적 차원의 혁명적 변화는 평범한 지식이나 경험과 의욕의 힘만으로 가능한 것이 아니라 지혜의 안내를 받을 때만 가능하다. 이 경우의 지혜란 참된 지혜를 말하고 참된 지혜란 타협과 관용이라는 요소를 내포하고 있을 때 해당되는 단어다.

하지만 우리는 일상의 삶에서 '지혜'라는 것을 망각한 채 살아가는 경향이 있고 한국 정치 사회에서 타협과 관용이란 무용지물로 퇴색된 지 오래다. 관용과 타협 정신을 내포하고 있는 참된 지혜만이 창조적 변화를 일으킬 수 있지만, 관용과 타협이 없는 변화는 파괴적 변화를 초래함으로써 새로운 갈등, 새로운 충돌, 새로운 혼란을 야기하며 퇴보와 추락을 불가피하게 하고 모든 것을 상실할 수 있는 원인이 될 수 있다.

우리는 이미 김영삼 정권 이래 이 같은 과오를 반복함으로써 깊은 수렁에 빠져들고 있음을 깊이 인식하지 않으면 안 된다. 어렵고 힘든 일을 치러야 할 때일수록 지혜의 힘이 필요한 것이 인간사다.

지혜의 도움을 받는 자는 멀리 내다보고 멀리 갈 수 있다. 지혜의 안내를 받는 자는 받지 못한 자보다 성공할 확률이 높다. 마치 봄바람을 타고 멀리 사방으로 날아가 씨앗을 퍼뜨리며 새로운 생명을 탄생시키는 민들레처럼 지혜란 어떤 장벽도 넘어갈 수 있고 어떤 장애라 할지라도 건너뛸 수 있는 마력(魔力)을 지니고 있다.

그런가 하면 지혜(智慧)는 진가를 알아주는 인간, 간절히 필요로 하는 인간에게만 주어지는 까다로움이 있다. 변화의 바람을 일으키고 새로운 시대, 새로운 세상을 만들어가려는 국민이라면 지혜의 안내를 받지 않으면 안 된다. 지혜야말로 변화의 바람을 일으키는 동력이자 발전과 전진의 길잡이다.

2021년 12월
허 화 평

차례

머리글 | 4

니뮐러의 고백 | 15

First they came | 19

처음 그들이 들이닥쳤을 때 | 20

그대는 몰랐을 거야 | 25

들쥐 공화국 | 27

위기의 대한민국 | 28

민주(民主)와 공화(共和)를 갉아먹다 | 31

자유시장경제를 갉아먹다 | 46

법치를 갉아먹다 | 66

안보를 갉아먹다 | 89

양심을 갉아먹다 | 131

전체주의 그림자 | 149

악령의 출현 | 150

전체주의(totalitarianism)란? | 155

폭민(暴民, mob)의 출현 | 164

다수의 폭군(tyrants of majority) | 165

우두머리 정치 | 176

색깔을 말하지 말라 | 185

목숨을 걸지 않았다 | 186

진짜의 압승, 가짜의 참패 | 187

참패의 변 | 190

색깔을 말하지 말라? | 201

거세된 노새 정당 | 216

지혜의 안내 ┃ 221

바람과 함께라면 ┃ 267

바람과 함께라면 ┃ 270

헌정(獻呈)과 감사의 글 ┃ 272

니묄러의 고백

보수적 민족주의자였던 독일인 마르틴 니묄러는 1차 세계대전 당시 U-보트 함장으로 뛰어난 전공을 세워 1급 철십자 훈장을 수여받았던 장교였다. 전쟁이 끝나자 신학을 전공(1919~1923)한 후 루터교회(Lutheran Church) 목사가 되어 목회자의 길을 걸으면서도 나치에 반대하고 세계평화를 위한 반전, 반핵 운동에 앞장섰다.

바이마르공화국 기간(1919~1933)을 어둠의 시기로 인식하며 환멸을 느꼈던 그는 1933년, 히틀러(Hitler)가 합법적으로 집권하여 나치스(Nazis) 정권이 등장했을 때 독일을 새롭게 일으켜 세우고 위대하게 만들어줄 것이라는 기대를 품고 적극 옹호했으나 오래가지 않아 그것이 큰 착각이었음을 깨닫고 반(反)나치스로 돌아섰고 나치스에 반대하는 기독교 목회자들의 지도자로 변신하였다.

니묄러를 반(反)나치스로 돌아서게 했던 동기는 히틀러 정권에 의한 '아

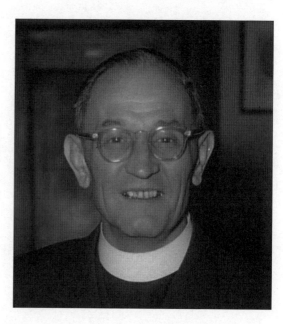

마르틴 니묄러
Friedrich Gustav Emil Martin
Niemöller
1892~1984
독일

리안 조항(Aryan Paragraph)'과 교회의 나치스화 정책이었다. 1933년 4월에 입법화된 아리안 조항은 반(反)유태인 노선을 핵심 내용으로 하는 인종주의(racism) 조항으로서 600만 유태인 말살 정책의 법적 근거가 되었다. 니묄러는 이것이 기독교 정신에 어긋날 뿐 아니라 국가가 교회 위에 군림하여 교회 자체를 나치스화 하려는 데도 반대하였던 것이다.

니묄러는 1934년, 바르멘(Barmen)에서 20세기 신학계의 거두인 칼 바르트, 본회퍼와 더불어 루터파와 프로테스탄트가 중심이 된 고백교회(The Confessional Church)를 세우고 바르트가 주동이 되어 작성한 '바르멘 선언(The Barmen Declaration)'을 함께 발표하였다.

"독일 교회는 항상 성서(scriptures)를 믿는다. 고로 독일 기독교인은 국가가 교회를 접수하는 것에 반대하고 나치스의 반(反)유태인 정책과 어떠한 이단도 반대한다."

칼 바르트
Karl Barth
1886~1968
스위스

이 선언문 발표로 인해 바르트는 본 대학교에서 스위스로 추방되고, 본회퍼는 1943년 체포되어 1945년 4월 5일 처형당했다. 니묄러 역시 1937년 체포되어 반국가 활동 죄목으로 재판을 받고 수감되었으나 1945년 종전으로 풀려났다.

니묄러의 반(反)나치스 활동은 그 자신을 포함하여 수많은 기독교인들, 지식인들이 히틀러를 구원자로 받아들이고 나치스를 옹호했던 비겁하고 부끄러운 행위에 대한 반성에서 비롯되었다. 당시 『기독교 세계』라는 잡지에 실린 기사 내용에서 히틀러 집권 당시 그를 구원자로 받아들인 독일 그리스도교 신자의 숫자가 적지 않았음을 알 수 있다.

"1930년대 말경 거의 모든 신학생들이 나치이고… 프로테스탄트 신학생의 약 90%가 강의실에서 나치 상징을 가지고 있었다."

디트리히 본회퍼
Dietrich Bonhoeffer
1906~1945
독일

니묄러는 종전 후 반전(反戰), 반핵(反核) 평화운동가로서 국제사회에 큰 영향을 미쳤고 1961년에는 WCC(World Council of Churches, 세계교회협의회) 회장이 되기도 했다.

그가 남긴 유명한 고백 연설의 일부가 시(詩) 형태로 번역되어 많은 나라에서 오늘날까지 읽혀지고 있다. 1946년 1월 6일, 프랑크푸르트(Frankfurt)에 위치한 고백교회에서 행한 연설 내용 중 가장 감명적인 부분이 시적으로 편집되어 영어로 번역된 것들 중 대표적인 것이 영국 정부가 지원하는 자선단체인 홀로코스트기념사업회(The Holocaust Memorial Day Trust)가 <처음 그들이 들이닥쳤을 때(First they came)>라는 제목으로 발표한 것이다.

First they came

First they came for the Communists
And I did not speak out
Because I was not a Communist

Then they came for the Socialists
And I did not speak out
Because I was not a Socialist

Then they came for the trade unionists
And I did not speak out
Because I was not a trade unionist

Then they came for the Jews
And I did not speak out
Because I was not a Jew

Then they came for me
And there was no one left
To speak out for me.

처음 그들이 들이닥쳤을 때

처음 그들이 공산주의자들을
잡아들이기 위해 들이닥쳤을 때
나는 아무런 항의도 하지 않았다
나는 공산주의자가 아니었기 때문에,

그리고 그들이 사회주의자들을
잡아들이기 위해 들이닥쳤을 때
나는 아무런 항의도 하지 않았다
나는 사회주의자가 아니었기 때문에,

그리고 그들이 노동조합원들을
잡아들이기 위해 들이닥쳤을 때
나는 아무런 항의도 하지 않았다
나는 노동조합원이 아니었기 때문에,

그리고 그들이 유태인들을
잡아들이기 위해 들이닥쳤을 때
나는 아무런 항의도 하지 않았다
나는 유태인이 아니었기 때문에,

그리고 그들이 나를
잡아들이기 위해 들이닥쳤을 때
나를 위해 항의해줄 그 누구도
남아있지 않았다.

니묄러가 행한 고백 연설은 국가권력이 최고 권력자와 그 추종자들의 손에 장악되고 그들에 의한 난폭한 권력 행사로 희생자가 생겨날 때, 그것은 특정 개인 또는 소수에게만 국한되는 것이 아니라 국민 전체가 희생의 대상이 된다는 것을 알아차리고 반대하거나 저항하지 않으면 재앙이 지나간 다음 후회해봐야 소용이 없다는 사실에 대한 체험적 증언이다.

오늘날 한국사회의 지식인들로 하여금 많은 것을 생각하게 하는 시다. 지난날의 호국과 성취에 침을 뱉고 반일(反日)로 자해(自害)를 서슴지 않으면서 한미동맹 해체를 주장하고 심지어 군을 능욕하는 데 앞장서는가 하면, 대기업을 착취집단인 양 몰아세우면서 가진 자들을 적대시하고 북을 향해서는 아양을 떨고 중국 앞에서는 머리를 조아리는 인사들 대부분이 소위 지식인이다.

2019년, 자유 대한민국 하늘 아래서 "나는 사회주의 혁명을 꿈꿨다."고 자랑하듯 말하고 반일을 위해서라면 '죽창가' 부르기를 마다하지 않겠다고 큰소리 친 인사는 서울법대 교수이자 법무장관까지 지낸 대표적 지식인이다. 어떤 사회에서나 지식인들이 그 사회에 미치는 영향은 크다. 그들은 강한 입과 예리한 펜의 소유자들이다. 그러나 독일의 예에서 알 수 있 듯이 그들을 인정은 하되 헛된 기대나 과대한 환상을 갖는 것은 위험하다.

인간을 신의 속박으로부터 해방하고 이성과 합리성을 일깨워준 계몽주의 사상의 중심국가 중 하나이자 세계 제1의 문명국가로 자부하던 독일에서 빌헬름 2세(Wilhelm II)가 1차 세계대전을 일으켰을 때 독일을 대표하는 지식인 93명이 비도덕적이고 잘못된 전쟁을 지지하는 '지성인 선언(Manifesto of the Intellectuals)'을 발표한 행위나 나치 집권 초기에 열광했던 독일 지식인들의 행태가 인간으로 하여금 이성의 맹신에서 벗어나 탈(脫)이성 시대를 열어가는 계기로 작용하였다.

이성의 시대가 근대주의(modernism)의 시대라면 탈(脫)이성 시대는 탈(脫)근대주의(post-modernism) 시대다. 이성적이고 합리적인 지성인으로 자처하는 지식인일수록 맹신과 광기에 사로잡히게 되면 평범한 인간보다 더 급진적이고 사악한 인간으로 변모한다는 사실을 20세기 전체주의 국가들의 만행을 통하여 알게 되었으나 그 유령이 영원히 사라졌다고 단

리처드 위버
Richard Malcolm Weaver, Jr
1910~1963
미국

언할 수는 없다.

　미국 시카고대학 영문학 교수였던 리처드 위버는 1948년 지금은 고전이 된 예언적 사상서인 『Ideas Have Consequences(생각이 결과를 가져온다)』를 출간하여 미국 지식인 사회에 큰 반향을 불러일으킨 바 있다. 그는 지식인이 지녀야 할 으뜸가는 사고가 무엇인가를 제시하기 위해 2차 세계대전을 전후하여 서구 사회가 직면한 삶의 규범(standards)과 가치(values)의 쇠퇴 현상에 대한 심층 분석으로 시작되는 그 저서에서 독일을 예로 들면서 니체(Nietzsche)의 비판을 인용했다.

　서구 근대사를 통하여 어리석은 사건을 상기시켜 주는 본보기가 총체적 교양국가(totally literate nation)였던 독일이 나치즘 광풍에 휩쓸려 간 것이었음을 지적하고 이를 '근대 독일의 비극(the tragedy of modern Germany)'이라고 묘사하면서 지식인에 대한 니체의 통렬한 관찰(bitter observation)을 소개했다.

　"모든 인간에게 읽는 것에 대한 배움이 허용되지만 결국은 쓰는 것만이 아니라 생각하는 것까지 망친다. Everyone being allowed to learn to read, ruineth in the long run not only writing but also thinking."

　북한은 21세기 최악의 전체주의 국가이고 지금 현재 우리 주변에서도 유사한 현상들이 생겨나고 있다. 히틀러와 나치스가 합법적으로 집권하고 민족을 앞세워 전체주의 체제를 유지했던 것처럼, 현 좌파정권 역시 선거를 통하여 집권하고 반일 민족주의를 앞세우면서 국가주의 노선을 추구하고 있다는 점에서 유사하다.

　나치스 치하의 독일 지식인들이 히틀러의 나팔수였던 것처럼 친(親)정권 좌파 지식인들이 그들 못지않은 나팔수 역할을 하고 있다는 점도 유사하다. 나치스가 국가의 모든 기관을 완벽하게 장악하고 국가 총동원 체제를 구축했던 것처럼 현 좌파정권 역시 행정부, 입법부, 사법부를 포함한 국가 주요기관을 비롯하여 주요 언론, 노동, 교육, 문화단체 등을 등에 업고 국정을 일방적으로, 독단적으로 운영하고 있다는 점에서 유사하다.

교과서를, 그리고 역사를 권력자들의 주문에 맞추어 새롭게 쓰고 통계와 여론을 조작하는 것도 유사하다. 자유가 위축되고 개인과 기업의 사유재산권이 날로 잠식당하며 시장경제가 질식되어 가는 것 역시 유사하다. 권력의 힘으로 법의 이름 아래 법치를 유린하고 다수의 힘으로 소수를 무력화하는 것, 사회 정의를 앞세워 부정의를 정당화하고 정의를 독점하는 것은 국가주의, 전체주의 국가의 공통된 특징이다.

촛불시위대가 광화문 광장을 휩쓸던 때, 국회가 대통령에 대해 위헌이나 불법 행위 여부에 대한 조사 활동도 없이 탄핵을 가결하고, 이를 받아들인 헌법재판소가 재판관 전원일치로 정당하다고 판결했을 때, 언론과 광장의 대중은 환호했고 좌파들은 이를 두고 촛불혁명으로 미화했으나 그 촛불은 이 땅의 헌법정신과 대의 민주주의와 시장경제와 법치주의를 송두리째 불태웠을 뿐이다.

한나 아렌트는 『전체주의 기원』에서 전체주의 재앙은 20세기로서 끝난 것이 아니라 앞으로도 반복될 수 있는 가능성이 있음을 경고했다. 불행히도 한반도가 그런 가능성이 높은 곳이 될 수도 있지 않을까 하는 우려를 금할 수 없다.

독일의 니묄러처럼 모든 것이 끝나버린 다음 고백하고 한탄해봐야 소용없는 일이다. 지금 우리는 반성이 아니라 결단이 요구되는 시대를 살아가고 있다. 이 나라가 우리 발밑에서 무너져 내려가고 있기 때문이다.

그대는 몰랐을 거야

그대는 몰랐을 거야
저들이 정의를 내세웠을 때
그것은 저들만의 정의인 것을,

그대는 몰랐을 거야
저들이 공정을 내세웠을 때
그것은 저들만의 공정인 것을,

그대는 몰랐을 거야
저들이 정의와 공정을 독점할 때
그것은 자유의 종말인 것을,

그대는 몰랐을 거야
저들이 민족을 내세웠을 때
그것은 반일반미친북인 것을,

그대는 몰랐을 거야
저들이 평등을 내세웠을 때
그것은 가난의 평등인 것을,

그대는 몰랐을 거야
반일반미는 고립의 길,
가난의 평등은 노예의 길인 것을.

들쥐 공화국

위기의 대한민국

　우리 헌법은 대한민국을 민주공화국(Democratic Republic)으로 규정하고 있다. 그러나 지금은 '들쥐 공화국(lemming republic)'으로 변해가고 있는 것이 아닌가 하는 의문을 떨쳐낼 수가 없다. 1980년대 혼란기에 당시 주한미군사령관이던 위컴 대장(John Adams Wickham Jr.)이 내뱉듯이 발언했던 내용이 새삼스럽게 떠오르는 것도 이 때문이다. 그는 당시에 한국인들을 '들쥐'라고 표현해서 물의를 일으킨 적이 있었다. 네이버 지식백과에는 다음과 같이 소개되어 있다.

"Koreans are like field mice, they just follow whoever becomes their leader. Democracy is not an adequate system for Koreans."

　위컴 대장이 사용했던 정확한 단어는 '레밍'이다. '레밍(lemming)'이라는 들쥐는 무리를 이루고 다니면서 앞서가는 우두머리가 잘못하여 절벽 아래로 떨어지면 뒤따르는 무리도 함께 따라 떨어지는 습성을 지닌 야생 들쥐의 일종으로 '나그네쥐'라고도 한다.
　위컴 대장이 말한 한국인이 어떤 부류의 한국인인지 확인된 바는 없었으나, 한국인을 싸잡아 지칭한 것이 아니라 그가 평소에 접촉하고 있던 정치인, 외교관, 관료, 교수, 언론인, 기업인 등을 염두에 두고 표현했을 가능성이 높다.

2020년 10월, 안철수 국민의당 대표가 "추미애 법무장관과 이성윤 중앙 지검장은 라임·옵티머스 수사에서 손을 떼야 한다."면서 "선량한 국민의 돈을 갈취한 쥐새끼가 있다면 한 명도 남김없이 색출해 모두 처벌해야 한다."고 비판했다.

쥐새끼란 끊임없이 눈알을 굴리고 위험을 피해 다니면서 눈앞에 먹을 것이 있으면 닥치는 대로 갉아 먹는 약삭빠른 설치류(齧齒類) 동물이다. 기회주의적이며 약삭빠르고 탐욕적이며 비겁한 인간을 쥐새끼에 비유하는 이유다.

인간은 동서고금(東西古今)을 통하여 인간의 모습이나 행태를 동물의 그것에 비유해서 말하거나 글로 표현해왔다. 고대 중국은 황제의 얼굴을 용안(龍顏)이라 했고 영국은 사자 왕 리처드(Richard the Lion-Hearted)라고 했다. 사슴의 눈을 가진 선한 자, 뱀처럼 차가운 인간, 이리처럼 탐욕스러운 자라는 등등의 표현은 욕설이라기보다 문학적 비유에 가깝다.

오늘날 한국사회의 난맥상(亂脈相)은 들쥐 떼가 휩쓸고 간 들판이라고 해도 과언이 아닐 만큼 모든 것들이 헝클어질 대로 헝클어지고 제대로 작동하는 것이 하나도 없다고 해도 과언이 아니다. 난맥상을 연출해내고 있는 당대의 주인공들과 그들의 추종자들 행태를 동물의 행태에 비유한다면 들쥐 떼의 행태에 가장 가깝다고 할 수 있다.

한 마리의 들쥐는 인간이나 동물을 통째로 집어삼킬 수 없지만 떼를 이루면 뼈까지 갉아먹어치울 수 있는 괴력을 발휘하는 존재다. 인간사회에서 권력을 둘러싼 채 국정을 요리하고 사회를 주도하는 집단은 언제라도 들쥐떼보다 훨씬 위험하고 강력한 집단으로 변모할 수 있는 존재임을 실감하고 있는 것이 현실이다.

그러나 나는 어떤 개인이나 집단도 비하할 생각이 없다. 누가 나를 향해

동시대 같은 무리에 속한다고 비판해도 반박할 생각이 없고 반박할 이유도 없다. 국가사회 현상에 대한 궁극적 책임은 주권자인 국민에게 있고 나 역시 국민의 한 사람이기 때문이다. 다만 나 자신의 행태에 대해 다시 한 번 생각하게 하는 자극으로 받아들이는 것으로 충분하다. 나 자신을 욕되게 하고 비하하는 것으로 인식하여 반감을 지니거나 상대를 공격하는 순간 스스로 들쥐 같은 존재가 될 수 있기 때문이다.

오늘날 이 땅의 권력자들, 이들 권력에 기생하는 지식인들, 권력을 등에 업은 시민단체와 이익집단들이 대한민국이라는 들판에서 민주공화국을, 경제를, 법치를, 안보를, 심지어 국민의 영혼과 양심까지 갉아먹는 들쥐의 모습이라 해도 반박하기 어렵다. 들쥐들이 설쳐대고 들쥐들이 꾸려가는 공화국이라면, 이는 곧 들쥐 공화국이 아닐까?

민주(民主)와 공화(共和)를 갉아먹다

세월이 가고 선거가 거듭되고 정권이 바뀔 때마다 민주주의가 뒷걸음질 치고 개인의 자유가 축소되어 가고 개인의 권리가 위협받고 정의가 사라져 가는 환경에서 권력을 잡고 있는 정치인들, 이들을 등에 업고 있는 관료들, 지식인들과 언론인들이 보이고 있는 공통점은 '사자처럼 왔다가 하이에나처럼 변하거나 고양이처럼 사라진다.'는 현상이다.

이런 경우는 우파정권이나 좌파정권의 구분이 없다. 이들은 민주와 자유, 정의와 평등, 평화와 민족자주, 사람 사는 세상과 같은 화려한 언어를 구사하면서 레밍처럼 최고 권력자인 우두머리를 따라 때로 몰려다니면서 갉아먹을 수 있는 것은 다 먹어치우고 책임져야 할 때가 오면 자취를 감춘다. 이들 대다수는 생산을 해본 적도, 세금조차 제대로 내본 적이 없는 백해무익한 건달 족이자 낭비 족에 가깝다.

건국 이래 지금처럼 좌파세력이 행정부, 입법부, 사법부, 교육계, 노동계, 언론계, 문화계에 이르기까지 완벽하게 틀어쥐고 독주한 적이 없다. 명실공히 그들이 노려왔던 주류세력 교체 완성을 목전에 두고 있는 형국이다. 김영삼 문민정권 이래 민주화 세력으로 자처해온 정권들이 매도하고 있는 유신정권이나 5공 정권도 여기에는 미치지 못한다.

김대중, 노무현 정권의 연장선상에 있는 현재의 친북좌파정권은 전체주의 길로 나아가는 중이고, 존재 의미조차 애매한 가짜 우파정당인 제1야당(국민의힘)은 각자도생의 이익에만 집착하는 들쥐 모습으로 일관하고 있다. 남한사회에서 민주공화국 본연의 모습을 접해보기란 불가능하다. 삼권분립(三權分立)은 이름뿐이고 의회정치는 실종 상태를 넘어 무용지물에 가깝다. 민주공화정치의 근본정신인 관용과 타협이란 이제 책에서나 만나볼 수 있는 먼 나라의 단어가 되었다.

민주공화국(民主共和國, Democratic Republic)이란 단일한 개념이 아니라 민주주의(democracy)와 공화주의(republicanism)의 합성어다.

여기서 말하는 민주주의란 대의민주주의(representative democracy)로서 주권자인 국민이 직접 선출한 국민의 대표들이 국정을 꾸려가는 정치 형태를 말하지만 이 경우 민주적 절차에 따라야 한다는 전제조건이 있다. 이것을 무시하게 되면 대의민주주의는 성립되지 않는다. 민주적 절차란 원활한 국회활동을 보장하고 행정부, 사법부와 관련된 법적 관계를 명시한 제도적 법적 절차를 말한다.

공화주의란 삼권분립에 입각한 견제와 균형(checks and balances)의 원리를 존중하고 법치주의에 입각하여 국정을 수행하되 관용과 타협을 절대적 필요요소로 받아들이고 실천하는 정치 형태를 말한다. 공화주의의 성공과 실패를 좌우하는 것은 국정 담당 주체들 간의 관용과 타협, 법과 질서를 존중하려는 자기 지배정신이 결정적이다.

따라서 민주공화국 체제에서 맹목적 추종세력인 폭민(暴民, mob)을 등에 업고 대의민주주의 실천 원리인 다수결 원칙을 앞세워 소수 의견을 무시하고 비합리적 독주를 하게 되면 민주공화국 체제가 정상적으로 작동하기 어렵고 파국을 피할 수 없게 된다. 의회민주주의에서 다수결 원칙은 소수 의견을 존중하라는 무언의 경고를 함축하고 있다. 소수 의견을 존중하라는 것은 타협을 하라는 의미이다.

소수 의견을 존중하는 만큼 다수의 정당성은 강화되고 다수에 대한 국민의 신뢰 역시 그만큼 높아진다. 다수결 원칙을 존중하되 타협을 중시함으로써 전체의 이익을 도모하는 것이 민주공화정신이다. 타협이란 인내와 관용을 수반하는 공화주의의 심장이자 영혼이다. 민주공화정이 아닌 전제군주체제 하에서도 타협은 정치적 윤리이자 미덕으로 인식되었다. 중국왕조 역사를 통틀어 3대 명군(名君)으로 꼽히는 청(淸)나라 강희(康熙)대제가 관직에 있는 자들에게 내린 업무수행지침 중에는 타협이 강조되고 있다.

"원칙과 타협을 조화롭게 적용하라."

우리는 민주공화국을 단일개념으로 인식해왔기 때문에 공화주의에 대한 이해가 매우 부족한 편이다. 공화주의 기원은 고대 그리스 도시국가(city state)와 BC 6세기 초로부터 BC 1세기 말에 이르는 고대 로마공화정이며, 스토아(Stoa)학파가 사상적, 이론적 선구자였고 플라톤, 아리스토텔

플라톤
Plato
BC427~BC347
고대 그리스

레스, 폴리비우스(Polybius), 키케로(Cicero)가 고전적 공화국 사상과 이론을 남겼다.

공화국을 뜻하는 'republic'이란 라틴어 'res publica'에서 유래된 단어다. 이것은 아리스토텔레스가 그의 저서 『정치학』에서 최선의 정체인 '좋은 민주정'을 'politeia'로 규정한 데서 비롯된 것으로 공화국(republic) 정체(政體, regime)를 뜻한다.

그러나 공화주의는 특정 정체 이상의 뜻을 함축하고 있으며 자연법사상과 밀접하게 연관되어 있다. 공화주의는 시대와 지역에 따라 겉모습을 달리하면서 발전해왔다. 고전적 공화주의는 세속적 지배계급(hereditary-

아리스토텔레스
Aristoteles
BC384~BC322
고대 그리스

ruling class)을 거부하고 귀족정치(aristocracy)를 반대하며 자유에 대한 믿음과 헌신을 절대시하면서 개인의 삶을 영위하고 공동체 이익을 구현하는 것을 본질로 삼았다.

계몽주의 사상가들은 제도적인 권력분립 체제를 갖췄던 로마공화정을 이상적 모델로 인식했으나, 역사상 가장 대표적이고 성공적인 경우는 미국 혁명으로 탄생한 미합중국이다. 국토가 넓고 다양한 이민과 인종으로 구성된 미국은 '입헌주의(constitutionalism)'와 '타협(compromise)'을 근간으로 하는 공화주의를 무시하고서는 존립이 불가능한 국가다.

미국 건국지도자들은 역사상 존재했던 모든 민주공화정 체제를 깊이 연구했고 식민지시대 경험을 토대로 그들이 지녔던 이상을 구체화했다. 이

존 제이
John Jay
1745~1829
미국

과정에서 있었던 그들의 고심과 노력의 흔적 중 기록으로 남겨진 문서 중의 하나가 『연방주의자 논집(The Federalist Papers)』이다.

　『연방주의자 논집(The Federalist Papers)』은 미국의 독립선언서(The Declaration of Independence), 헌법(the Constitution)과 더불어 미국 역사상 가장 중요하고 신성한 문서로 읽혀지며 가르쳐지고 있다.

　이 논집은 1787년 13개주 55명의 대표들이 모여 헌법 제정을 두고 첨예한 의견 대립을 하고 있을 때 대중을 계도하고 여론을 유리하게 이끌어내면서 헌법 제정에 직접적인 영향을 주기 위해 존 제이, 제임스 매디슨, 알렉산더 해밀턴 세 사람이 뉴욕시에서 발행되는 신문에 'Publius'라는 익명으로 1787년 10월 17일~1788년 8월 16일에 이르는 기간 동안 85회에 걸쳐 기고한 글들로서 지금도 미국에서 가장 중요한 고전적 정치 사상과 이론에 관한 문서이며, 미국 건국 지도자들이 지니고 있었던 이상과 정신, 연방주의(federalism)에 입각한 최선의 입헌 대의민주공화국

제임스 메디슨
James Madison
1751~1836
미국

(constitutional representative democratic republic) 체제에 관한 사상과 철학이 담긴 문서다.

독립선언서 기초를 작성했던 제퍼슨(Thomas Jefferson)을 비롯한 그들은 열렬한 계몽주의 추종자들로서 유럽을 정신적 고향으로 삼았던 당대 아메리카 대륙의 최고 사상가들이자 지성인들이다. 그들은 영국의 권리장전을 꿰뚫고 있었으며, 자유주의의 아버지(Father of liberalism)로 일컬어진 존 로크(John Locke, 1632~1704)의 사상과 이론을 열독했고 영국 작가 트렌차드(John Trenchard, 1662~1723)와 영국의 철학자이자 수학자이며 그리스 고전철학 교수였던 고든(Thomas Gordon, 1714~1793)이 공동으로 유명한 저널에 기고한 주간 에세이들을 모아 4권의 단행본으로 펴낸 『카토의 편지(Cato's Letter)』(1720~1723)는 당대 지식인들의 필독서로 그들의 서가마다 꽂혀 있었다.

그들은 몽테스키외(Montesquieu, 1689~1755)의 인간의 해방과 자유, 권력분립을 기반으로 하는 정치체제를 읽었고, 근대 자연법학의 시

알렉산더 해밀턴
Alexander Hamilton
1755~1804
미국

조로 알려진 독일의 사무엘 폰 푸펜도르프(Samuel von Pufendorf, 1632~1694)의 자연법사상과 이론을 학습했으며, 영국의 법학자 윌리엄 블랙스톤(William Blackstone, 1723~1780)이 펴낸 『영법석의(英法釋義, Commentaries on the Laws of England)』(1766)는 제퍼슨, 해밀턴과 같은 법률학도의 보편적 교과서로 사용되었다.

아담 스미스(Adam Smith, 1723~1790)의 글을 통하여 자유경제사상을 흡수했을 뿐만 아니라 고대 로마의 키케로(Cicero, B.C. 106~B.C. 43)와 타키투스(Tacitus 55?~117?)가 남긴 고전을 통하여 로마공화국 쇠퇴 및 몰락 과정과 제정(帝政)의 모순에 대한 비판을 읽었다.

제퍼슨과 해밀턴은 독서광이라 할 만큼 많은 독서를 한 인물들이며 제퍼슨의 경우 키케로의 저서 40여 권을 소장하고 그의 삶을 자신의 삶의 모델로 삼았으며 키케로적인 사고와 표현을 선호했다. 그들은 대서양을 사이에 두고 유럽 사상가들과 책, 소책자, 논집, 서간 등을 주고받으면서 끊임없는 사상적, 지적 교류를 유지했다.

명예혁명 직후인 1689년 영국 의회가 제정·공포한 권리장전(Bill of Rights)은 군주에 의한 절대 통치를 종식시키고 신민(臣民)의 권리와 자유를 명시한 것으로 대헌장(Magna Carta)에 버금가는 중요성을 갖는 문서로서 미국의 건국 이전 '버지니아 권리장전,' '매사추세츠 권리선언'과 '독립선언서'에 직접적인 영향을 미쳤다.

특히 미국혁명에 결정적 영감을 불어넣고 '독립선언서,' '연방주의자 논집,' '헌법'에 직접적이고도 심대한 영향을 준 것은 로크의 정치사상과 이론, 그리고 『카토의 편지』로 알려져 있다. 유럽 계몽주의 사상의 거인들이었던 볼테르(Voltaire)와 루소(Rousseau), 스코틀랜드 사상가들에게 크나큰 영향을 끼쳤던 로크는 정치사상 면에서 고전적 공화주의(classical republicanism)와 자유주의 이론(liberal theory)에 선구자적 기여를 했고, 실천면에서 '제한적 대의정부(limited representative government)'와 법치에 의한 개인의 재산과 자유권 보호를 강조했다. 그가 왕권신수설과 토마스 홉스의 군주정 옹호론에 반대하여 쓴『정부에 관한 두 번째 논고 Second Treatise of Government』(1690)에서 주장한 자유(liberty)와 사회계약(social contract) 논리는 제퍼슨이 '독립선언서'에서 특정 부분을 그대로 인용할 만큼 영향을 주었다.

자연 상태에서 동등하고 독립적인 인간은 생명(life), 자유(liberty), 건강(health), 재산(possessions)과 같은 자연권(national rights)을 지니고 있지만, 이를 보호받으려면 인민의 동의로 생겨난 정부의 보호와 도움을 받는 시민사회(civil society)가 존재해야 하고, 이와 같은 시민사회에서 합리적 법치가 실현되어야만 비로소 가능하다고 했다.

'독립선언서'에 있는 유명한 구절인 '생명(life), 자유(liberty), 행복 추구

토마스 홉스
Thomas Hobbes
1588~1679
영국

(the pursuit of happiness)'에서 행복 추구란 로크가 말한 건강(health), 재산(possession)을 추상적으로 표현한 것이다. 인간의 행복에서 으뜸가는 기본이 건강과 재산이기 때문이다. 그가 주장했던 권력분립, 국가와 교회의 분리, 종교의 자유, 재산권 보호는 헌법에 고스란히 반영되었다. 정부란 인민의 동의, 즉 인민과의 계약에 따른 것이므로 정부가 인민의 의사와 요구를 무시할 때 혁명은 인민의 정당한 권리이자 의무(obligation)라는 그의 주장은 미국 혁명정신의 불꽃으로 작용했다.

『카토의 편지』는 당시 영국 정치제도상의 모순과 도덕적 타락 현상을 비판하고 전제군주인 폭군에 대한 경고의 글을 통하여 자유, 자연권, 언론과 출판의 자유, 정부 권한 등에 관한 심층적 견해를 담고 있다. 그들이 인류역사상 최초로 성문헌법을 만들고 근대적 입헌 대의민주공화국 체제를 창조해낸 것은 역사적 우연의 산물이 아니라 사상과 이론, 지성과 신념, 무한한 영감을 지닌 거인들의 노력이 만들어낸 필연적 결과다.

해밀턴은 이미 그 당시에 먼 훗날 지구상 최대, 최강의 아메리카, 가장 번영하고 자유스러운 미합중국을 내다보고 있었다. 여기서 우리는 그들과 우리 자신들을 비교해볼 필요가 있다. 모방을 제2의 창조라고 한다면 우리의 건국과 근대화는 모방 그 자체이고 이 과정에서 얼마나 진지하고 치열했던가를 반성하지 않을 수 없을 뿐 아니라, 근대화는 여전히 미완의 수준에 머물고 있음을 인정하지 않을 수 없다.

그들은 종전에 사용하던 '민중 정부(popular government)' 대신 '공화 정부(republican government)'라는 용어를 채택하고, 공화정이 초래할 수 있는 불안정과 무정부 같은 병폐(republican diseases)를 방지하고 평화와 안전을 수반하는 공동체의 삶을 보장해줄 수 있는 처방(republican remedies)으로서 연방주의(federalism), 사회적 다원주의(social pluralism), 분권(division), 견제와 균형(checks and balances), 제한된 정부(limited government), 법치(rule of law)를 근본 바탕으로 하는 헌법주의에 합의했으며, 사유재산이 인권의 원천이자 사회질서와 정치의 원동력임을 강조했다.

미국 헌법은 약속, 위협, 거래, 토론과 같은 힘겨운 산고(産苦)를 통해 탄생한 '타협 꾸러미(bundle of compromise)'이자 공정(candor)과 희망(hope), 현실주의(realism)와 이상주의(idealism)의 결정체로서 인간의 존엄성을 지키고 자유와 인권, 번영과 행복을 추구하고 보장하고자 제정된 정치적 계약 문서다. 미국 헌법이 철저한 타협의 산물인 것처럼 미국 공화정 역시 타협의 역사로 이어지고 있다.

제임스 매디슨은 기고문에서 강조하기를, 폭군의 출현을 방지하기 위해 제한된 정부, 권력 분립, 견제와 균형의 원칙을 내세우면서도 국민이 선출한 대표들의 기관인 의회(congress)란 태생적으로 견해와 이해(利害) 관계를 달리하는 개인과 정파들의 집합체이므로 완벽한 의견 일치나 일방적 독주와 독식이란 있을 수 없기 때문에 의회가 정상적이고 효율적으로 운영되기 위해서는 개인과 개인, 정파와 정파 간의 타협이 불가피하다고 했으며, 타협이 불가능한 상태에서 다수가 독주(獨走)하게 되면 선출된 폭군이 출현하고 폭정이 따르는 것을 피할 수 없게 된다고 단언했다.

"의회란 충돌하는 곳이 아니라 타협하는 곳"이라는 그의 믿음은 건국 이래 수많은 우여곡절을 겪으면서도 미합중국을 이끌어가는 지도자들, 지식인들과 국민정신 속에 살아 숨 쉬고 있다. 미국이 230여 년에 걸쳐 인류 역사상 가장 안정적이고 지속적인 민주공화국 체제를 유지해올 수 있었던 것은 타협이라는 정치 문화와 밀접한 관계가 있다.

그러나 타협이 그 사회에서 보편적 상식이 되고 관습과 전통이 되려면 긴 세월에 걸친 노력이 있어야만 하고 뛰어난 지도자들, 사상가들, 이론가들의 역할이 지속적으로 뒷받침되어야만 가능하다.

『연방주의자 논집』을 남긴 존 제이(1745~1820)는 컬럼비아대학 출신으로 뉴욕 주 변호사였으며 뉴욕 주 헌법을 작성했고 초대 대법원장을 지냈다. 제임스 매디슨(1751~1836)은 프린스턴대학 출신으로 버지니아 주 헌법을 작성했고 대통령을 역임했다. 알렉산더 해밀턴(1755~1804)은 뉴욕 주 변호사이면서 조지 워싱턴 장군 부관으로 독립전쟁에 참가했으며 그 역시 컬럼비아대학 출신으로 초대 재무장관을 역임했다. 이들은 한결같이 공화주의 실현을 위해 정부 부패 방지와 탐욕 억제를 중시했고 선출된 공직자들은 사리사욕을 초월하여 공익을 우선하는 미덕을 갖춘 자들이어야 한다고 믿었으며, 오직 시민적 미덕(civic virtue)을 갖춘 국민만이 자유를 지키고 정부의 부패와 탐욕을 막을 수 있다는 신념을 지니고 있었다.

따라서 이들은 법치를 지극히 중요시했다. 미국인들이 자기 나라를 America라고 호칭하기보다 'Land of law'라 하고 American democracy라는 표현 대신에 'The rule of law'라는 표현을 선호하는 것은 건국 조상

조지 프리드먼
George Friedman
1949~
헝가리, 미국

들이 품었던 공화주의 이상을 실현하기 위해 입헌주의에 입각한 법치주의를 절대시한 전통에서 비롯된 것이다. 이것이 미국에서 어떤 경우에도, 어떤 구실로도 정부에 의한 권력남용과 공직자의 부정부패를 용납하지 않는 배경이다.

미국의 저명한 국제정세 분석 전문가인 조지 프리드먼은 자신이 쓴 『다가오는 폭풍과 새로운 미국의 세기(The Storm Before The Calm)』(2020, 홍지수 옮김)에서 "공화국이란 가장 자연발생적이고 도덕적인 사회와 정

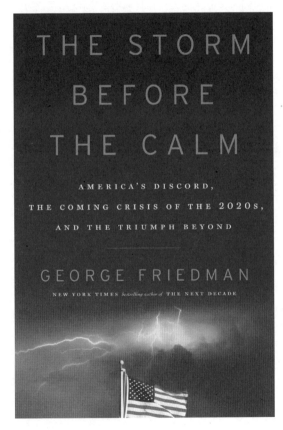

The Storm Before The Calm
2020
George Friedman

부의 형태다. 인간은 천성적으로 자기 조국을 사랑하지만 공화국을 사랑하려면 지적인 훈련이 필요하다."고 했다.

민주공화국은 개인을 위해 국가가 존재한다는 사상을 기반으로 하고 있다는 점에서 국가를 위해 개인이 존재한다는 전체주의 국가와는 확연히 구분된다. 민주공화국의 시작과 끝은 개인주의다. 시민사회에서 인간 존엄성이라는 보편적 가치를 전제로 하는 개인주의란 개인이 삶의 주체이며 삶의 주체로서 개인은 자신의 삶에 대해 책임지는 것을 절대시한다. 따라서 개인적 이익추구에 집착하는 이기주의와는 구분된다. 또한 민주공화국에서는 책임을 수반하지 않는 자유란 결코 허용되지 않는다.

민주공화국 체제 하에서 국가가 국민의 삶을 책임질 수 있다거나, 책임지겠다고 해서는 안 된다.

국가란 입헌주의에 입각하여 국민의 생명과 재산을 보호하고 법치 확립으로 사회질서와 안정을 도모하며 개인의 자유와 권리를 보장하고 개인으로 하여금 행복을 추구할 수 있게 함으로써 국가 번영과 평화를 누릴 수 있도록 하는 환경을 제공하고 담보하는 법적 실체다.

따라서 국정 최고 책임자가 국민을 향하여 "국가가 국민의 삶을 책임지도록 하겠다."고 발언하는 것은 민주공화국 정신을 정면으로 부정한 것이 된다. 문재인 대통령을 정점으로 하는 현재의 좌파정부는 출범과 동시에 '적폐청산'에 매진함으로써 관용을 포기했고, 국회 다수 의석의 힘으로 무기력한 제1야당을 깡그리 무시한 채 일방적 독주를 서슴지 않음으로써 타협을 무용지물(無用之物)로 만들고, 검찰을 공개적으로 겁박하며 사법부를 포위하면서 법치의 무력화를 시도함으로써 민주공화국 체제를 뿌리째 갉아대는 무서운 들쥐 모습을 드러냈다.

검찰과 사법부에 대한 '민주통제 강화'라는 그들의 주장은 인민 민주주의자들의 의식구조에서나 가능한 논리다. 삼권 분립 및 견제와 균형 원칙을 무시하는 반(反)헌법적이며 지극히 위험한 발상이자 최소한의 지성이나 상식조차 갖추지 못한 무지의 극치다.

이 경우 '민주통제 강화를 주장하는 그들은 누구로부터 견제와 통제를 받아야 하는가?'라는 의문이 제기될 수밖에 없다. 현재와 같은 상황에서는 오직 한 사람, 최고 권력자라 할 수 있는 대통령밖에 없다. 자신들과 같은 당 소속인 대통령 말고는 누구의 견제도, 통제도 받지 않겠다는 사고야말로 반민주(反民主)고 반공화(反共和)다.

민주도, 공화도, 정의도, 공정도 자취를 감춰버린 국회, 오직 최고 권력자 한 사람 외에 그 누구에게도 견제 받거나 통제 받지 않겠다는 무리들이 장악하고 있는 국회, 자신들에게 이익이 되는 것이라면 나라를 거덜 내더라도 상관하지 않고 수단·방법을 가리지 않는 무리들이 설치는 국회야말로 들쥐 공화국의 무대가 아닐까!

자유시장경제를 갉아먹다

우리나라는 경제정책 면에서 관치시장경제의 틀을 벗어나 정상적이고 건실(健實)한 자유시장경제의 틀을 갖추어가야 하는 국가임에도 오히려 반(反)자유시장경제 정책을 남발하고 있다. 가히 자유시장경제의 파괴 시대라고 할 수 있다. 이미 정치사회에서는 자유시장경제라는 단어를 듣기 어렵고 소득주도경제, 이익공유경제와 같은 생소한 단어들이 유행어처럼 사용되고 있다.

우리는 건국 이래 명목상으로는 자유시장경제 체제에 의존해왔으나 분단, 건국, 전쟁, 빈곤, 혁명, 산업화, 외환위기, 자원빈곤국과 같은 내외환경으로 인해 관치시장경제로 일관해온 국가임에도 마치 자유시장경제 만능주의 정책에 의존해온 것처럼 떠들어 대는 정치인들, 지식인들, 언론인들, 심지어 경제학 교수들이 적지 않다.

2008년 국제금융위기 이후 이들은 국제사회의 반(反)자유자본주의, 신좌파(the New Left) 인사들의 논리를 그대로 흉내 내어 우리나라가 "신자유주의 노선을 채택하고 시장만능주의 경제정책을 시행한 결과 양극화가 심화되었다."고 목소리를 높여왔으나 이들의 주장은 새빨간 거짓이다.

한국사회는 신자유주의 사상과 이론을 받아들인 적이 없고 소개한 바도 없다. 교실에서 본격적으로 가르쳤거나 배운 경험도 없다. 신자유주의 사상과 이론을 정확히 이해하고 있는 국민은 극소수일 뿐이다. 따라서 신자유주의에 입각한 시장만능주의 경제정책의 시행이란 상상조차 할 수 없는 거짓이며 헛소리일 뿐 아니라 '한강의 기적'을 폄훼하려는 악의적이고 선동적인 남한 좌파들의 주장이다.

정상적 자유시장경제를 한 번도 제대로 실행해본 적도 없으면서 반(反)시장, 반(反)기업 입장을 고수하고 있는 좌파들의 집요한 비판 공세에 밀려 아예 자유시장경제 노선 자체를 포기해버린 것이 지금의 제1야당이다. '경제민주화 맨'으로 자타가 공인하는 제1야당의 전 비상대책위원장인 김종인은 당으로 하여금 자유시장경제라는 표현 자체를 금지해버린 인사다. 그는 학계와 경제계에 알려진 반(反)기업, 큰 정부 지지자다. 이제 한국의 자유시장경제 체제는 여당과 야당이 한 패가 되어 갉아먹는 대상이 되었다.

자유시장경제가 고사당하면 자유민주주의가 질식당하는 것을 피할 수 없다. 경제적 자유가 없어지면 정치적 자유란 무의미하게 된다. 자유주의 역사에서 정치적 자유와 권리는 경제적 자유와 권리를 보호하기 위해 생겨난 개념이다. 자유주의 사상의 위대한 선구자였던 영국의 존 로크는 '사유재산권 보호'가 자유주의 사상의 근본이라고 하였다.

최근에 고인이 된 영국 철학자 스크러턴(Roger Scruton, 1944~2020)은 개인의 자유와 사유재산과 국가 간의 상관관계를 다음과 같이 설명했다.

국가 제도란 사회질서 유지를 위한 것이고 사회질서의 본질은 개인의 자유(liberty)와 사유재산(property) 보호에 있다. 개인의 자유가 사유재산을 필요로 하는 이유는 사회구성원이 사유재산을 소유하고 있을 때 비로소 사회적 역할과 책임을 감당할 수 있는 '사회적 인격체(social personality)'가 될 수 있기 때문이다.

사회적 인격체의 부재(不在)와 결여(缺如)는 끊임없는 사회적 갈등의 주된 원인이 되기 때문에 자유주의 체제에서 개인의 자유와 사유재산은 불가분의 관계에 놓이게 된다. 이것을 담보하는 것이 법치이고 국가는 법치 운용의 주체로서 개인의 자유와 사유재산을 보호해야 하는 궁극적 책임의 주체가 된다. 서구 역사에서 근대 민주국가와 법치국가 탄생의 씨앗으로 인식되고 있는 영국의 대헌장(Magna Carta, 1215)은 세금에 시달리던 귀족들의 압력에 굴복한 존(John) 왕이 서명한 문서다.

"앞으로 귀족들의 권리를 보호하고 함부로 세금을 걷거나 억압을 하지 않겠다. 사유재산을 보호하고 개인의 자유를 보장하겠다."

이 문서는 무소불위(無所不爲)의 왕권을 법으로 제한하고 귀족들의 권리를 보장한 최초의 문서라는 역사적 의미를 지니고 있다. 대헌장과 존 로크의 이론에서 확인할 수 있듯이 자유주의 사상에서 개인의 자유와 권리는 사유재산, 세금과 같은 개인의 경제적 권리와 자유를 보호하기 위하여 생겨나고 발전한 배경을 갖고 있다.

영국에서 자유자본주의가 생겨나고 이들과 사상적 뿌리를 함께하고 있는 미국이 오늘날 대표적 자유자본주의 국가로 발전하고 있는 것은 우연이 아니다. 이러한 배경을 상징하는 행사가 미국의 수도 워싱턴 D.C.에서 거행된 적이 있다. 독립선언 239년이 되는 2015년 '미국헌법 800주년 기념전시회'를 열고 빛이 바랜 문서 한 장, 대헌장(Magna Carta)을 전시한 것은 미국의 입헌주의, 자유민주주의, 자유자본주의, 법치주의 뿌리가 800년 전 작성된 대헌장에 있음을 확인하고 이를 기념한 것이다.

사유재산 보호, 법적 절차에 따른 세금 부과는 교환의 자유, 계약의 자유와 더불어 자유자본주의, 자유시장경제의 근본이 되는 요소이고 이를 위해 개인의 정치적 자유와 권리가 필요했고 법치가 이를 뒷받침할 수 있어야만 했다.

이 부분에서 한국의 정치인, 참여 지식인, 언론인들의 사상적 빈곤과 지적 한계가 드러나고 있다. 이들은 정치적 자유와 권리가 경제적 자유와 권리와는 별개인 것처럼 인식하는 경향을 지니고 있기 때문이다.

자본주의 국가에서 법치주의를 무시한 자유시장경제는 존재하지 않는다. 경제적 자유가 많을수록 개인과 기업의 자유도 그만큼 많아지지만 경제적 자유가 위축되면 개인과 기업의 자유 역시 줄어든다. 개인과 기업의 자유가 많을수록 그 사회는 창의적이고 역동적인 모습을 띠게 되고 발전과 성장의 동력이 최대한 발휘된다.

자유시장경제를 선호하게 되는 이유다.

불행하게도 한국은 이를 역행하고 있다. 자본주의체제와 자유시장경제를 반대하는 좌파가 권력을 잡았을 때, 반(反)기업, 반(反)시장경제 정책을 추구하는 것은 전혀 이상할 것이 없지만 이를 저지해야 할 제1야당까지 경제민주화를 주장하며 반(反)기업, 반(反)시장 입법에 합세할 뿐 아니라 대중 영합적 국고낭비 정책에 동조함으로써 자유시장경제를 갉아먹는, 일찍이 겪어보지 못했던 일들이 벌어지고 있다.

지금은 기업들의 수난시대, 영세 자영업자들의 수난시대, 시장의 수난시대이자 정치 권력자들, 관료 권력자들, 권력을 등에 업은 시민단체들의 전성시대이고 노조 전성시대, 공정거래위원회 만능시대이다.

한때 국민의 영웅으로 대접받던 대기업 총수들은 친(親)노동 반(反)기업 정부로부터, 친(親)정부 노조로부터, 이들과 생각을 함께하는 시민단체들로부터 끊임없는 조롱과 수모를 당하며 죄인 취급을 받고 있다.

공정거래위원회는 조사가 필요하다고 판단되는 기업에 대해 법원의 영장 없이 무제한 자료 제출을 요구하는 것이 관행처럼 되어 있고, 한 번 표적이 되면 수년간 시달려야 하는 것이 보통이다. 집권여당은 당내에 경제민주화 위원회를 두고 갖가지 반(反)시장적 경제관계 법률안을 생산해내는가 하면 '전세TF'라는 일찍이 들어본 적이 없는 팀을 만들어 부동산 투기 방지라는 명목으로 개인 간의 주택거래와 전월세를 규제하고 통제하려는 기막힌 일들이 벌어지고 있다. 이는 교환과 계약의 자유를 보장하고 있는 헌법정신을 무시하는 발상이자 개인의 투자 행위를 저들의 정치적 필요에 따라 투기 범죄로 몰아가는 파시스트적 수법이다.

국회는 국감 때만 되면 구체적 범죄 사실이나 과오가 없음에도 기업 총수들을 호출, 증인석에 앉혀놓고 갑질을 해대는 것이 상습적으로 반복되고 있다. 정상적 민주국가, 법치국가라면 상상할 수 없는 폭거다. 증인석에 불려나온 기업 총수들이 드러난 잘못이 없음에도 이빨을 드러내놓고 으르렁대는 국회의원들 앞에서 죄인이 된 것 마냥 움츠리고 앉아 있는 모습이 21세기 대한민국의 자유자본주의 체제, 자유시장경제의 민낯이다.

그러면서도 자연재해나 기타 정치·사회적 필요에 따라 돈이 필요하게 되면 기업들의 금고를 털어내는 것을 주저하지 않는 뻔뻔스럽고 비양심적 존재들이 권력자들이다. 자본주의를 반대하는 좌파들이 오래전부터 노려온 한국 제1기업인 삼성그룹은 현 정부 출범 이래 수년째 수사와 재판을 받고 있다. 촛불시위가 정점으로 치닫고 있던 어느 날 오후, 청운동 쪽으로 걸어가던 중에 목격한 장면으로, 박근혜 대통령 탄핵을 외치며 청와대 방향으로 향하던 시위대 선두 차량 위에서 확성기로 외치던 소리가 지금도 귓가에 생생하다.

"여러분~ 드디어 우리가 삼성그룹 부회장 이재용을 구속했습니다!"

그 장면은 자신들이 그동안 줄기찬 투쟁으로 획득한 승리를 자축하는 보고대회를 연상케 했다. 기업을 규제하고 처벌할 수 있는 법과 규정이 넘쳐날 정도로 많은 것이 현실임에도 경제정의와 경제민주화를 위해 더욱 옥죄어야 하고 징벌적인 손해배상을 물게 해야 한다면서 갖가지 반(反)기업 법안을 쏟아내자 경제계 지도자들이 이를 막기 위해 여당, 야당 지도부를 찾아다니며 애걸했으나 소용이 없었다.

21대 국회가 개원한 지 반년도 채 되지 않는 시점에 기업 처벌을 위한 신설 강화 법조항이 117개나 발의되고 있다는 언론 보도만 하더라도 현 집권 세력이 얼마나 반(反)기업적이고 반(反)시장경제적인 집단인가를 짐작할 수 있다. 여기에 김종인 전 비상대책위원회 위원장을 우두머리로 하는 제1야당까지 장단을 맞추고 나섰다. 국민의당 안철수 대표의 비판은 과장이 아니라 상식이다.

"돈을 벌어본 적도 (없고), 세금도 낸 적이 없는 사람들이 기업 규제를 주도하고 있다."

정권의 장막 뒤에서 경제정책과 기업규제를 주도하고 있는 인사들이 이들 문제를 경제 차원에서 다루는 것이 아니라 사회정의, 공동체 이익과 같은 이념 차원에서 다루기 때문에 생겨나는 지금과 같은 현상은 개선되기보다 악화될 가능성이 훨씬 높다.

기업인들이 가시방석 위에 앉아 있는 곳이 한국이다. 국내에 진출하고 있는 외국기업인도 마찬가지다. GM 본사에서는 "한국 GM 사장으로 발령이 나면 전과자가 된다."면서 한국 근무를 기피하고 있다. 한국 GM은 피고용자 보호를 위해 10년간 국내 공장을 유지한다는 조건으로 정부가 약 8,000억 원을 지원해서 눌러 앉힌 미국 기업이다. 최근 한국 GM의 미국인 사장은 불법파견 혐의로 기소돼 두 차례나 출국금지를 당해 인질로 잡힌 적이 있다.

현 정권은 자유시장경제의 숨통을 조이면서 갉아먹는 데 그치지 않고 나라 곳간을 무제한으로 갉아내고 있다. 나라 곳간의 돈은 국민의 혈세 (血稅)다. 정권 유지와 재창출을 위해 국민의 능력과 미래 세대가 떠안아야 할 부채를 고려하지 않고 재정을 통하여 돈을 흥청망청 뿌려대는 행위는 들쥐 떼가 쑥대밭이 될 때까지 들판을 갉아먹는 것과 흡사하다.

2021년 4월 7일, 서울과 부산 시장 보궐선거에서는 말할 것도 없거니와 2022년 대선 주자를 꿈꾸는 인사들도 여야 구분 없이 온갖 명목으로 "돈을 주겠다."는 약속을 경쟁적으로 하고 나섰다. 2020년 4.15 총선 이전까지 겪어보지 못했던 광적 행태다.

고대의 수많은 왕조들이 망할 때 공통적으로 보인 원인 중 대표적인 것이 세금 문제였다. 세금을 과도하게 징수하거나, 조세정의가 무너진 상태에서 불법불의한 면세자가 많아지고 거두어들인 세금을 백성을 위해서가 아니라 왕실을 비롯한 권세가들을 위해 사용하고 낭비를 두려워하지 않았을 때 백성은 가난해졌고 왕조는 백성의 저항에 부딪쳐 망했다.

반대로 성공한 왕조, 성군(聖君)으로 꼽힌 지도자들이 보인 공통점은 세금을 낮추고 형벌을 가볍게 하며 군역(軍役)을 공정하게 실시한 것이다. 현대국가에서도 조세정의를 무시하고 과도한 조세정책에 의존하면서 혈세를 낭비하는 정권은 오래가지 못했을 뿐 아니라 국가부도 사태를 피하지 못했다.

현대 자유주의국가에서 법의 평등 원칙, 조세 평등 원칙만큼 중요한 것은 없다. 우리 헌법에는 교육의무, 납세의무, 병역의무라는 국민의 3대 의무가 명시되어 있다. 그러나 근로자 40%가 세금을 한 푼도 내지 않을 뿐 아니라 소득상위 1%(근로소득과 종합소득 기준)가 전체 소득세의 42%(2018년 기준)를 부담하고 있는 데 비해 캐나다 23.6%, 영국 28.9%, 일본 35.5%이고 면세율에서는 한국 46.5%, 미국 35.8%, 캐나다 17.8%, 일본 15.5%, 호주 15.8%, 영국 1%다.

월급쟁이 10명 중 4명은 근로소득세를 한 푼도 내지 않는 반면에 고소득층은 지속적으로 증세 대상이 되는 봉으로 취급받고 있다. 가히 고소득층 착취국가라고 해도 과언이 아니다. 선진국에서 찾아보기 힘든 각종 특별세와 준조세 성격을 갖는 각종 부담금까지 합하면 국민 개인의 금전적 부담은 선진국 수준을 넘어서고 있고 65%인 상속세는 약탈에 가까운 수준이다. 2009년부터 최근 10년 동안 기업이 낸 준조세는 매년 4%~11%씩 증가하고 있다. 2019년, 기업의 당기 순익은 50조나 감소했으나 준조세는 67조 5,900억 원으로 법인세 72조 1,700억 원의 93.7%에 달하고 있다. 이에 더하여 사회연대기금법, 협력이익공유제 같은 준조세법이 기다리고 있고 또 어떤 구실로 어떤 준조세법이 생겨날지 알 수 없는 상황이다.

　좌파들이 모범국가인 것처럼 추켜세우는 스웨덴은 상속세 면제를 추진하고 있다. 현 정권은 중소기업의 절반이 개인 법인인데 이들의 사내유보금에도 과세를 부과하고자 하는 유혹에서 벗어나지 못하고 있다. 기업이 보유하고 있는 사내유보금은 이미 세금을 납부하고 모아둔 돈이다. 여기에 또 세금을 부과하겠다는 것은 이중과세다. 외환위기 경험으로 인해 경제 비상시를 염두에 둔 예비자금의 필요성과 함께 5년 이상 장기투자 계획이 불가능에 가까운 정치, 사회, 경제 환경에서 적절한 투자 대상과 시기 선택이 어렵기 때문인데, 이를 마치 기업주 또는 대주주가 개인 비축자금처럼 유용할 것으로 매도하는 것은 지극히 비경제적 발상이자 비합리적 사고다. 정부의 외환보유가 많을수록 경제안정도가 높아지는 것처럼 기업의 사내유보금이 늘어나는 것도 안정적 기업 운영을 담보할 수 있게 되는 것임은 누구나 알고 있는 상식이다.

　먹을 것이 있는 곳이면 그대로 두지 않는 들쥐 떼처럼 정치인들, 특히 좌파정권은 온갖 구실을 만들어내면서 가진 자의 호주머니와 기업의 금고를 털어내고 싶어 한다. 정부가 방만하고 낭비적 국정을 운영하면서 마음먹은

자유시장경제를 갉아먹다　53

대로 증세하는 것은 가진 자들의 호주머니를 짜내는 것이므로 전체 근로자의 40% 이상 되는 면세 대상자들은 정치적으로 아무런 부담이 되지 않기 때문에 두려워할 이유가 없고 오히려 자기편으로 끌어들여 굳건한 동맹자를 만들 수 있게 된다.

이것은 면세자들을 국가의존 집단으로 만들고 정치적 동맹군으로 만들기 위해 혈세로 매수하는, 정의롭지 못하고 간교한 술책이다.

최근 주한 프랑스 대사관은 소유 중인 부동산에 대한 종합부동산세에 대해 외교 경로를 통해 "세금을 면제해 달라."고 요청하면서 프랑스에는 "종부세 개념이 없다."고 했다. 프랑스는 유럽국가들 중에서도 국민 담세율이 높은 국가다. 종부세 역시 이중과세 성격이 강한 세금이다. 이미 재산세를 부과한 부동산에 대해 또 다시 종합부동산세라는 명목으로 걷는 세금이므로 선진국 입장에서는 납득하기 어려울 수밖에 없다.

법치주의 환경 아래서 사유화(privatization)와 규제완화(deregulation), 자유화(liberalization), 그리고 긴축(austerity)을 중요시하는 자유시장경제 체제에서 정권이 정치적 이념적 차원에서 비합리적이고 과도한 개입과 간섭을 하게 되면 시장은 반드시 복수를 하게 되고 국민은 피해자가 되며 국가는 비자유주의(illiberal) 국가로 전락한다.

최근 정부의 주택정책, 부동산 정책이 대표적 사례다. 주택시장을 안정시키고 집주인의 일방적 횡포(?)를 근절하면서 세입자를 보호한다는 명분으로 2020년 7월, 임대차 3법을 강행하자 심각한 역작용과 희극 같은 부작용이 곳곳에서 벌어졌다. 집값, 전월세 값이 전국적으로 급등하면서 세입은 오히려 어려워졌고 전월세시장을 암시장으로 만들었다.

2017년 8월, 다주택자가 임대사업자로 등록하면 세제, 금융 혜택을 주겠다고 했을 때 등록자들이 증가했고 집값 역시 상승했다. 주택임대사업이 안정적 수익을 보장할 수 있었기에 주택매수 수요가 늘어났기 때문일 것이다. 이는 시장 작동원리가 작용한 자연적 결과다. 그러자 정부는 주택 가격 안정을 이유로 2020년 8월, 임대사업자 등록 제도를 대부분 폐지하고 다주택자를 비윤리적 국민으로, 주택에 대한 투자를 투기꾼으로 몰아가면서 임대차법을 강행하자 시장의 복수 현상이 발생했다.

전세물건은 자취를 감추고 전세 값이 폭등하고 전세난이 확산되었다. 임대차법 강행 1년만인 2021년 7월 현재 서울 전세 값 상승률이 도입 직전 연도 2.4%에서 16.7%로 7배 가까이 폭등하여 중저가 전세를 찾는 서민들에게 심대한 타격이 되고 있다. 우리의 경우 주택이 갖는 경제적, 정치·사회적 의미는 절대적이라 할 만큼 크고 중요하다. 주택은 개인의 기본적인 사유재산이자 제1의 재산목록에 해당한다.

자유주의 체제 국가에서 주택, 주택시장에 대한 정부의 개입과 간섭이 최대한 억제되고 절제되어야 하는 이유는 사유재산권 보호, 계약의 자유, 교환의 자유라는 자유주의 체제가 갖는 근본정신과 원칙에 직결되어 있기 때문이다. 이것은 근대 입헌주의 국가들이 절대시하는 보편적 요소들로서 이를 무시하거나 소홀히 하는 국가는 결코 자유주의 국가 반열에 오를 수 없다. 유감스럽게도 우리의 좌파 정치인들과 이들을 따르는 관료들에게는 개념 자체가 없고 우파 정치인들은 그러한 정신과 원칙을 지켜내고자 하는 의지가 없다.

유산을 물려받지 못한 대다수의 국민들, 특히 가난한 공직자, 사회에 갓 진출한 젊은이들은 월세 입주자에서 출발하여 세월이 가면 전세 입주자가 되고, 좀 더 형편이 좋아지면 소형 아파트 소유자가 되고, 좀 더 발전하면 좀 더 큰 아파트 소유자가 되는 삶을 산다. 그리고 여력이 생기면 아파트나 주택을 매입, 임대를 줘서 자녀들을 교육시키고 출가를 시키고 노후를 대비하는 것이 한국인 다수가 꿈꾸는 삶의 방식이다. 자유시장경제 체제를 유지하는 국가에서 "매매는 투기다. 이익을 챙길 생각은 하지 말라." 고 하면서 "다주택 소유 고위 공직자는 한 채만 남기고 처분하라."고 강제 하는 것은 상상할 수 없는 국가권력의 횡포이며 계약과 교환의 자유, 사유 재산권 보호라는 헌법정신에 대한 국가 차원의 테러다.

지금은 '악덕 자본가,' '악덕 기업'을 외치며 반(反)자본주의 투쟁을 하고 있는 좌파 노동단체, 시민단체, 언론, 지식인들이 좌파정권을 등에 업은 채 전성기를 누리고 있다. 이들로서는 자본주의 타도, 자유시장경제 타도를 위한 절호의 기회를 맞이하고 있는 셈이다. 이들이 대기업과 기업주들에 대해 지니고 있는 인식은 반감을 넘어 적대감에 가깝다. 자본가가 노동자 를 착취하는 시대가 아니라 노동자가 자본가를 협박하고 쥐어짜고 착취하 는 시대로 변해가고 있다. 자유시장경제를 통째로 갉아먹으려는 들쥐 떼 가 광야를 뒤덮고 있다.

"걸려들기만 해 봐라. 감옥에 처넣겠다."는 그들의 바람대로 거대여당인 더불어민주당이 주도하는 국회에서 2021년 1월초에 통과된 '중대재해법' 은 산업재해 발생 시 기업 대표자에 대한 징역과 벌금, 기업 법인에 대한 벌금, 기업에 대한 행정제재, 징벌적인 손해배상 등 '4중 처벌'을 명시한, 선 진 자본주의 국가에서는 전례가 없는 무지막지한 법이다.

근로자 부주의와 과실까지도 기업주 책임으로 몰아가는 것은 헌법상 자 기 책임 원칙에 반하는 위헌적 처벌에 머물지 않고 집단소송제까지 입법화 하고자 벼르고 있다.

기업주를 악덕 자본가로 인식하는 풍토를 정치권이 앞장서서 조장하고 있는 나라, 후진적 노사관계를 더욱 막다른 골목으로 몰고 가는 나라에 대해 믿음과 애정과 희망을 갖는다는 것은 불가능하다. 기업들이 선택할 수 있는 길은 망할 때까지 버티는 것, 서둘러 문을 닫는 것, 다른 나라로 옮 겨가는 것, 이 세 가지 중 하나다. 지난 4년간 제조기업 12,333개가 해외로 옮겨간 것에 비해 국내로 다시 돌아온 기업은 52개에 불과하다.

2021년 2월, '한국의 아마존'이라 불리는 국내 1위 온라인 유통업체 '쿠팡'이 뉴욕 증시에 상장 절차를 밟자 월스트리트 저널 등 미국의 주요 언론이 중국 '알리바바' 다음으로 큰 호재로 다루자 국내 좌파 언론들은 '한국 패싱' 기업인 양 비판 기사를 실었다. 뉴욕 증시에서는 한국에서 인정해주지 않는 차등의결권을 인정해주고 적자기업임에도 미래 잠재 역량을 평가해줄 뿐 아니라 한국 증시에서 가해지는 온갖 규제를 벗어날 수 있기 때문에 뉴욕 증시로 간 것을 두고 비판하는 것은 한국 좌파 지식사회가 지닌 고질적인 배타성과 폐쇄성을 보여주는 촌스럽고 후진국다운 행태다.

'쿠팡 LCC'가 미국 법인이고 회사도 미국에 있고 창업자는 한국 이민 1.5세대지만 산업 기반은 한국이고 직원과 소비자도 한국인이다. 본거지 문제를 따진다면 글로벌 기업이다. 쿠팡의 비즈니스 모델 역시 한국에서 만들어졌고 글로벌 시장에서 통할 수 있는 가능성 등을 인정해서 뉴욕 증시가 긍정적으로 받아들이고 있는 경우로서 제2, 제3의 쿠팡 같은 벤처기업 출현을 환영해야 하는 것이 우리의 입장이다.

2021년 초, 르노삼성 대주주인 르노 그룹의 최고 임원이 파업을 예고한 노조에 대해 "부산공장 제조원가는 스페인의 2배"라고 하면서 문제가 해결되지 않으면 철수할 수밖에 없을 것이라고 경고하고 나섰다. 한국시장에 대한 외국 기업들의 투자 역시 계속 줄어들고 있다.

좌파정권이 제1야당의 소극적 동조에 힘입어 자유시장경제를 갉아먹는 데 몰입하고 있는 한편, 이제는 여야 구분 없이 나라 곳간을 갉아먹고 있다. 선거를 치를 때마다 정치는 타락하고 국가 부채는 쌓여가고 국민 역시 타락해가고 있다.

2021년 4월, 서울과 부산 시장 보궐선거를 앞두고 각 당 후보들은 경쟁적으로 돈 봉투를 안겨주겠다고 떠들어댔다. 2020년 4월 15일 총선에서 집권여당인 더불어민주당이 코로나-19 재난을 구실삼아 돈을 뿌리고 압승한 경험을 반복하겠다는 현상이다.

4.15 총선 당시 더불어민주당 정권은 '긴급재난지원금'이라며 투표일을 목전에 두고 가구마다 돈을 뿌렸다. 미래통합당(국민의힘)은 이에 뒤질세라 두 배를 주겠다고 주장했지만 선수를 빼앗긴 뒤였고, 집행 권한도 없는 입장으로서는 돈의 유혹을 뿌리치지 못하는 유권자들의 환심을 끌어들일 수가 없었다.

4.15 선거는 완벽한 돈 선거였다. 국가의 돈, 국민의 세금으로 표를 산, 민주공화국 출범 이래 한 번도 경험하지 않았던 금권 부정선거였다. 돈을 더 주겠다고 했던 제1야당은 비판을 할 수 없었고 국민은 어떤 문제의식도 느끼지 못했으며 이를 우려하고 비판하고 저지하려는 지식인 집단이나 언론도 나타나지 않았다.

서울과 부산 시장 보궐선거를 앞두고서는 각 당이 "돈 봉투를 안겨줄 테니 우리당 후보를 찍어 달라."는 호객(豪客) 경쟁을 벌였다. 함께 망해보자는 동참 호소라 해도 과언이 아니다. 부정부패가 만연했던 자유당 정권 말기 고무신을 돌리며 후보 지지를 호소하던 정당들보다 더 타락한 선거를 아무런 거리낌도, 부끄러움도 없이 치르고 있는 가운데 나라 곳간은 비어가고 국가 부채는 눈덩이처럼 불어나고 한국은행은 돈을 무제한 찍어내야 할 지경에 이르고 있다.

현 정부 출범 4년 만에 나라 빚은 현재 이명박, 박근혜 정부의 빚을 합한 것보다 많은 417조 원이 증가했고, 기업 부채는 2016년 871조 원이던 것이 2019년엔 1,118조 원으로 GDP의 58.3%에 이르고 있으며, 가계 부채는 2021년 현재 1,800조 원을 넘어 2019년 기준 GDP의 83.4%를 초과하고 있다.

지금도 국가, 기업, 개인의 부채는 계속 증가하고 있다. 2020년 국회 국 정감사에서 제시된 대한민국의 총부채는 5,000조 원에 육박하고 있다. 현 좌파정권은 "우리에게 내일은 없다."는 것을 증명이라도 할 것처럼 증세 와 낭비를 거침없이 하고 있다. 정부는 2021년 8월 31일, 대통령 선거가 있 는 2022년도 예산을 올해보다 8.3% 증가한 600조 원으로 편성, 국무회의 에서 가결하고 국회에 제출키로 했다. 2017년 현 정권 출범 당시 401조 원 이던 예산이 50%나 늘어난 초(超)팽창 예산이다. 이해찬 전 여당 대표의 '20년 집권론' 주장은 근거 없는 허세가 아니라 국가권력을 완벽하게 장악 하고 있는 상태에서 무제한 금전 살포로 표를 얻을 수 있다는 자신감이 작 용했을 가능성이 높다.

문재인 대통령은 야당 대표 시절 국가 재정건전성을 지키는 정부부채 비율 최후 저지선인 GDP의 40%선이 무너졌다고 박근혜 정부를 공격 했고 대선후보 당시에는 40%선을 지키겠다고 힘주어 약속했으나 이미 43.9%선을 넘어서고 있다. 독일, 프랑스처럼 헌법과 법률에 재정준칙을 명 시해둠으로써 한시적 정권이 낭비를 하지 못하도록 하는 제도적 장치를 마련해야 한다.

2021년 2월 19일, 대통령이 "코로나에서 벗어날 상황이 되면 국민위로 지원금, 국민사기진작용 지원금 지급을 검토할 수 있다."고 하자 청와대는 "모든 국민에게 지급했던 작년 1차 재난지원금과 같은 성격"이라고 추가 설명을 했다. 2021년 4월, 서울·부산시장 보궐선거, 2022년 대선이라는 정 치적 계절을 앞둔 시점에 그와 같은 발언들이 유권자 매수라는 오해를 불 러일으킬 수 있음을 몰라서일까? 그렇지 않기를 바랄 뿐이다.

경제적으로 여유가 있다 하더라도 정권에 의한 유권자 매수 행위는 상 상할 수 없는 부정이다. 하물며 경제적으로 비상사태라 할 만큼 어려운 때 선거를 잘 치렀다고 위로금을 주는 나라는 지구상 그 어디에도 없다. 마치 자기 호주머니를 털어서 줄 것처럼 천연덕스럽게 말하는 대통령, 돈만 뿌리면 국회를 장악할 수 있고 돈만 뿌리면 서울·부산 시장도 당선시킬 수 있고, 돈의 힘으로 정권 재창출도 가능하다고 믿는 추종자들이 국가의 돈으로 국민을 통째로 매수하고 국가를 완전한 빈털터리로 만들기로 작정한 것이 아닌가 하는 의문을 금할 수 없다.

예상했던 일이 현실로 나타나고 있다.

2021년 8월, 정부여당은 2022년부터 2030 세대를 위해 월 소득 120만 원 이하 청년(19세~34세)에게 최대 1년간 매달 월세 20만 원 지원, 연소득 2400만 원 이하 청년에게 저축액 최대 3배 지원, 코로나-19로 우울함을 느끼는 청년들에게 심리상담 등 마음건강바우처 월 20만 원 제공, 대학생 국가장학금 지급액 최대 5배 증가, 병장 봉급 11% 인상 등 총 23조 5,000억 원을 투입키로 했다. 2022년 대선의 해에 청년 유권자 집단 매수를 위한 혈세 투입이라는 비판을 피하기 어렵다.

고용주와 근로자가 매월 월급에서 떼어내 적립한 기금이 고용보험기금이다. 문재인 정부 출범 당시 10조 원 가까웠던 것이 이미 거덜 났다. 2021년 9월 현재, 공공자금관리기금에서 빌린 7조 9,000억 원을 합치면 3조 이상 마이너스다. 결국 정부는 2021년 9월, 고용보험료를 2022년 7월부터 인상키로 결정함으로써 임기 중 두 번이나 인상하는 첫 번째 케이스가 되었다. 소득주도성장, 무리한 최저임금 인상 등 잘못된 정책으로 일자리 대량 감소가 발생하자 실업급여 외 청년고용장려금, 근로시간 단축보완책으로 기업에 보전해주는 돈까지 보험기금을 사용했기 때문이다. 문 대통령이 2021년 5월 "추가적인 재정투입 가능성을 열어둬야 한다."고 하자 여당은 전 국민을 대상으로 한 2차 재난지원금 지급을 위해 추경을 강구하겠다고 나섰다. 2022년 대선 때문일 것이다. 국가적 재앙이 아닐 수 없다.

4.15 총선 당시를 새삼스러운 시각으로 뒤돌아볼 필요가 있다. 당시 총선을 앞둔 정권은 "선거 후에 4인 가족 당 100만 원씩 주겠다."고 예고했고, 선거 현장에서는 "야당이 이기면 돈이 안 나온다."는 소문이 떠돌았다. 문재인 대통령은 선거 하루 전 국무회의를 열고 "지금 대상자들에게 미리 통보하고 신청을 받으라."는 구체적 지시를 내렸다. 민주당은 돈의 힘으로 압도적 승리를 했다. 국민 지원이라는 미명 하에 벌어지고 있는 정권 차원의 금권 부정선거를 누가 저지할 수 있을까? 오직 분노하는 국민만이 저지할 수 있다. 이런 행태에 분노하지 않으면 국민이 아니다.

정치적 낭비의 대표적 사례가 선거를 의식한 재정 투하다. 부산시장 보궐선거용으로 수년 전 불가 판정이 난, 건설비용이 얼마가 될지도 모르는 가덕도 신공항 건설을 서둘렀다.

또 정치적 목적이 강한 과거사 조사를 위해 비용을 아끼지 않는 것이 문재인 정부다. 제2기 진실화해위원회는 연 예산 114억 원, 인력 187명을 투입하여 일제강점기 이후 사건들을 다시 들추어보기로 결정했다. 4년이면 450억 원이 소요된다. 8차례에 걸친 세월호 진상조사에 650억 원이 들어갔고, 9번째 벌이는 5·18 진상조사위원회가 세금을 낭비하고 있다.

물관리위원회는 금강, 영산강 보(洑) 철거 검토 결정에 530억 원을 썼다. 2017년 신고리 5호기와 6호기 중단 여부 결정을 위한 공론화위원회는 46억 원을 썼다. 정부조직법에도 없는 한시적 조직, 예컨대 일자리, 저출산, 고령화, 북방경제위원회 같은 것들이 82개나 되고 2020년 한 해 동안 891억 원의 예산이 사용됐다. 이러한 정치성이 강한 조직들은 친(親)정권 인사들의 놀이터 이상의 역할을 해낸 적이 없다.

그러면서 정부는 '예산 부족'을 이유로 80~90대가 대부분인 6.25 참전용사들의 약값을 제대로 지원하지 않아 비판을 받는 기막힌 일이 벌어지고 있다. 더욱 놀라운 것은 정부가 필요한 재원 마련을 위해 국채를 한국은행이 의무적으로 전량 매입토록 하는 '정부 부채의 화폐화'를 추진하겠다는 법안을 발의한 사실이다.

　이것은 적자 국채를 무제한 발행하고 한국은행이 무제한으로 돈을 찍어 매입하도록 하겠다는 것을 의미한다. 국제금융시장에서 원화 가치를 똥값으로 만들고 국내금융시장을 구렁텅이로 몰아넣는 최악의 발상을 아무런 문제가 없는 것처럼 주장하는 무책임의 극치다.

　현 정권의 정책에 의한 낭비의 대표적 경우는 공무원 증원이다. 나라 곳간을 확실하고 지속적으로 갉아먹는 길은 공무원 숫자를 늘리는 것으로 큰 정부, 전체주의 국가의 전통적 수법이다. 한 번 늘어난 공무원은 퇴직할 때까지 국민이 혈세로 먹여 살려야 하는 존재들이다. 특히 한시적 정부가 정치적 목적으로 불필요한 기구를 만들고 불필요한 인원을 늘리고 불필요한 제도와 법규를 만드는 것만큼 잘못되고 나쁜 것은 없다.

　오늘날 국제사회에서 대표적인 본보기 국가가 그리스다. 파판드레우스 좌파정권의 과오 때문에 그리스는 지금까지 경제적 추락에서 완전히 벗어나지 못하고 있다. 그는 공무원을 대거 증원함으로써 공무원 국가라는 결과를 초래했고, 국가부도를 피할 수 없었으며, EU로부터 수모를 당해야만 했다. 고용인 절대 다수가 공무원으로 이루어진 국가, 그것이 그리스였다. 파판드레우스는 권좌를 떠났으나 국가는 파탄했고 국민이 가난의 시대를 살아가야만 했다.

　문재인 대통령은 지난 대선 과정에서 5년간 공무원 17만 4,000명을 증원하겠다고 약속했다. 이는 총선 과정에서 금품지원을 약속한 것 이상의 정치적 의미가 있는 공약이다. 2020년 말 문재인 정권 하에서 늘어난 인원을 합하여 집계된 국가공무원 수는 1,131,796명이다. 이 가운데 현 정권 4년 동안 증가한 10만 여 명은 그 이전 4개 정권 20년 동안 증가한 것보다 많은 수치다. 이것은 국민 혈세로 10만 여 명에 달하는 견고한 정권 지지층을 확보했다는 정치적 의미를 지닌다.

특히 이러한 현상이 두드러진 분야가 교육현장이다. 저출산으로 지난 10년간 초·중·고 학생수가 2010년 761만 명에서 2020년 534만 명으로 26%나 감소했음에도 시·도 교육청과 산하지원청의 직원은 8,654명에서 17,398명으로 84%나 증가한 것은 현 정권에 의한 공무원 늘리기 정책과 돈이 넘쳐나기 때문이다.

그러나 공교육은 제 구실을 못하고 계층별 학력과 사교육비 격차가 날로 심화되고 있는 가운데 전교조 소속인사들이 자사고 죽이기와 혁신학교 늘리기에 집착하면서 이념교육에 몰두한 결과 학력은 날로 떨어지고 있다. 좌파 교육감들이 관할하는 지역의 학생 수가 전체 학생의 87%에 이르고 있다는 것은 우리 사회의 미래를 그만큼 위협할 수 있는 잠재적 요소임을 의미한다.

국민의 동의 없이, 제도적 법적 근거도 없이 최고 권력자의 뜻에 따라 국가공무원을 임의로 늘리는 것은 민주주의 국가, 법치주의 국가에서는 용납될 수 없는 일이다. 제도적으로, 법적으로, 철저히 감시되고 통제받지 않으면 안 되는 국가 중대사다. 공무원들은 어려움이 닥칠 때마다, 큰 사건·사고가 날 때마다 마치 정부기구가 부재하고 필요한 요원이 부족한 탓인 양 과장하면서 갖가지 이유와 구실을 동원하여 기구와 조직을 늘리고 권한을 확대하는 고질적 습관을 갖고 있다.

예컨대 지금 난맥상을 드러내고 있는 주택시장 문제와 관련, 투기를 원천적으로 방지하기 위해 '부동산 거래 분석원' 설치를 추진하면서 현재 13명으로 구성되어 있는 임시 조직인 '국토부 부동산 시장대응반'을 1,000명 수준으로 확충하여 주택시장을 정부가 직접 관리하겠다고 나섰다. 현 정부는 정부와 지방자치단체의 공무원 증원뿐만 아니라 공공기관의 비정규직을 강압적으로 정규직화 하고 정권 창출에 기여한 인사들에게 공공기관장 자리를 전리품처럼 나누어줌으로써 멀쩡하던 우량 공기업을 적자기업으로 만들고 있다. 2016년 15조 원을 웃돌던 공공기관 337곳의 전체 순이익이 2019년 5,000억 원대로 곤두박질쳤다.

문재인 대통령이 최근 제2차 한국판 뉴딜을 위해 총 75조 원을 투입해 스마트 시티 등 '지역균형 뉴딜'을 추진하고 이를 뒷받침하기 위해 지방자치단체의 관련 조직과 보강도 지원하겠다고 약속한 것은 지방자치단체를 장악하고 지방 공무원까지 증원하겠다는 것을 의미한다.

2022년 정권 재창출을 위한 전국 차원의 지지 기반 구축이라는 고도의 정치적 설계임을 의심하지 않을 수 없다. 이러한 일련의 정책들은 문재인 대통령이 한국의 파판드레우스로 변신해가고 있음을 보여주는 현상들이다. 한국은 불필요한 정부기구와 조직들, 필요 없는 공무원, 공공기관 요원들을 줄여가야만 하는 나라다. 그러나 지금도 정부 부처는 공무원 증원을 요구하고 있어 계속해서 늘어날 가능성이 높아 보인다.

자유주의 체제 국가에서 정부 기구와 조직은 적을수록 좋고, 공무원 숫자 역시 적을수록 좋다. 재정수요가 그만큼 절약되어 국민의 담세 부담이 그만큼 줄어들기 때문이며, 정부와 공무원들에 의한 간섭이 그만큼 줄어들어 개인과 기업의 자유가 그만큼 확대되기 때문이다. 선진 자본주의 국가일수록 예산 편성과 집행, 조세정책, 조직과 인원 관리를 제도적, 법적으로 철저히 해가는 이유다.

국가를 책임지고 있는 정치인들과 공직자들은 한 푼의 돈이라도 쓸 때마다, 한 명의 인원이라도 채용할 때마다 자신의 가계를 꾸려가는 것 이상으로 세심한 주의를 기울여야 한다. 특히 정치적 목적으로 금전적 낭비와 공무원 증원을 아랑곳하지 않는 것은 국가와 국민에 대한 분탕(焚蕩)질이다. 문재인 정권은 5년에 걸친 분탕질에 그치지 않고 정권 재창출과 장기집권을 위해 더 심한 분탕 계획을 추진해갈 것이다.

자유시장경제는 용어 자체가 정치권에서 자취를 감췄고, 시장경제는 뼈대가 드러날 만큼 만신창이(滿身瘡痍)가 되었다. 산업단지 가동률이 급감하고 산업단지 내 공장과 설비 처분 사례가 급증하고 폐업하는 중소업체들도 급증하고 있다. 현 정부 들어 최저임금이 40% 이상 폭증하자 중소기업과 소상공인이 고용을 회피함으로써 빈곤층 증가가 가속화되고 있다.

2020년 말 보건복지부가 국회에 제출한 자료에 의하면, 문재인 정부 출범 3년 반 만에 기초생활수급자와 차상위 계층을 합한 사회빈곤층은 2020년 11월 기준 55만 명이 증가한 272만 명이다. 반(反)시장경제 정책, 반(反)기업 친(親)노동 정책, 소득주도성장 정책에 대한 시장의 복수는 예외가 없고 잔인하다. 지지층 확대를 위해 공무원과 공공기관 요원을 늘리고 무분별한 선심성 낭비를 늘리면 국가부채가 늘어나 나라는 반드시 파탄에 직면하게 된다. 국민들이 호랑이로 변하지 않으면 막을 길이 없다.

2021년 8월, 더불어민주당 대선 예비후보 중 선두인 이재명 경기도지사는 국민의힘 윤석열 예비후보가 그의 대중 영합적 복지 공약을 '밑 빠진 독에 물 붓기'라고 비판하자 '시장만능주의와 정글자본주의 논리'라고 응대하면서 포퓰리즘의 길을 가겠다고 힘주어 말했다. 전형적인 선동적 좌파 논리다. 지금의 한국경제 체제는 시장만능주의, 정글자본주의와는 거리가 먼 악성 관치시장경제 체제, 퇴행적 권력시장 경제 체제라고 해야만 정확하다. 그의 주장은 19세기 서구 자본주의 사회에서나 통할 수 있는 논리다.

법치를 갉아먹다

한 나라의 민주주의 성패는 그 나라의 법치 확립 여부에 달려 있다. 특히 민주주의 역사가 전무했던 신생 독립국가가 민주주의 국가로서 정상적으로 발전하고 성공하는 것이 쉽지 않은 것은 여러 가지 요인이 있지만 가장 중요한 점은 법치 확립에 실패하는 확률이 높기 때문이다. 우리나라 역시 이 경우에 해당된다.

민주화투쟁에 앞장선 공으로 집권한 김영삼 정권 이래 대한민국 법치는 망가질 대로 망가져 왔고 지금은 법치 부재시대가 되어가고 있다. 정치권력이 법치를 갉아먹고 법치를 담당하고 있는 자들끼리 난투극을 벌이며 법치를 통째로 갉아먹고 있다.

대의민주주의와 자유시장경제를 뒷받침하고 공화국 체제를 공정하고 정의롭게 작동하게 하는 것이 법치다. 법치가 선진국 수준에 도달하면 그 나라의 민주공화국 체제도 선진국 수준에 도달하지만, 법치 수준이 후진성을 벗어나지 못하면 그 나라의 민주공화국 체제 수준 역시 후진성을 벗어날 수 없다. 우리의 민주공화국 체제 역사가 2021년 현재 73년이나 되지만 후진성을 벗어나지 못하고 있는 명백한 증거는 우리 눈앞에서 전개되고 있는 만화경 같은 법치 현실이 잘 보여준다. 후진적이라기보다 야만적이라고 해야만 정확할 정도다.

상식을 지닌 평범한 국민이라면 정치·사회적 문제가 관련된 사건·사고에 대한 경찰과 검찰의 수사와 사법부의 판결 결과를 믿는 경우가 매우 드물다. 대개의 경우 당시 최고 권력자의 뜻에 따르거나 정치권의 영향을 받아 처리되기 때문이다.

1948년부터 1980년대 말에 이르는 40여 년간은 최(最)빈곤국, 분단국 상태에서 건국, 전쟁, 혁명, 산업화, 민주화, 국난을 겪으면서 국가·사회적으로 기반 조성과 압축 성장을 달성하고자 국가와 국민이 건곤일척(乾坤一擲)의 각오로 매진하던 기간이었으므로 민주주의와 법치주의가 정상적으로 뿌리를 내리는 데는 한계가 있을 수밖에 없었다.

그러나 김영삼 집권 해인 1993년부터 국정 최우선 과제는 산업화와 민주화라는 근대화 과정에서 생겨난 국민 분열 요소를 극복하면서 정치발전을 도모하고 법치를 선진국 수준으로 발전시켜 나갔어야 했음에도 김영삼 정권을 비롯한 그 이후 정권들은 반대 방향으로 나아갔다. 서구적 민주주의와 법치 역사가 전무했던 나라답게 사상의 빈곤과 이론적 미약함이 지배하는 풍토에서 민주공화국의 기본 정신인 관용과 타협을 철저히 외면하고 증오와 원한을 부추기고 보복을 앞세운 결과 민주주의와 법치는 깊은 상처를 입었고 국민 분열은 가속화되었다.

5·6공 세력의 전폭적 지지를 등에 업고 대통령에 당선된 김영삼은 반군(反軍) 냄새가 진하게 풍기는 '문민(文民)정부'라는 간판을 내걸고 단숨에 신한국병(新韓國病)을 치유함으로써 구시대 병폐들을 제거하고 민주낙원, 법치천국을 이루어낼 것처럼 호기롭게 출범했으나 처참한 결과만 남기고 떠나갔다.

그는 지난날 국민이 피와 땀으로 모아놓은 외환이 바닥나는 줄도 모르고 허세를 부리다가 IMF로부터 긴급 수혈을 받아야만 했던 사상 초유의 '외환위기'를 자초했으며, 지난날 국민 앞에서 정치보복을 하지 않겠다고 했던 거듭된 약속을 어기고 자기를 권좌에 앉혀준 전직 대통령 두 사람과 5공 주역들에 대한 정치보복을 위해 권력의 힘으로 헌법에 금지된 소급입법을 제정하여 '역사바로세우기'라는 전대미문의 정치재판을 연출해냄으로써 헌법을 유린했고, 민주주의와 법치에 치유 불가능한 내상을 입혔으며 이 땅의 정치문화에서 관용과 타협을 쓸모없는 사치품으로 만들었다.

이 과정에서 검찰과 사법부는 스스로 철저한 정치권력의 하수인으로 전락했다. 당시에 적지 않은 정치인들, 지식인들, 언론인들이 그와 같은 반(反)헌법적이고 반(反)민주적인 정치보복에 환호한 것은 자신들과는 무관한, 한 줌에 불과한 5공 주역들에 대한 처벌로 인식했기 때문이다. 그러나 그들을 증오할 수는 있어도 헌법에 금지된 소급입법까지 해가면서 정치보복을 자행하는 행위에 대해서는 극구 반대하는 데 앞장섰어야만 했다.

민주공화국과 법치사회를 지켜내는 것이 정치보복보다 훨씬 중요할 뿐 아니라, 국민과 자신들을 위해서도 지극히 중요하기 때문이다.

그러나 유감스럽게도 오늘에 이르기까지 한국의 '니뮐러 고백' 현상은 생겨나지 않고 있다.

'역사바로세우기'라는 미명 하에 이루어진 소급입법과 더불어 검찰수사와 사법부 판결은 이 땅의 법치가 돌아올 수 없는 강을 건넜다는 역사적 의미를 갖는다. '역사바로세우기'라는 정치재판 이래 25년이 지나는 동안 정권이 다섯 번이나 바뀌었으나 민주주의는 더욱 혼란스럽고 법치는 날로 퇴보하고 있다. 특별법으로 공소시효를 고무줄처럼 늘리거나 특정 사안에 대한 정당한 비판을 틀어막기 위해, 특정 인물과 집단에 대한 처벌을 위해 상습적으로 헌법정신에 반하는 특별법을 만들어내고 있다.

'역사바로세우기'의 연장선상에서 보는 듯한 2016년 박근혜 대통령 촛불 탄핵은 헌정사에 길이 남을 또 하나의 굿판이었다. 법을 만드는 국회에서 야당 의원과 박 대통령에 대해 개인적 반감을 지니고 있던 여당 의원 일부가 한패가 되어 행정부 수장인 대통령의 범죄 사실에 대한 구체적인 증거조사도 없이 탄핵을 가결했고, 헌재는 타오르는 촛불시위 소동 가운데 서둘러 재판관 전원일치 합의로 탄핵을 적법한 것으로 판결했다. 거리에서는 폭민들이 휩쓸고 언론들은 이성을 상실한 것처럼 여론을 확대재생산하는 데 앞장섰다. 법치는커녕 상식조차 통하지 않는 난장(亂場)판이 아니고서는 상상할 수 없는 일들이 정의의 이름으로 국회를 휩쓸고, 헌법재판소를 휩쓸어갔다.

　박근혜를 끌어내리고 권력을 장악한 좌파정부는 출범하자마자 적폐청산 명분으로 검찰과 신임 김명수 대법원장을 앞세워 지난 정권 하에서 재판거래를 했다는 이유로 양승태 직전 대법원장과 관련 대법관들을 구속하고 재판을 벌이는 헌정사 초유의 광기에 찬 폭거를 서슴지 않았다. 문재인 대통령은 자신과 이념적 색깔이 같은 법원 내 좌편향 모임인 '우리법연구회' 출신 등을 대법원장, 헌재소장에 앉혔고 심지어 야당이 반대하는 중앙선거관리위원장에도 친(親)정권 인사를 앉혔다. 대법관 14명 중 7명이, 헌법재판관 9명 중 5명이 '우리법연구회' 또는 '민변' 출신 인사들로 채워졌고, 사법부 산하 3대 공공기관인 '대한법률구조공단', '한국법무공단', '한국법무보호복지공단' 이사장 전원을 '민변' 출신으로 채웠다. 이들 회원 수는 1,200명 정도로 전체 변호사의 5%에 불과하지만 현 좌파정권 출범 이후 법조계 요직을 독식하며 신주류가 되었다. 노무현·문재인 모두 민변 출신 법조인이다. 완벽한 법조계 들쥐 집단을 형성하는데 성공한 셈이다.

　검찰은 애완견 검사들로 넘쳐난다는 언론의 비판을 받아도 반박하기가 어렵게 되었다. 당연히 예상했던 바와 같이 현 정권에 불리한 영향을 미치는 사건에는 한없이 관대하거나 의도적인 수사 사보타지를 하면서 대통령과 정권에 반대하거나 비판하는 인사들이 관련된 경우에는 나치(Nazis)를 빼닮은 모습으로 물어뜯고 있다. 천안함 폭침과 관련하여 각종 괴담을 퍼뜨린 신상철은 고법에서 무죄가 되고, 대통령을 비판한 고영주 변호사는 고법에서 유죄를 선고받았다. 평소에 문재인 대통령을 형이라고 불렀다는 유재수는 뇌물 4,200만 원을 받고도 풀려났고, 조국 의혹을 제기한 유투버는 법정구속이 되었으며, 대학 구내에 대통령 비판 대자보를 붙인 청년이 '주거침입죄'로 처벌받았다는 것은 헌법이 보장하고 있는 표현의 자유는 정권 편에만 적용되고 있음을 드러냈다.

최근 대법원은 1심과 2심 재판과 헌재에서까지 법외노조로 확정된 전교조를 합법으로 뒤집었고, 공직선거법을 위반한 이재명 경기도지사에게는 후보토론에서 "허위사실 공표가 적극적이지 않았다."는 지극히 비법률적인 논리로 무죄를 선고해줬다.

'역사바로세우기' 재판에서의 '포괄적 뇌물죄', 박근혜 재판에서 등장한 '심정적 뇌물죄'와 같은 표현은 정상적 법치국가에서 있어서는 안 되는, 처벌을 정당화하려는 언어 장난으로 증거가 중요한 것이 아니라 권력자의 주문이나 숨겨진 개인적 이해관계에 따른 검찰과 판사의 주관적 판단이 결정적으로 작용한 현상이다. 흔히 말하는 '관심법 판결'이다.

대한민국 역사를 부정하는 다큐멘터리에 대해서는 "사초에 기초한 것"이라는 이유로 아예 역사 자체를 뒤집는 무지, 무책임한 입장을 취했다. 조선일보 이명진 기자는 2020년 9월 23일자 「김명수 코트(court)」라는 칼럼에서 "뒤돌아보면 끝없는 적폐몰이, 그에 따라 누명을 쓴 사람들의 고통, 정권 코드에 맞춘 억지 판결밖에 떠오르지 않는다."고 썼다.

정권에 아부한 보답으로 법복을 벗자마자 청와대로 입성하고, 지난 정권의 사법부 농단 내부고발자로 자처한 판사들이 여당 공천으로 국회에 입성한 것은 사법부의 정치화를 상징적으로 보여주는 현상들이다. 양승태 전 대법원장 적폐몰이에 앞장섰던 판사 3명은 국회에 입성하자 곧바로 베네수엘라의 전 차베스, 현 폴란드의 카진스키 수법을 연상하게 하는 '사법민중주의'라고 할 수 있는 주장을 하고 나섰다.

이탄희는 현 대법관 14명을 48명으로, 이수진은 법원행정처를 폐지하고 비(非)법관 동수로 구성되는 사법행정위원회를, 최기상은 법관인사위원회 위원 11명을 21명으로 늘리자고 했다. 이들의 주장은 현 사법부 체계를 완전히 뒤엎고 민중주의적 사법부를 새롭게 구성하자는 지극히 좌파적인 발상에서 비롯된 혁명 아니고서는 실현 불가능한 급진적 주장들이다.

민주공화국 체제에서 법치 확립 여부는 사법부 독립 여부에 달려 있고, 사법부 독립 여부는 재판관의 양심과 정의감, 애국심과 공직윤리관 여부에 달려 있다.

서구 선진국들의 법치 확립 역사가 피의 역사라 할 만큼 길고 어려운 과정을 거쳐야만 했다는 것은 법치 확립이 그만큼 어렵다는 것을 뜻한다.

1215년 대헌장(Magna Carta)을 계기로 시작된 영국의 법치는 1688년 명예혁명 이후에 가서야 가까스로 안정된 형태를 갖추게 된다. 엘리자베스 1세 때 법무장관에 오른 에드워드 쿡(Edward Coke, 1552~1634)은 판사이자 정치인이면서 영국 법치 역사에 길이 남는 기록을 남긴 인물이다.

그는 엘리자베스1세 뒤를 이은 제임스1세가 '왕권신수설'을 내세우며 법 위에 군림하고자 했을 때 이에 맞서 저항했다. 1608년 왕이 직접 임명한 판사들로 구성된 특설 고등법원(Court of High Commission)을 소집한 자리에서 왕이 말했다.

"판사는 왕의 대리자일 뿐이니 왕이 신하를 통해 직접 판결을 내릴 수 있지 않은가?"

쿡이 응대했다.

"판결은 왕이 할 수 없는 것이고, 오로지 법과 영국의 관습에 따라 법원에서만 할 수 있는 것입니다."

화가 치민 왕이 다시 말했다.

"법이 왕을 보호하는 것이 아니라 왕이 법을 보호하는 것이다."

쿡이 재차 응대했다.

"군주는 만인 위에 있지만 동시에 법 아래 있습니다."

쿡은 결국 쫓겨났으나 영국의 법치는 전진했다. 400여 년 전 영국에서 있었던 이야기다. 21세기 한국, 최고 권력자가 경찰, 검찰, 사법부를 마음먹은 대로 부려먹을 수 있는 대통령이라면 제임스1세 못지않은 권력자라고 할 수 있지 않을까? 쿡은 명문 케임브리지대학 출신답게 모교의 명예를 지켰고 영국인들의 준법정신과 법치를 고양시켰다.

그러나 오늘날 한국의 대다수 검사와 판사들은 모교의 명예를 지키기는커녕 그 명석한 두뇌로 권력의 노예가 되어 법치를 갉아먹는 데 여념이 없다. 이들을 두고 가장 정의감이 없는 집단, 가장 권력지향적인 집단, 가장 오만하고 독선적인 집단이라고 해도 크게 틀린 표현은 아닐 것이다. 이러한 현실이 개선되지 않는 한 이들과 더불어 살아가야 하는 국민들만 고달프고 슬플 뿐이다.

"법치를 파괴한 최고 기술자들은 항상 법관과 법률가였다."

언론의 이런 뼈아픈 비판에도 불구하고 현실은 달라질 기미가 보이지 않는다. "법관과 법률가들은 합법을 가장한 법치 파괴의 최고 기술자들이다."라는 표현이 더 정확할 것이다. 같은 기사에서 하버드대 스티븐 레비츠키 교수의 「어떻게 민주주의는 무너지는가?」라는 글의 일부를 다음과 같이 소개했다.

"독재자는 법률을 차별적으로 적용해 정적을 차단하고 동지는 보호하는 강력한 무기를 손에 넣는다."

한국의 대통령은 이미 '강력한 무기'를 손에 넣고 있다. 강력한 무기란 경찰, 검찰, 사법부다. 한국은 오래전부터 '검찰공화국'임을 스스로 자조(自嘲)해온 국가다.

우리나라의 법치 무대는 난장(亂場)판이다. 법무부장관과 검찰총장이 국민 앞에서 부끄러움을 모르는 난투극을 벌이는가 하면 사법부 수장인 대법원장은 퇴직을 앞둔 판사의 사표를 의도적으로 받아들이지 않으면서 사법부 무력화와 예속화를 노리는 여당의 탄핵 제물로 바치고 나서도 국민을 향해서는 뻔뻔스러운 거짓 변명으로 일관하고 있는, 소설보다 더 소설 같은 추태를 연출하였다.

2021년 현재 소위 '사법부 적폐 청산'이라는 구실 아래 100번째가 넘는 재판이 진행되고 앞으로도 얼마나 더 많은 재판이 있을지 예측조차 어려운 지경이다. "의혹을 밝히라."는 문재인 대통령 지시 한 마디로 김명수 대법원장이 "수사에 적극 협조하겠다."며 검찰을 끌어들여 수사가 이루어지게 한 후 진행되고 있는 재판으로, 양승태 전 대법원장과 전 대법관을 포함한 판사 6명이 "직권을 남용해 법원행정처 판사들에게 보고서를 쓰라고 지시했다."는 소위 '재판거래'라는 혐의로 2019년부터 매주 두 차례씩 공판을 진행하고 있다.

검찰 50여 명이 동원되어 5개월에 걸쳐 이 잡듯 털어내 혐의사실 47개, 공소장 300쪽, 사건기록 17만 5천 쪽에 달하는 기소를 했으나, 기소된 판사 6명은 줄줄이 무죄 판결을 받았다. 내부 고발자들이 제기한 '판사 블랙리스트,' '재판거래' 증거가 제대로 나오지 않자 계속 수사를 확대했고 법관들을 쫓아낸 자리에 '재판이 곧 정치'라고 믿는 자기들 편 판사들을 앉혔다. 누가 봐도 이러한 현상은 구주류를 몰아내고 신주류를 앉히려는 더러운 정치게임의 성격이 짙다. '역사바로세우기'라는 정치재판 과정을 새삼스럽게 떠올리게 하는 모습들이다.

2021년 2월 4일, 집권여당인 더불어민주당은 2월 28일 다수 의석의 힘으로 퇴임을 앞두고 있는 판사에 대한 탄핵을 가결했다.

　헌정사 초유의 일이다. 탄핵을 당한 임성근 부산고등법원 부장판사는 사법부 적폐 대상자로 기소되었으나 1심에서 무죄 선고를 받은 후 2020년 5월 사표를 제출하고 김명수 대법원장과 면담을 가졌을 때 "사표를 수리하면 국회에서 탄핵 논의를 할 수 없게 되어 비난을 받을 수 있다."며 사표 수리를 거부한 사실이 언론에 보도되자, 김명수 대법원장은 이를 부인했고 임성근 판사가 면담 당시 대화 녹취록을 공개함으로써 김명수 대법원장의 거짓말이 사실로 드러났다.

　'재판거래' 내부고발자의 한 명이었던 이탄희 의원이 주동이 되어 의원 161명의 이름으로 서둘러 상정, 탄핵안을 가결하고 헌재로 넘겼다. 세월호 특조위원장, 민변 회장 경력이 있는 이석태 헌법재판관이 주심으로 결정되자 임성근 판사 측이 퇴임 5일을 앞둔 2월 23일, 이석태 재판관에 대해 기피 신청을 제출한 것은 그가 철저한 현 정권 사람이라고 판단했기 때문일 것이다. 임성근 판사 탄핵은 판사 한 사람에 국한된 문제가 아니라 사법부 독립과 의회정치의 본질과 관련된 문제라는 점에 심각성이 있다.

　사법부가 노골적으로 정치화되어 있고 집권여당의 파시스트화가 어느 정도인가를 가감 없이 노출시킨 참사라고 할 수 있다. 사법부 수장이 다수당인 집권여당의 눈치를 살피면서 자신이 보호해줘야 할 판사를 정치 제물로 바쳤다는 것은 사법부 독립을 송두리째 갉아먹은 것을 의미하고, 현 정권에 치명적 타격을 가할 수 있는 주요 사건들인 '울산시장 선거 공작 사건', '조국 일가 파렴치 사건', '월성 1호기 경제성 조작 사건', '라임·옵티머스 펀드 사기사건' 등에 대한 소송이 진행되는 과정에서 정권에 불리한 판결을 하면 불이익을 당할 수 있다는 것을 보여주기 위한 협박성의 공포(恐怖) 조성용 정치 탄핵이었다고 할 수 있다.

박근혜 탄핵 당시와 마찬가지로 국회는 증거조사 과정조차 거치지 않았고 탄핵을 발의한 의원들은 내용도 모르면서 도장을 찍었다.

밀림지대에 흩어져서 살아가고 있는 부족들의 공동체 운영 수준에도 미치지 못하는 야만적 행태가 대한민국 수도 한복판에서 부끄러움이나 주저함 없이 진행되었다. 임성근 판사 탄핵을 둘러싸고 벌어진 일련의 과정들은 사법부 독립을 보장하는 삼권분립 및 견제와 균형이라는 헌법의 기본정신을 쓸모없게 만들고 민주공화국 체제가 붕괴되어가고 있음을 말해주는 처참한 증거들이다.

역대 정권 아래서 권력의 충실한 도구 역할을 해왔던 검찰의 칼끝이 살아 있는 권력층으로 향하자 법무부장관과 검찰총장 간에 추악한 이전투구(泥田鬪狗)가 벌어졌고 집권여당은 이 기회에 검찰을 완전히 무력화하려는 시도를 강하게 밀어붙였다.

2020년 추미애 전 법무부장관과 윤석열 검찰총장 간의 1차전에 이어 박범계 신임 법무부장관과 윤석열 검찰총장 간의 2차전이 2021년 초부터 벌어졌다. 총 연출자는 대통령, 감독은 여당이고, 주연은 법무장관과 검찰총장이며, 관객은 5천만 국민이다. 사기꾼, 여당, 법무부장관 대 검찰총장 간의 사투, 이 역시 헌정사 초유의 활극이다.

윤석열 검찰총장은 문재인 대통령의 신임을 얻어 총장에 임명된 후 문 대통령의 주문에 따라 앞서간 정권 인사들을 대상으로 한 적폐 청산을 진두지휘하여 대량 정치학살을 한 인사이지만 막상 문 대통령의 신임을 받고 있는 조국 민정수석(법무부장관)과 그 가족이 연루된 비리(非理)에 칼끝을 겨누자 상황이 반전되면서 벌어진 싸움이다.

'송철호 울산시장 선거 청와대 개입 의혹'을 비롯하여 현 정권에 심대한 영향을 미칠 수 있는 사건들로 인해 다급해지자 검찰의 수사를 차단하고 윤석열 검찰총장을 고립·제거하고자 총력을 집중하게 되었으며, 2020년 초 부임한 추미애 법무부장관은 '청와대 울산선거 개입사건' 수사팀을 공중분해하다시피 해버리고 4차례에 걸친 인사 조치를 통해 주요 사건 수사 지휘 계통에 친(親)정권, 호남 출신 검찰 간부들을 배치하면서 윤 총장의 직계인 한동운 검사를 1년 동안 세 번이나 추방하듯 한직으로 보직을 바꿨다.

2020년 국회 국정감사 기간 중인 10월 21일, 추미애 법무부장관은 라임 사건과 관련하여 윤 총장이 여권 정치인들만 조사하여 피의(被疑) 사실을 흘렸다는 구실로 "국민을 기망한 대검을 저격하라."는 공격 신호탄을 쏘아올렸을 뿐만 아니라 이미 마무리된 바 있는 윤 총장 장모와 부인까지 수사하도록 지시했다. 추 장관의 표현은 1966년 모택동이 인민일보에 "사령부를 포격하라."는 격문을 띄워 홍위병 대란을 초래했던 사실을 연상하게 하는 문구였다.

추 장관은 윤 총장 주도하의 수사팀을 공중분해하고 그의 수족을 잘라냄으로써 식물총장으로 만드는 데 그치지 않고, 11월 24일 윤 총장에 대한 징계청구와 동시에 직무를 배제하는 조치를 취하면서 정권 편 인사들로만 징계위원회를 구성했다.

문 대통령이 임명한 이용구 신임 법무부차관은 월성원전 1호 경제성 평가 조작 핵심 피의자인 백운규 전(前) 산업부 장관의 변호인이었으며, 징계위원장인 정한중 한국외국어대 교수는 현 정권에서 법무부 검찰개혁위원회와 과거사조사위원회 위원으로 활동하면서 조국 부부의 무죄를 주장했을 뿐 아니라 윤 총장이 국회에서 "퇴임 후 국민에게 봉사할 방법을 천천히 생각해보겠다."고 답변한 것을 두고 검찰청 법(정치중립 규정) 취지에 어긋난다고 비판한 인사다. 안진 전남대 교수는 더불어민주당 공천심사위원을 지낸 친(親)정부 인사이며 심재철 법무부 검찰국장은 공판 참고자료에 불과한 문건을 '판사 사찰'로 둔갑시킨 장본인이고, 신성식 대검 반부패 부장은 '채널A 사건' 허위 조작 관련 혐의로 고발된 인사다.

문 대통령이 오랜 침묵 끝에 "절차적 정당성과 공정성이 중요하다."고 언급한 것과는 정반대로 징계위원회가 구성되어 결론을 정해놓고 벌인 징계 결과를 두고 "북한식 인민재판을 보는 것 같다."고 했던 신문사설은 과장이 아닐 것이다.

2020년 12월 1일, 서울행정법원은 "검찰중립성 보장을 위해 총장 임기를 2년으로 정한 법 취지를 무시하는 것"이라는 이유로 윤 총장이 낸 직무배제 명령 집행정지 신청을 받아들여 총장 복귀 명령을 내림으로써 추미애 법무부장관은 물론 현 정권에 뼈아픈 패배를 안겨주었다. 윤 총장과 법무부 장관 간의 싸움은 윤석열 총장을 중심으로 한 검찰 집단과 정권수호 집단 간의 혈투로서 권력집단이 법치를 어떻게 뼈대까지 갉아먹을 수 있는가를 적나라하게 보여주는 퍼포먼스다.

윤 총장에 대한 감찰, 압수, 조사 과정은 무법천지 그 자체였다. 6가지 비위(非違)라는 것은 사실 근거가 하나도 확인된 바가 없고 여권이 사기꾼들과 한 패가 되어 윤 총장을 비위로 몰아 축출하고자 했으나 실패했다. 전국 59개 검찰청의 모든 평검사와 검사장, 고검장은 물론 검찰총장 대행까지 "검찰을 권력의 시녀로 만드는 일"이라며 들고 일어나고 2만여 회원을 거느린 대한변협과 참여연대, 전국 법학 교수 2천여 명도 "헌법과 법치 훼손"이라는 성명을 발표하자 더불어민주당 원내대표는 "어느 부처 공무원들이 이렇게 집단행동을 겁없이 강행할 수 있는지 묻는다."고 하면서 윤 총장을 향해 "동네 양아치들을 상대하더니⋯⋯낯짝이 철판" 운운하는 그야말로 양아치 수준의 저질 막말을 퍼부었다. 이들은 범죄를 고발하고 위법·부당한 지시를 거부하는 것이 모든 공직자의 법적 의무라는 기본 상식조차 무시한 채 권력을 믿고 다수의석을 믿고 이빨을 드러내며 위협했다.

추미애 법무부장관이 문재인 대통령의 꼭두각시임을 모르는 국민이 있었을까? 원전 월성1호기 폐쇄와 경제성 조작에 문 대통령이 직접 관여한 정황이 감사원 감사에서 드러나고 검찰이 증거 조작과 인멸에 가담한 산자부 공무원들에 대한 구속영장 청구 움직임을 보이자 추 장관이 급작스럽게 윤 총장 직무를 배제하고 징계를 청구한 것은 문 대통령을 보호하기 위한 비상조치였고 '라임·옵티머스 사건'에 실세 연루 의혹이 제기되자 증권범죄 합동수사단을 아예 없애버렸으며, 문 대통령을 형이라고 부르는 유재수가 뇌물을 받고도 감찰을 피해 영전한 비리를 수사한 검사들도 쫓아내버리는 솜씨를 발휘했다.

원전(原電)은 한국 산업의 선두주자이자 국제사회가 인정하는 선진국 수준의 자랑스러운 분야다. 1956년 이승만 대통령이 아이젠하워 미국 대통령의 과학고문이자 미국 전력협회장인 워커 시슬러와 서울에서 회동한 것이 계기가 되어 1인당 연간 국민소득 70달러이던 시절 1인당 6,000달러가 드는 해외연수에 236명을 선발, 10년간 미국, 영국, 캐나다로 보내 원자력 기술자들을 길러냈고, 1960년대 박정희 대통령은 미국형 가압경수로를 채택하여 본격적으로 원자력발전소 건설에 착수했다. 그 이후 역대 정권에 의한 지속적 노력 결과 2009년, 아랍에미리트(UAE)에 원자력발전소 4기를 수출하는 국가로 발돋움하였다.

국가 에너지 정책은 모든 국가가 우선적으로 다루는 주요정책으로 장기계획에 의해 집행되는 특징을 갖고 있다. 우리의 경우 에너지 기본계획은 5년 주기로 작성되며, 에너지원(源)별 발전 비율을 정하고 있다. 따라서 발전소 건설이나 폐쇄 등은 에너지 기본계획에 입각한 전력수급 기본계획에 맞춰 추진되어야 함에도 불구하고 5년 한시적인 문재인 정권이 출범 직후 독단적으로 변경함에 따라 혼란이 야기되고 원전 산업계를 비롯하여 학계, 언론계, 각계 지도층 인사들이 반대와 더불어 우려하게 만들었다.

영화 <판도라>를 보고 탈(脫)원전을 결심했다는 문 대통령이 대선 후보 당시 제시한 탈(脫)원전 공약은 대선 캠프에 참여한, 전문성마저 의심스러운 아마추어 환경운동가들이 작성한 것으로 드러났다. 탈(脫)원전 공약 작성에 주도적으로 참여했다는 김익중 동국대 교수는 미생물 전공자이고 김좌관 부산가톨릭대 교수는 문재인 캠프에서 환경에너지 팀장을 맡았던 수질관리·생태공학을 가르치는 하천 관계 전문학자로 알려져 있다. 평소 정치 성향을 띠고 원자력 발전에 반대해왔던 인사들은 원자력 관련기관 이사장, 이사, 감사 자리를 꿰차고 '반(反)원전 카르텔'을 형성하기에 이르렀고, 문 대통령은 취임 40일 만에 탈(脫)원전을 천명했다.

뿐만 아니라 2017년 10월 24일 국무회의에서 신(新)원전 건설 백지화, 수명 연장 불허, 월성원전 1호기 폐쇄를 포함한 탈(脫)원전 로드맵을 의결, 발표했다. 우려와 반대가 점증하는 가운데 특히 월성원전 1호기 조기 폐쇄를 둘러싼 논란이 끊이질 않자 20대 국회가 감사원 감사를 요청했고, 감사 과정에서 마피아 범죄 집단 수법을 방불케 하는 허위조작과 증거인멸 행위가 확인되었다.

이러한 허위조작과 증거인멸은 대통령의 "언제 폐로(閉爐)하느냐?"는 말 한 마디 때문에 벌어진 일이다. 이를 보고받은 교수 출신 백운규 당시 산자부장관은 "2년 반 더 가동"을 보고하는 부하 공무원에게 "너 죽을래?!"라고 겁박하면서 상상을 초월하는 허위조작과 증거인멸을 저질렀고, 감사원 감사 자료를 넘겨받은 검찰이 수사에 착수하게 되자 정권 차원의 검찰총장 식물화, 나아가 검찰 기능 완전 해체 시도가 이루어졌다.

국회 답변에서 감사원장이 감사 과정에서 공무원들의 저항과 방해가 심했다고 실토했으며, 여당은 감사원장을 집요하게 공격했다.

한수원은 조기 폐쇄가 결정된다 하더라도 2년 반은 더 가동해야 한다는 공감대를 갖고 있었고 이미 수리·보수비로 7천여 억 원의 경비가 투입된 상태였음에도 2020년 4월 2일, 청와대 행정관이 비서관의 지시를 받아 산자부 원전과장에게 "대통령이 월성원전 1호기 가동 영구중단을 언제 결정할 계획인지 질문했다."는 말을 전하자, 산자부 원전과장은 4월 4일, 한수원 본부장을 호출하여 "즉시 가동 중단" 방침을 증거를 남기지 않기 위해 구두로 통보했다.

5월, 3일 간에 걸쳐 산자부, 한수원, 회계 법인이 회동하여 경제성 평가 조작을 논의했으며 컴퓨터에서 관련 문건 444건을 삭제했다. 산자부 공무원들은 회계 법인으로 하여금 9번이나 이용률, 판매단가를 바꾸게 했고, 최초 경제성 평가 초안에서는 이용률 85%, 계속 가동 시 즉시 폐쇄에 비해 3,427억 원의 이익이 난다고 한 것을 10번째 평가에서는 224억 원으로 축소했으며, 산자부 원전과장은 회계법인 관계자에게 "장래 이용률은 30~40%밖에 안 될 것"이라고 우겼다.

산자부는 2017년 7월, '한수원 이사회 의결'로 이미 방향을 정해둔 상태였고 그 후 한수원 사외이사 3명을 교체하여 일사불란한 체제로 만들었다. 새로 임명된 사외이사 1명은 탈(脫)원전 활동 교수, 또 한 명은 여당 원외 인사였고 조기 폐쇄에 반대했던 경성대 조성진 이사회 의장을 본인에게 통보조차 하지 않고 바꿔치웠다. 감사원은 이들의 편법, 허위조작, 증거인멸을 낱낱이 밝혀내고서도 "조기 폐쇄 타당성을 판단하는 데는 한계가 있다."는 면죄부를 주었다. 친(親)정권 감사위원들의 영향과 여권 압력 탓으로 감사원장 한 개인의 고군분투에는 한계가 있었기 때문일 것이다. 이처럼 엄청난 소동을 치르고도 징계를 받은 자는 산자부 부국장과 실무자 단 2명에 그쳤다.

장차 있을 수도 있는 개헌(改憲) 시 감사원의 정치적 독립과 중립성을 제도적으로 단단히 해두는 계기로 삼아야 하는 충분한 이유를 제공한 경우라고 할 수 있다.

경제성 조작이 사실로 확인되자 여당 지도부는 반성이나 사과는커녕 "월성원전 1호기에서 삼중수소가 나온다."는 가짜뉴스를 퍼뜨리면서 "방사성 삼중수소 누출 은폐와 관련해 원전 마피아 관여 여부를 밝혀야 한다."는 낯 뜨거운 여론 공세를 취했다. 이들은 감사원 감사쯤이야 아무 것도 아니라는 사실을 시위라도 하듯 뻔뻔스러웠다.

영화 한 편을 보고 국가 중대사를 결심하고, 미숙한 환경운동가들 손에 놀아나 탈(脫)원전을 공약한 경솔함과 무지로 인해 빚어진 국가적 손실은 계산하기 어려울 뿐만 아니라 탈(脫)원전 정책 영향이 언제까지 미칠 수 있을지도 확실치 않다. 현 정권 출범 이래 전국 6만여 곳에 상업용 태양광을 건설하는 데 19조를 퍼붓고도 전력 생산은 4조, 신고리 원전 4호기 1개 생산량에도 미치지 못하는 낭비를 초래하고 전 국민이 오랜 세월 땀 흘려 가꿔놓은 산림이 무차별 훼손되도록 방치했다.

문재인 대통령은 국내에서 탈(脫)원전 정책을 고수하면서 외국에 대해서는 한국 원전 수입을 권고하는 모순된 태도를 취했다. 2018년 4월 27일 판문점 남북정상회담 직후인 5월, 북한 원전 건설 문건을 작성했고, 공개된 문건 속에는 정부가 중단시킨 신한울 3·4호기 시설을 북한에 넘기는 안이 포함되어 있었다.

문재인 정권의 탈(脫)원전 정책은 실천 과정에서 상상을 초월하는 불법 행위를 초래했고 1950년대 이래 구축해온 원전 산업을 난장판으로 만들었으며, 한전(韓電)으로 하여금 눈덩이처럼 불어나는 적자를 떠안게 했다.

결국 정부는 2021년 9월, 8년 만에 전기요금 인상을 결정하고 2022년부터 적용하기로 했다. 어떠한 반대와 비판에도 아랑곳하지 않는 문 대통령은 국제사회가 기후 변화에 대응하기 위해 탄소중립정책을 강조하고 미국, 중국 등 각국이 이에 호응하면서 화석연료 사용을 점차 줄여가는 추세에 따라 원전이 가장 좋은 대안으로 받아들여지고 있는 것과는 반대되는 노선을 가고 있다. 일본은 2011년 지진으로 후쿠시마 원전 피해를 입었음에도 탈(脫)원전 정책을 거론하지 않고 있다.

세계적인 기후 과학자 제임스 핸슨과 케리 이매뉴얼은 "원자력이 기후변화 대응의 유일한 실효적 대안"이라고 하면서 "세계가 매년 115기씩 원전을 건설해야 한다."고 강조하고, 미국의 빌 게이츠는 최근 한국 언론과의 인터뷰에서 "탄소중립을 달성하려면 원자력 에너지가 필요하다."는 권고를 하고 있음에도 문재인 대통령에게는 마이동풍(馬耳東風)이다.

전문가들의 판단이 옳다면 국제 원전 건설시장은 과거 중동 석유시장이 그러했던 것처럼 머지않아 새로운 에너지 황금시장이 될 가능성이 매우 높다. 한국이 현재와 같은 탈(脫)원전 정책을 고집한다면 원전산업 강국인 한국은 스스로 황금시장을 포기하는 어리석은 국가가 될 수밖에 없다. 국민이 선택했다고는 하지만, 한 사람의 권력자 때문에 국가가 성공하는 길을 버리고 실패하는 길을 가고 있는 것이 우리의 현실이다.

월성원전 1호기 폐쇄 결정을 둘러싸고 벌어진 일들은 공화국 체제의 존폐 문제와 직결되어 있다. 정치인, 공직자의 부정부패 방지를 중요시하는 공화국 체제에서 이들이 부정을 일삼고 법치를 짓밟으면서도 어떠한 책임

제임스 핸슨
James Edward Hansen
1941~
미국

의식도, 아무런 문제의식도 느끼지 않는다면 이들의 손에 놓여 있는 공화국 체제는 이름뿐인 공화국 체제일 뿐이다.

　법치를 뼛속까지 갉아먹은 들쥐들의 행진은 여기서 멈추지 않고 일찍이 그 누구도 생각조차 해본 적이 없는 법치 파멸의 절벽을 향해 몰려가고 있다. 20대 마지막 국회에서 더불어민주당이 야당의 극한적 반대를 무릅쓰면서 일방적으로 통과시킨 '고위공직자범죄수사처' 법안, 일명 '공수처 법'엔 야당의 반대를 무마시키기 위한 '야당의 공수처장 거부권' 조항이 포함되어 있었다. 그러나 4.15 총선에서 압승하자 '공수처 법'이 시행되기도 전인 2020년 12월 11일, 이 조항을 삭제한 개정법을 통과시킴으로써 검찰 고유의 기소권과 수사권까지 지닌 '정권 전용 수사기관'을 탄생시킬 수 있도록 한 데 이어 수사와 재판을 받고 있는 친(親)조국 범여권 의원들이 주동이 되어 검찰의 수사권을 완전히 박탈하는 '중대범죄수사청', 일명 '중수청' 법안 발의를 준비하고 나섰다.

　윤석열 검찰총장이 공개적으로 반(反)헌법적이며 민주주의와 법치 파괴 발상이라면서 강하게 반발하고 나섰고 검찰 내부에서는 통제받지 않는 중수청에 대해 "일제 고등계 경찰을 연상케 한다."는 비판을 쏟아냈다. 어김없이 전체주의 국가에서나 볼 수 있는 폭민현상이 생겨났다.

　'파란장미 시민행동'이라는 친문(親文) 단체가 전화·문자 폭탄을 동원해가며 의원들의 서약·서명을 강요하다시피 하자 10여 명에 달하는 범여권 의원들이 서명했다.

"국회의원 ○○○는 '검찰 수사권 완전 폐지'를 문재인 대통령 임기 내 반드시 실현하기를 원합니다. 국회의원으로서 모든 노력을 기울여 문재인 대통령께서 임기 내 검찰 개혁의 양대 과제를 완수한 대통령으로 역사에 기록될 수 있도록 하겠습니다."

필설(筆舌)로 표현하기 어려운 놀라운 현상이다. 윤석열 검찰총장은 정권에 의한 고사(枯死) 작전에 더 이상 버티지 못하고 2021년 3월 4일 사퇴를 택했다. 다음의 글들은 윤 총장의 사퇴의 변이다.

"저는 이 사회가 어렵게 쌓아올린 정의와 상식이 무너지는 것을 더는 두고 볼 수 없다."
"이 나라를 지탱해 온 헌법정신과 법치 시스템이 파괴되고 있다."
"자유민주주의를 지키고 국민을 보호하기 위해 힘을 다하겠다."

그는 문 대통령의 칼잡이가 되어 전직 대통령 두 명과 전(前) 대법원장을 비롯해 100여 명이 넘는 인사들을 기소하여 정권 사람들로부터 '정의로운 검사'라는 칭송을 받았으나 법무부장관에 기용된 조국 일가에 대한 수사에 이어 정권에 치명상을 입힐 수 있는 청와대 울산시장 선거 공작 사건, 라임·옵티머스 펀드 사기사건, 월성원전 1호기 경제성 조작 사건 등에 대한 수사가 이루어지자 집권 세력으로부터 파렴치하고 난폭한 비판과 압박을 받는 처지가 되어 결국 사퇴해야 했다.
그동안 정권은 윤 총장을 끌어내리기 위해 네 차례의 인사 학살, 세 차례의 지휘권 발동, 총장 징계 청구 등을 했음에도 여의치 않자 검찰 수사권을 완전히 박탈하는 입법을 추진했다. 결국 윤 총장은 임기 만료 4개월을 앞두고 스스로 공직을 떠났다. 정권이 '검찰 개혁'이라는 명분을 내세워 윤 총장을 몰아낸 것은 최고 권력자와 정권 보호를 위한 '검찰 하수인화'를 위한 조치임을 모르는 국민은 없다.
그러나 이와 같은 난맥상은 권력 정치의 하수인처럼 기생하면서 안주해온 검찰 자신들에 의한 자업자득의 결과다.

　수사를 받아야 할 만큼 의심을 받고 있는 대통령이 자신과 정권 보호를 위해 검찰총장을 고사시키고 검찰 조직 자체를 무력화함으로써 법치에 치명상을 입힌 것은 참으로 어리석은 처사이자 국가적 불행이다. 권력의 갑옷을 입고 있는 동안은 피해갈 수 있을지 몰라도 권좌에서 물러나면 더 큰 족쇄가 자신에게 채워진다는 것을 한국의 정치사는 너무나 잘 보여준다.

　문재인 대통령이 지도자로서 보여준 면모는 냉혹함이다. 그는 전 국민을 아우르는 포용성 있는 지도자라기보다 자기편만을 끼고 도는 편협한 지도자로 일관해 왔으며, 자기편이 아닌 경우 엄벌주의와 보복주의로 대해 왔다는 것이 특히 법치 부분에서 확연하게 드러나고 있다. 약속은 화려했으나 실행은 빈약하고, 가야 할 길은 버리고 가지 말아야 할 길을 가고 있는 지도자라고 할 수 있다.

　문 대통령의 법치는 정치적 법치, 보복적 법치, 선택적 법치로 특징지어진다. 정치적 이익을 위해 이미 법적으로 마무리된 과거사를 진실 확인 운운하면서 소수 관련 집단의 요구를 받아들여 끊임없는 반복(反復) 조사를 하고 있다.

　광주 5.18 진상조사는 5.18 단체의 요청을 받아들여 9번 째 조사가 진행 중이고, 세월호 사건의 경우 7년 동안 검찰 수사, 국회 국정조사, 감사원 감사, 해양안전심판원 조사, 사회적 참사 특조위, 검찰에 의한 세월호 참사 특별 수사 등 8번에 걸친 수사와 조사가 있었으나 추가로 확인된 것이 없었고, 2021년 8월 10일, 특검팀이 지난 3개월 동안 9번째 조사를 했으나 범죄 혐의를 발견하지 못했다고 발표하자 청와대는 특검 수사 결과를 존중한다고 하면서도 "세월호 진상규명은 사참위(사회적 참사 특별조사위원회)에서 후속적으로 진행될 것"이라는 입장을 발표했다.

참으로 집요한 정권임을 다시 한 번 느끼게 하는 경우다. 검찰 수사가 미진했다는 이유로 2021년 4월로 끝나게 되어 있는 공소시효 날짜를 2022년 6월까지 연장하고 '세월호 참사 증거 자료의 조작, 편집 의혹 진상 규명을 위한 특별 검사 임명 국회의결 요청안'을 통과시킴으로써 수사가 계속될 수 있도록 해놓았기 때문이다.

2021년 2월, 1심 법원 판결에서 해경 지휘부 10명이 무죄 판결을 받자 문 대통령은 2021년 2월 17일, 이와 관련하여 "유족들이 원하는 방향대로 진상 규명이 속 시원하게 잘 안 되고 있어서 안타깝다."고 했고 백기완 빈소를 방문했을 때는 "세월호 구조에 실패한 해경 지도부가 1심 무죄 판결을 받아 안타깝다."고 함으로써 유족 편에 서서 진상 규명 조사가 더 이루어져야 한다는 듯싶은 입장을 취했다.

법치 수호에 앞장서야 하는 헌법적 책무가 있는 대통령이 법원 판결을 순순히 받아들이지 않고 부정하는 듯 보이는 발언을 한 것은 사법부 독립을 부정하고 법치를 유린한 행위다. 권력 정치 풍토가 극심한 한국사회에서 최고 권력자인 대통령이 1심 판결에 대해 아쉽다고 평가하게 되면 2심 판결에 영향을 미칠 수 있는 가능성이 매우 높기 때문에 조심하지 않으면 안 되는 경우다. 광주 5.18 반복 조사, 세월호 조사를 반복하는 것은 권력의 힘을 빌려 자기들이 만족할 수 있는 결과를 만들어내기 위한 것이며, 반복 조사 과정을 통하여 정치적 이득을 취하기 위해서이다.

문재인 대통령은 정치 보복을 위하여 적폐 청산이라는 명분 아래 전직 대통령 2명과 대법원장을 포함 100여 명 이상을 기소하면서도 자기들 편에 서 있는 사람들에 대해서는 선택적 법치로 최대한 보호하고자 했고, 범법 증거가 확실함에도 정치적 희생양인 것처럼 호도하는 조치를 거듭했다. 그는 마치 수사기관 총책임자인 양 개개 사안에 대해 직접, 엄정 수사와 조사를 명령함으로써 최고 권력자의 지위를 한껏 즐기는 듯했다.

김학의 전(前) 법무부차관 사건, 클럽 버닝썬 사건, 고(故) 장자연 사건에 대한 철저한 수사를 강조했고 기무사의 세월호 민간 사찰, 계엄 문건 작성 등을 직접 열거하며 조사와 수사를 지시했던 2018년 전군 지휘관 회의에서 "기무사의 세월호 유족 사찰은 구시대적이고 불법적 일탈 행위"라는 단정적 비판을 했다.

2018년 7월 10일에는 기무사 관련 독립수사단을 구성하라는 특별 지시를 함으로써 기무사가 마치 어마어마한 불법 행위를 한 것 같은 인상을 일반 국민에게 남겼다. 국방부는 7월 11일, 기무사의 위수령, 계엄령 검토 및 세월호 유가족 사찰 의혹을 수사하기 위한 특별 수사단을 발족하여 사실인 양 결론을 내고 중앙지검으로 넘겼다.

사건 당시 기무사 사령관이던 이재수 중장(예편, 육사 37기)은 2018년 11월, 검찰 수사를 받게 되고 수사 과정에서 검찰 수사관들로부터 참기 어려운 모욕을 당하자 2018년 12월, 스스로 목숨을 끊어 생을 마감했다. 검사 9명, 수사관 20명으로 구성된 '검찰 세월호 참사 특별수사단'이 1년 2개월 넘게 수사한 결과 의혹 대부분이 무혐의라는 결론을 내리고 막을 내림으로써 이재수 장군의 자살은 '권력에 의한 살인'이 되었으나 검찰은 물론 직접 수사를 명령한 문 대통령 역시 한 마디의 유감 표명도 없었다. 군을 사랑해야 하는 군 통수권자가 군을 폄훼하고 구실만 생기면 엄벌주의로 대하는 것은 문존무비(文尊武卑)로 일관하며 왕조를 망쳤던 조선시대 지배자들과 조금도 다르지 않다.

문 대통령은 심지어 대법원에서 형이 확정되어 2년 징역을 살고 나온 한명숙 전(前) 총리 사건까지 재조사하고 나섰다. 2020년 4.15 총선에서 압승한 문재인 정권이 "한명숙 전 총리를 수사한 검사들이 증인들에게 거짓 진술을 강요했다."는 의혹을 제기함에 따라 검찰이 조사에 착수했지만

2021년 3월 5일, 대검은 증거 불충분으로 무혐의 처리했다.

권력 정치가 법치 위에 군림함으로써 권력자나 권력을 등에 업은 자들의 의혹 제기 한 마디가 수사와 조사로 이어지고 그들의 의혹이 진실로 둔갑하는 일이 다반사로 이루어지고 있는 오늘날의 현상에 대한 일차적 책임은 당연히 문 대통령 개인에게 있다. 그는 법치를 갉아 먹는 무리의 우두머리이기 때문이다.

2021년 5월, 더불어민주당 송영길 대표 등 113명은 1989년 해직되었던 전교조 교사 임금을 소급 지급하는 내용의 특별법을 추진하고 나섰다. 원안대로 통과되면 1,500여 명에게 1인당 7억 9천만 원, 총 1조 4,071억 원의 혈세가 지급되어야 한다. 2021년 대법원이 교원의 노동운동은 불법이었으므로 해직 기간을 경력으로 인정할 수 없다고 최종 판결한 사항을 뒤집겠다고 나선 것이다. 사법부 판결 사항을 국회 다수의 힘으로 뒤집는다면 사법부는 왜 필요하며, 사법부 독립이란 무엇을 의미하는가? 또한 삼권분립이나 견제와 균형이라는 헌법의 기본 정신은 어떻게 되겠는가?

헌법 준수를 국민 앞에 선서한 대통령이, 앞장서서 법치를 무너뜨리고 있는 나라, 그의 추종자들이 법치를 철저히 갉아먹고 있는 나라, 사법부가 정치 재판으로 역사를 단죄하는 나라, 검찰공화국이라는 오명을 덮어쓰고 있는 나라가 대한민국이다.

2021년 6월 현재, 법무부장관, 검찰총장, 서울지검장 모두가 형사사건 피의자들인 나라, 민주화투쟁경력을 앞세워 '광장 민심'으로 집권했다는 세력들이 법의 이름으로 집회의 자유, 표현의 자유를 억압하고 있는 나라, 사유재산권이 공공연하게 침해당하고 계약의 자유, 교환의 자유마저 유명무실해져 가고 있는 곳이 바로 지금의 대한민국이다.

안보를 갉아먹다

　안보(安保)란 국가를 안과 밖에서 지키는 것을 말한다. 안보는 국가의 존망(存亡)을 좌우하는 국가 제일의 과업이다. 여기에는 예외가 없다. 영세 중립국인 스위스조차 자주국방 태세를 소홀히 하지 않는다. 우리의 경우는 문존무비(文尊武卑) 노선에 철저했던 조선왕조 이래 일제 식민지 시대가 끝날 때까지 자주국방 태세를 갖춰본 적이 없다.

　임진왜란(1592~1598) 때는 중국 명(明)나라 원군의 도움으로 위기를 면했고, 임오군란(1882) 때는 왕실 요청으로 청(淸)나라 군대가 출병하여 진압하게 되자 일본군까지 출병하여 청일전쟁의 불씨가 되었으며, 그것을 빌미로 조선왕조 멸망의 길이 열릴 만큼 허술하고 허약했다. 태평양전쟁에서 미국을 주축으로 한 연합군이 승리를 거두어 일본이 항복함에 따라 한반도가 해방되었으나 분단을 피할 수 없었으며, 미국과 소련을 맹주로 하는 동서냉전의 최전선이 되고 중·소의 지원을 받는 북한의 남침을 받아 수많은 인명 피해와 재산 손실을 당하면서 구축해온 집단 안보 체제가 좌파정권이 들어서면서 심각한 위협을 받고 있다.

　정권 요소요소에 둥지를 틀고 있는 친북(親北) 친중(親中), 반일(反日) 반미(反美) 주사파 무리들이 유엔사 해체, 한미동맹 무용론, 주한미군 철수를 공공연하게 주장하고, 문재인 대통령은 '평화 프로세스'라는 미명 아래 '한반도 종전선언'에 집착하고 있다. 북한에 대해서는 민족애로 한없이 관대하며, 중국에 대해서는 조선시대 종주국 대하듯 머리를 조아리고, 함께 가야 할 일본에 대해서는 적대적이며, 혈맹인 미국에 대해서는 북한 입장에서 설득하려 하고, 안으로는 군을 홀대하는 지극히 모순되고 위험한 태도를 취하고 있다.

북한에 의한 6.25 남침을 통일전쟁으로 인식하는 주사파들이 한반도 분단의 책임이 미국에 있고 통일을 방해하는 최대 장애요소 역시 미국이라고 하는 것은 역사적 사실과도 어긋나는 주장이다. 유엔사와 미군이 남한에 존재하는 이유는 소련 스탈린의 사주와 중국 모택동의 군사적 지원을 받아 한반도 적화통일을 목표로 북한의 김일성이 남침을 했기 때문이고, 북한은 휴전 이후에도 대남 적화통일 투쟁을 멈춘 적이 없었을 뿐 아니라 거대 중국이 북한의 배후세력으로서 대남·대미 압박 전략을 강화하며 동북아, 나아가 아시아·태평양 지역의 평화를 위협하면서 패권을 노리고 있기 때문이다.

건국 이래 남한이 북한을 군사적으로 위협한 적은 없으나 북한은 끊임없이 군사적으로 남한을 위협해왔으며 대남 지하세력 구축에 심혈을 기울여 왔다는 것도 널리 알려진 사실이다. 인류 역사상 평화가 나만의 선의에 의해 일방적으로 달성된 예는 없다. 그들이 입만 열면 민족 운운하지만 김일성 이래 그들에겐 계급은 있으나 민족 개념은 존재하지 않았다. 이것은 공산주의자들의 기본 사상이다. 그럼에도 민족을 들먹이는 것은 적화통일용 선전·선동을 위해 반드시 필요한 단어이기 때문이다.

김정은은 김일성, 김정일의 유훈(遺訓)에 따라 북한을 통치하고 있다. 북한에도 헌법이 있으나 모양을 갖추기 위한 것에 불과하고 실질적 헌법은 노동당 규약이다. 그러나 노동당 규약보다 더 중요한 통치 지침은 선대가 남긴 유훈(遺訓)이다. 김정은은 유훈을 통치 지침으로 삼아 핵과 대륙간 탄도미사일(ICBM)을 가진 강성대국 건설로 적화통일을 달성하겠다는 의지를 결코 감춘 적이 없고 발톱을 숨긴 적도 없다.

노동당 규약에는 김일성, 김정일의 유훈이 명기되어 있기 때문에 노동당 규약을 세심하게 들여다봐야 한다. 노동당은 북한 체제를 떠받치는 기둥이자 대들보이고 노동당 규약은 노동당 정신과 당이 지향하는 목표와 목표 달성을 위한 행동 지침을 규정하고 있다. 그들 헌법은 노동당의 임무를 다음과 같이 명시하고 있다.

"조선민주주의 인민공화국은 조선로동당의 령도 밑에 모든 활동을 진행한다."

2012년 당 대회에 즈음하여 노동신문에 소개된 당 규약 서문에는 노동당이 김일성, 김정일의 유훈을 지켜가는 조직체임을 강조하고 있다.

"조선로동당은 위대한 김일성 동지와 김정일 동지의 당이다."
"김일성 동지와 김정일 동지는 조선 로동당과 조선 인민의 영원한 수령이시다."

김일성, 김정일의 당인 노동당이 북한 체제를 이끌어가는 영도(領導) 기구라면 그들이 남긴 유훈은 그 누구도 가감할 수 없고 영원성을 지닌 지상 명령의 성격을 갖게 된다. 이는 곧 유훈통치를 의미한다.

김정일 사망(2011년 12월) 직후인 2012년 김정은은 노동당 군사위원장, 노동당 제1비서가 됨으로써 실질적으로 북한 최고 권력자가 되었고, 2016년 국무위원회 위원장, 2021년 1월 노동당 총비서직에 올랐다. 김정은이 '당과 국가, 무력의 최고 령도자 김정은 동지'로 불리게 된 것은 그가 김일성 세습왕조 후계자이며 유훈통치의 적통자(嫡統子)임을 의미한다. 김정일은 김일성의 유훈에 충실했고 김정은은 김일성, 김정일의 유훈을 충실히 실행하고 있는 중이다.

유훈통치의 본질은 김일성, 김정일 부자가 다져놓은 주체사회주의 사상 고수, 핵과 미사일을 주축으로 하는 강성 대국 건설, 대남 적화통일 달성이다. 노동당의 사상적 기반인 주체사회주의(主體社會主義)란 김일성, 김정일 방식을 따르는 북한식 맑스-레닌주의를 말한다. 북한식 맑스-레닌주의, 즉 주체사회주의의 요체는 세습적 수령 일인 독재체제와 유훈통치 방식에 있다. 이것은 어떤 공산주의 국가에서도 전례를 찾아볼 수 없는 유일무이한 경우에 속한다.

유훈통치가 지닌 최대의 특징은 불변성과 영원성이다. 김정은이 김일성, 김정일의 화신(化身)으로서 노동당 규약에 근거하여 유훈통치를 하게 되는 사상적 근거이며 우리가 북한 체제의 변화와 북한의 대남정책 변화에 대해 환상을 갖지 말아야 하는 배경이다. 노동당 규약에 명시되어 있는 사상적 기반은 다음과 같다.

"조선로동당은 주체사상 고양을 강화하며 자본주의 사상, 봉건 유교사상, 수정주의, 교조주의, 사대주의를 비롯한 온갖 반동적, 기회주의적 사상 조류들을 반대, 배격하며 맑스-레닌주의의 혁명적 원칙을 견지한다."

북한은 1956년 제3차 당 대회에서 맑스-레닌주의를 당 활동 기본원칙으로 확정함으로써 공산주의 체제임을 명확히 했고, 1970년 실천 노선으로서 '주체사상'을 내세웠으며, 2012년 당 대회에서 주체사상을 '김일성·김정일주의로 재규정하고 노동당의 '유일사상'으로 명문화했다. 유일사상에 근거한 북한의 당면 목적을 노동신문이 다음과 같이 소개했다.

"조선로동당의 당면 목적은 공화국 북반부에서 사회주의 강성국가를 건설하며, 전국적 범위에서 민족해방 민주주의 혁명의 과업을 수행하는 데 있으며, 최종 목적은 온 사회를 김일성·김정일주의화하여 인민 대중의 자주성을 완전히 실현하는 데 있다."

여기서 우리는 심지어 김정은을 계몽군주로 흠모하는 남한 사회주의자들 서클 내 진성 주사파들의 사상적 근거를 엿볼 수 있다. 당면 목적에서 "전국적 범위에서 민족해방 민주주의 혁명의 과업 수행"이 뜻하는 것은 북한은 이미 민족해방이 완성된 상태인 데 반해 남한은 여전히 미 제국주의자들에게 점령당하고 있음을 전제로 한 것이며, "온 사회를 김일성·김정일주의화"하자는 것은 한반도 전체를 주체사회주의화 하자는 것으로서 남한 내 미군을 몰아내고 대남 적화통일을 달성하는 것이 노동당의 당면 목표임을 말한 것이다.

이종석 전 통일부장관이 2021년 1월 제8차 노동당대회에서 "전국적 범위에서 민족해방 민주주의 혁명 과업 수행" 부분을 "전국적 범위에서 사회의 자주적이며 민주적인 발전을 실현"으로 변경한 것을 두고 북한이 '남한 혁명 통일론'을 포기한 것처럼 해석했으나 본질 면에서 달라진 것은 없다. 의미는 같지만 대외적 경계심을 낮추기 위해 표현을 부드럽게 고쳤을 뿐이다. '전국적 범위에서 사회가 자주적이며 민주적 발전을 실현한다.'는 것은 북이 실천 주체가 되어 남한을 미제로부터 해방시키고 민주주의 혁명을 실현했을 때만 가능하고 "완전히 실현된 공산주의 사회 건설"이란 적화통일이 이뤄졌을 때만 가능한 논리이기 때문이다. 지난 1월, 북한조선노동당 8차 당 대회에서 바뀐 내용은 다음과 같다.

"조선로동당의 당면 목적은 공화국 북반부에서 부강하고 문명한 사회주의 사회를 건설하며 전국적 범위에서 사회의 자주적이며 민주주의적인 발전을 실현하는 데 있으며 최종 목적은 인민의 리상이 완전히 실현된 공산주의 사회를 건설하는 데 있다."

그들은 2016년 노동당 대회에서 핵무장 노선을 공식화했다.

"경제 건설과 핵 무력 건설의 병진 노선을 틀어쥐고 과학기술 발전을 확고히 앞세우면서 나라의 방위력을 철벽으로 다진다."

문재인 대통령과 트럼프(Trump) 전(前) 미국 대통령이 환상을 품고 김정은의 선의에 기대어 북한의 비핵화를 위해 수년간 노력한 결과가 얼마나 허망한 것이었던가를 2020년 10월 10일, 노동당 창건 75주년 평양 기념식 TV 화면을 통해 확인할 수 있었다.

북한은 2021년 1월, 8차 당 대회를 개최하고 5년 만에 개정한 노동당 규약에서 "공화국 무력 강화"를 명시했다. 노동신문이 1월 9일, 8차 당 대회에서 개정한 당 규약 서문과 본문을 인용, 보도한 내용은 그들이 얼마나 확신에 차 있는가를 가늠할 수 있다.

"공화국 무력을 정치 사상적으로, 군사 기술적으로 부단히 강화한 데 대한 내용을 보충했다."
"조국 통일을 위한 투쟁 과업 부분에 강력한 국방력으로 근원적인 군사적 위협을 제압해 조선(한)반도의 안정과 평화적 환경을 수호한다는 데 대해 명백히 밝혔다."

북한이 당 규약에 국방력 강화를 목표로 명시한 것은 이번이 처음이다.

김정은이 당 대회에서 핵 잠수함 추진을 공개하고 대륙간탄도탄 명중률 향상, 전술 핵무기, 극초음속 무기 개발, 초대형 핵탄두 생산 의지를 밝히는 등 대대적인 국방력 강화를 천명하면서 무력에 기반을 둔 통일을 선언했음에도 우리 군 통수권자인 문재인 대통령은 침묵했다.

2018년 남북 간에 이뤄진 '남북 군사합의'에 따르면 무력증강 문제는 '남북군사공동위'를 가동해 합의하도록 했던 약속을 정면으로 위반한 일방적 조치이므로 강력한 이의를 제기해야 하는 경우다. 김정은이 당 대회에서 36차례나 핵을 언급했다는 것은 핵 무력 강화에 대한 의지가 그만큼 강하다는 것을 나타낸 것이다. 북한의 핵은 일차적으로 대남 적화통일을 위한 무기이며, 결코 과시용이나 협박용 무기가 아니다.

문 대통령이 '북한 비핵화'를 미국 측에 전달하는 동안 김정은은 '한반도 비핵화'를 주장했고, 문 대통령이 '종전선언'에 매달리는 동안 김정은은 국방력 강화를 다짐하고 나섰다. 문재인 대통령이 취임 직후 대북 정책에서 범한 최대 실책은 2018년 '남북 군사합의'다. 이 합의에 따르면 "군사훈련 및 무력증강 문제는 '남북군사공동위'를 가동해 합의한다."고 되어 있다. 약속을 한 번도 지킨 바 없는 북한과 서면 약속을 했다는 것 자체가 큰 잘못이며, 상대방이 약속을 지키지 않는 상태에서 나 혼자만 약속을 지킨다는 것은 스스로 무장을 해제하는 것과 같다. 지난 날 북한과의 서면 합의가 지켜진 적은 한 번도 없었고 합의한 서면은 언제나 휴지 조각으로 변했다. 인류 역사상 이리의 심장을 지닌 상대방의 양해와 동의를 구해서 무장을 했거나 훈련을 한 국가는 존재한 적이 없다. 이미 "적대행위 전면중단"을 약속한 군사합의 자체는 북의 도발로 의미가 없어진 상태다.

김정은이 '남한에 대한 경고'라며 신형 미사일을 무더기로 발사하고 군사합의에서 금지하기로 된 전방 해안포 훈련도 했으면서 김정은이 "한미

군사훈련을 중단하라."고 요구하자 문 대통령은 2021년 1월 신년 기자회견에서 "필요하다면 남북군사공동위를 통해 북한과 협의할 수 있다."는 놀라운 입장을 취했다.

북한은 과거 자기들이 필요한 경우에만 남북 대표 간 공동 회의를 제의하거나 수용했을 뿐 필요가 없을 경우에는 결코 남한의 개최 제의를 받아들인 적이 없다. 한미동맹의 버팀목이던 3대 연합 훈련은 북한의 비핵화를 위한다는 미국 트럼프와 북한 김정은 간의 '싱가포르 쇼'로 전부 폐지되었으나, 북한은 핵 무력 증강과 군사훈련을 멈추지 않았다. 고대 병법과 현대 군사전략 교범에는 '적이 가장 싫어하는 것'이 '적의 최대 취약점'이므로 이를 최대한 확대해야 승리할 수 있다고 쓰여 있다.

2021년 3월, 한미연합 훈련이 가까워오고 김정은이 훈련 중단을 요구하자 범여권 국회의원 35명은 북한 노동당의 청탁이나 받은 듯이 2021년 2월, 훈련 연기를 요구하는 성명서를 발표했다.

"김정은 반발, 3월 한미훈련 연기해야"

정권 내 대표적 친북(親北) 인사의 한 사람인 정세현 민주평통 수석부의장은 3월 3일, "김정은 요구대로 올해 한미훈련을 중단해야 한다."고 맞장구를 쳤다. 물론 이들 모두가 문재인 대통령의 추종자들이자 안보를 갉아먹는 무리들이다.

이제 우리나라는 한·미 연합훈련과 군의 실전훈련은 북한 김여정의 지시를 따라야 하는 이상한 나라로 변하고 있다. 2018년 미·북 간 평화 쇼가 벌어진 이래 종전과 같은 규모의 한·미 연합훈련은 한 번도 진행되지 않았고, 우리 군의 연대급 이상 실전훈련도 전혀 없었다.

그러나 이 기간 동안 북은 신형 탄도미사일 3종 세트를 완성했고 핵물질, 고성능 무기를 계속 늘렸을 뿐 아니라 남북연락사무소를 폭파하고 표류해간 우리 공무원을 사살, 불태우는 만행을 저질렀다.

그동안 한국이 코로나를 빙자하여 한·미 훈련을 피해왔던 것을 의식한 미국의 조 바이든 대통령이 2021년 5월, 한·미 정상회담에서 한국군 접종용 백신을 제공함으로써 코로나 구실을 제거했다. 곧 있을 한·미 연합훈련을 앞두고 북의 김여정이 "훈련을 없애라."고 하자 2021년 8월 5일, 더불어민주당 설훈 의원을 필두로 한 61명, 정의당 6명, 열린민주당 3명, 기본소득당 1명, 총 74명이 '남북관계 개선과 한반도 평화를 위한 협상 조건'이라면서 훈련 연기를 요구하는 성명서를 발표했다. 북한 노동당의 성명서라고 해도 지나친 표현은 아닐 것이다.

이들은 북의 핵·미사일 개발, 대남 적대행위, 북한 인민에 대한 가혹한 인권탄압에 대해서는 한 번도 비판하거나 문제 제기를 한 적이 없는 진성 친북(親北)인사들이다. 군 통수권자인 문재인 대통령은 국방부장관에게 "여러 가지를 고려해서 신중하게 협의하라."는 지극히 애매한 정치적 지침을 내렸다. 남한의 군 통수권자가 한미동맹과 자주국방 문제를 정치적, 이념적으로 다룬 것이 처음은 아니지만 다수 국민들의 의구심과 우려에도 아랑곳하지 않고 집권 말기에 이르기까지 비현실적이고 일방적인 남북 평화에 집착하는 모습이야말로 친북좌파의 진면목이 아닐 수 없다.

이러한 와중에 2021년 8월, 북의 지령과 공작금을 받고 2017년부터 활동해온 4명이 당국에 적발되어 수사를 받는 사건이 발생했는데, 이는 우리 사회가 이미 친북세력들의 안마당으로 변한 것이 아닌가 하는 우려를 낳게 하고 있다. 문재인 대선 캠프에 참여했다는 의심을 받고 있는 이들은 F-35A 전투기 도입 반대 활동을 했고 윤석열 당시 검찰총장 탄핵을 촉구하기 위하여 모금운동까지 한 사실이 드러났다.

정부가 작년과 올해 코로나 추경 때 F-35A 도입 예산 3,785억 원을 대폭

삭감한 것도 결코 우연일 수는 없다. 일반적으로 국방예산은 한 번 결정되고 나면 필요할 때 증액되는 경우는 있지만 삭감되는 경우는 없다. 우리나라는 북으로부터 핵과 미사일 위협을 받고 있는 휴전 상태의 국가임을 고려할 때 상상할 수 없는 일이다.

안보의 심장을 갉아먹고 있는 자들이 국정을 책임지고 있다는 것은 크나큰 불행이자 미래의 재앙이라 할 수 있다. 훈련하지 않는 군대가 전투에서 승리하기를 바라는 것은 기적을 바라는 것과 같다. 북한에 관한 한 어떤 선의도, 약속도 그들이 원하는 것이 아니면 아무런 소용이 없다. 그들은 전략적으로 필요하다고 판단되면 어떠한 약속도 마다하지 않지만 약속 파기가 필요하다고 판단되면 주저 없이 결행해 왔다.

1992년 2월 27일, '남북기본합의서'에서 비핵화를 공식화했고 2000년 10월 10일, 당시 북한 국방위원회 제1부부장 겸 총정치국장이던 조명록이 빌 클린턴(Bill Clinton) 미국 대통령을 예방하고 북·미 적대관계 청산 공동 커뮤니케이션을 발표한 바 있었으나, 북한은 핵과 미사일 개발을 멈추지 않았고 대남도발 책동을 계속하면서 주한미군 철수 요구를 줄기차게 해왔다. 그들의 당면 목표 달성을 위한 실천 방식은 지속적이고 교조적이며 철저하다.

6.25 남침, 1.21 청와대 기습 시도, 울진·삼척 무장 공작대 침투, 남침용 땅굴 구축, KAL기 납북, 버마 아웅산 폭살, KAL기 공중 폭파, 천안함 폭침, 연평도 포격, 금강산 여성 관광객 사살, 개성공단 연락사무소 폭파, 끊임없는 대남공작원 침투, 표류한 남한 공무원을 사살하고 불태운 만행 등 그들의 대남도발은 끊이지 않았고 앞으로도 더 끔찍한 위협과 만행이 저질러질 가능성은 100%다.

북한이 항상 나팔을 불어대는 미국의 대북 적대 정책이나 남한에 의한 군사적 위협이란 모두가 만들어낸 대외 선전용 구실일 뿐이며 한반도에서 긴장을 초래하고 있는 것은 북한이지 한미동맹군이 아니다. 그들은 군사력을 바탕으로 한 적화통일 노선을 추구하고 있으나 남한은 일관되게 평화통일을 추구하고 있다. 북한 노동당의 목표와 의도가 명백한 이상 어떠한 환상도, 미련도 가져서는 안 되고 어떠한 경우에도 선의로 대응해야 할 이유가 없음에도 불구하고 정부, 정계, 학계, 언론계, 시민단체에 이르기까지 자주파와 동맹파로 갈라져 격돌하고 있다.

문재인 대통령과 그를 추종하는 친북 세력들은 북한에 대해서 왜 그토록 관대하고 수세적일까? 이들이 북한 지도부의 가치관, 민족관, 통일관에 동조하지 않고서는 있을 수 없는 현상이 아닐까? 문재인 대통령이 집권 이래 걸어온 발자취와 발언을 근거로 판단할 때 떠오르는 의문은 두 가지다. 그의 사상, 즉 가치관에 대한 의문과 종전선언 집착에 대한 의문이다.

30여 년간 검찰에서 봉직했던 고영주 변호사가 문 대통령을 '공산주의자'로 비판한 것 때문에 명예훼손으로 피소되어 법정 다툼이 벌어져 최근에야 끝났다. 고영주 변호사가 말한 것처럼 문 대통령은 공산주의자일까, 아니면 자유주의자일까? 그의 사상이나 가치관은 인권 변호사로 가려져 있었으나 국정 최고 지도자가 된 이후 보여준 그의 진면목은 자유주의자가 아닌 것만은 확실해 보인다.

자유주의 가치에 기반을 두고 있는 대한민국 건국의 정통성을 부정하고 있다는 점에서, 친북 정책을 추구하고 있다는 점에서, 반자본주의, 반자유시장경제 입장에서 반(反)기업, 친(親)노동 정책을 추구하고 있다는 점에서 자유주의 신봉자가 아님이 드러났고 평등주의 교육정책을 추구하고 "국가가 국민의 삶을 책임지겠다."고 공언함으로써 반개인주의적이며 전체주의적 면모를 보여주고 있는 점에서 확실해졌다고 할 수 있다.

또한 그가 지속적으로 한반도 평화를 내세우며 일방적이고도 일관되게

'종전선언'에 집착하고 있는 것은 과연 한반도에 평화가 올 수 있다고 믿기 때문일까? 그는 노무현 정부 당시 남북 정상회담을 준비하면서도 종전선언을 주장했을 만큼 오랜 집념을 지녀온 것으로 알려져 있다. 단언컨대 '민족자주통일'을 위한 것이 아닐까? 이것은 북한과 남한 내 '반일(反日) 반미(反美) 친북(親北) 민족주의자들'이 공유하고 있는 통일관이자 분단 이후 그들의 숙원이다.

만약 종전선언이 받아들여져서 현실이 되면 그 이후에 전개될 상황은 명확하다. 미국은 평화협정, 유엔사 해체, 주한미군 철수를 거부할 수 없게 된다. 이는 곧 한미동맹 와해와 자유대한민국의 집단 안보체제 골간이 붕괴되는 것을 의미한다. 그 다음 단계는 낮은 단계 연방제 통일, 즉 민족자주통일일 것이다.

2021년 9월, 미국을 방문한 정의용 외교부장관이 미국외교협회(CFR) 초청 대담에서 중국 대외정책을 옹호하는 입장을 취한 데 이어 뉴욕 주재 UN 한국대표부에서 가진 특파원들과의 간담회에서 이번 UN총회에 참석하여 연설한 문재인 대통령이 또 다시 종전선언을 제안한 것을 두고 비판을 받자 "법적 구속력이 있는 것도 아니고 평화로 가겠다는 의지 선언인데 그것도 못 하느냐?"고 반문했다. 없는 구실이나 거짓 구실도 만들어내서 정략적 공세를 취하는 것이 북한 공산주의자들의 상투적 수법이고, 미군 장갑차에 의한 효순·미선 교통사망사고를 반미투쟁 구실로 둔갑시켜 허위선동·선전을 하며 광우병 파동 때 괴담을 만들어 퍼뜨림으로써 이명박 정권을 궁지로 몰아간 것이 남한의 반미친북좌파세력들이었음을 모를 리 없는 그가 그처럼 천연덕스러운 견해를 보였다는 것은 가소롭기 이를 데 없는 모습이라 할 수 있다.

'법적 구속력이 없는 단순 의지 표명'이라고 하지만 관계국들 간의 합의에 의해 공식적 입장으로 천명되는 순간 법적, 의지의 차원을 벗어난 정치적·외교적 차원의 신성불가침한 언약이 되어 도깨비 방망이처럼 악용되고 남용될 수 있다는 것은 모든 국민이 경험적으로 알고 있는 상식인데, 이를 무시한다면 국민을 바보로 취급하는 정직하지 못한 공직자라는 비판과 비난을 피해갈 수 있을까? 한시적 외교부장관으로서 그 자리를 떠나고 나면 책임져야 할 일도 없어질 것이지만 오직 자신의 주군인 대통령의 뜻을 옹호하고 정당화하려는 기회주의적 공직자였다는 오명은 남게 되지 않을까? 그의 주장은 현 정권 내 친북좌파들의 공통된 주장으로서 국민을 현혹할 수 있는 기만적 논리일 뿐이다.

문재인 대통령이 평화와 종전선언이라는 변주곡(變奏曲)을 연주하는 동안 그의 추종세력들은 반일반미 민족자주, 전작권 조기 환수, 평화협정, 주한미군 철수, 유엔사 해체라는 합주곡(合奏曲)을 연주하면서 북한을 향해서는 한반도기를 흔들고 중국을 향해서는 아양을 떨고 있다.

문 대통령이 국민과 우방, 동맹국으로 하여금 우리의 외교안보정책을 우려하게 하는 대표적 조치들은 외교안보 관계 인사와 국방 정책, 대북 정책과 한·미·일 관계 관리다. 그는 대북 정보 총책인 국정원장에 북한이 가장 신뢰하는 인사인 박지원을 임명했다. 박지원 국정원장은 김대중 대통령의 남북 정상회담을 위해 비밀리에 미화 4억 5천만 달러를 북한 측에 전달했던 장본인이자 대표적 친북 인사다. 결과적으로 우리 정부가 필요한 인사가 아닌 북한이 필요한 인사가 대북 정보 수집 총책에 임명되었다는 오해를 불러일으키기에 충분하게 된 셈이다.

문 대통령이 한미동맹 관계를 중요시하였다면 정치적 성향이 강하고 자주파로 의심 받는 이수혁 같은 인사를 주미 대사에 임명하지 않았을 것이다. 주미 대사는 외교부에서 장관 다음으로 중요시되는 직책이다. 외국에 나가는 대사는 본국 정부를 대표하고 임명권자의 대리인으로 활동하는 것이 국제적 관례다. 따라서 가장 중요하고 유일한 군사동맹국인 미국에는 가장 유능하고 주재국 미국이 신뢰할 수 있고 소통할 수 있는 인사를 대사로 보내는 것이 정상적이고 당연하다. 주미대사는 임명권자가 개인적 친분이 있거나 믿을 수 있다고 해서, 자기편 사람이라고 해서 함부로 임명할 수 있는 자리가 아니다.

이수혁 대사는 전직 직업 외교관이었으나 10여 년 전 외무부를 떠나 민주당을 기웃거리며 정치에 발을 들여놓고 있던 인사다. 그가 뜻밖에 출세를 한 탓인지 워싱턴 D.C.에 둥지를 트자마자 미 국무성과 백악관을 바라보는 것이 아니라 서울의 더불어민주당과 청와대 구미에 맞는 대담한 발언을 서슴지 않았다.

2020년 6월, 그가 미국과 중국 사이에서 "우리가 선택을 받는 국가가 아니라 이제는 우리가 선택할 수 있는 국가라는 자부심을 갖는다."라고 발언하자 미 국무부는 이례적일 만큼 즉각적 반응을 했다.

"한국은 수십 년 전 권위주의를 버리고 민주주의를 받아들였을 때 이미 어느 편에 설지 선택했다."

이수혁 대사의 발언대로라면 한국은 아직도 미·중을 두고 선택을 하지 않았다는 의미가 함축되어 있을 뿐만 아니라 그의 발언 저변에는 반미 친중 정서가 깔려 있는 것 같은 느낌을 줄 수 있는 발언이다. 2020년 10월, 정기 국정감사에서 이수혁 대사는 이렇게 말했다.

"한국이 70여 년 전 미국을 선택했기 때문에 앞으로도 70년간 미국을 선택하는 것은 아니다. 앞으로 미국을 사랑할 수 있어야, 국익이 되어야 미국을 선택하는 것이다."

그러자 미 국무부는 즉각적 논평을 발표했다.

"우리는 70년 한미동맹이 이룩한 모든 것을 극도로 자랑스러워한다."

이 대사의 발언은 외교관의 발언이라기보다 정치인의 발언에 가까운 지극히 비외교적 언사였다. 지금은 선택 운운할 때가 아니며 한미동맹 관계는 일방적 관계가 아니라 쌍방 관계이고 성공적으로 작동하고 있는 현재 진행형 관계임을 몰라서가 아니라 현 정권의 대미, 대중 정책을 의식했기 때문에 그러한 발언을 했을 가능성이 높다.

주한 미국대사 대행을 지냈고 50년 넘게 한반도 문제를 다뤘으며 한미 관계 증진을 위한 Korea Society 회장을 역임한 에번스 리비어 전(前) 미 국무부 동아태 담당 수석 부차관보는 2020년 10월 14일 동아일보와의 이메일 인터뷰에서 우려되는 견해를 말했다.

"불행히도 이번 일은 서울과 워싱턴이 근본적 이슈에서 단절되기 시작했다."

문재인 정부 출범 이래 미 트럼프 행정부와의 관계가 과거와 같지 않다는 징후가 곳곳에서 나타났고, 이러한 현상을 초래한 원인을 제공한 쪽은 워싱턴이라기보다 서울이라고 할 수 있다. 대북 정책을 둘러싸고 문재인 정부는 트럼프 미 행정부에 신뢰감을 주지 못했고, 미국이 그토록 바라는 한일 우호관계 회복에 대해서는 차갑게 반응했으며, 미국의 대중 포위 압박 정책에는 아주 소극적 입장을 취하는 등 동맹국으로서는 신뢰하기 어렵고 함께 하기도 어려운 태도로 일관해왔기 때문이다.

2020년 11월, 워싱턴 D.C.에서 있었던 한미 국방장관 안보협의회가 참사 수준으로 끝난 것도 우연이 아니다. 예정되었던 양국 국방장관의 공동기자회견이 회견 직전 갑작스럽게 일방적으로 취소되는 수모를 당했다. 이것은 미 국방성이 뭐라고 해명하든 상관없이 강자가 약자를 다루는 전형적 방식이다. 한국 국방장관은 전작권 조기 환수 시기상조, 방위비 분담금 증액이라는 청구서만 받아들고 귀국해야만 했다.

2020년 10월 20일, 워싱턴 D.C. 연구기관인 애틀랜틱 카운실(The Atlantic Council)이 주최한 화상회의에서 당시 미 국방장관 에스퍼는 미, 일, 호주, 인도 4개국 협력체인 쿼드(QUAD, Quadrilateral Security Dialogue)에 관한 질문을 받고 이렇게 답했다.

"매우 중요하고 역량 있는 4개의 민주국가들이 역내에서 직면하고 있는 도전들에 대해 논의하고 있다. 공동 가치를 지킬 수 있는 역량을 증진하면서 계속 유대 관계를 발전시킬 필요가 있다."

그러면서 중국의 위협에 대처하기 위한 10개 핵심 협력국가(뉴질랜드, 베트남, 인도네시아, 싱가포르, 태국, 몽골, 팔라우, 동티모르, 몰타, 필리핀)을 열거하면서도 한국을 거명하지 않았다. "역내에서 직면하고 있는 도전들"이라고 한 것은 중국과 북한으로 인한 위협을 말한다. 그렇다면 한국은 빼놓을 수 없는 역내 중요 국가일 수밖에 없다. 그럼에도 당시 한국의 강경화 외무부장관은 쿼드(QUAD)에 대한 질문을 받고 "별로 좋은 아이디어가 아니다."라고 가볍게 대답했다.

이미 미국 내 일부 전문가들은 한국을 '믿을 수 없는 동맹국'으로 낙인을 찍고 있다. 미국을 비롯한 선진국들은 대외 정책, 특히 외교안보 정책에서는 장기적이고 일관성을 유지하는 전통을 지키는 특성을 지니고 있다. 정부가 바뀌고 장관이 교체된다고 해서 함부로 달라지지 않는다. 트럼프 행정부가 끝나고 에스퍼 국방장관이 떠났다고 해서 대중국, 대북한 정책이 바뀌지 않는다. 2021년 1월 취임한 조 바이든 미국 대통령과 새로운 외교안보 팀의 대중, 대북 정책은 더 분명해지고 더 강해지고 있다. 중국이 자유주의 국제 질서에 순응하고 북한이 핵을 포기할 뿐 아니라 한반도에 대한 위협이 되지 않을 때까지 미국의 대중, 대북 정책은 결코 변할 수가 없다. 에스퍼의 견해는 그의 개인적 견해가 아니라 미 국방성, 미 군사 전략가들의 공통된 견해임을 간과하면 안 되는 이유다.

미국의 입장에서 볼 때 한국과의 협력이 불가능하다고 판단되고 한미동맹의 의미가 없다는 결론에 도달하게 되면 미국은 한반도 정책 수행에 대한 자유를 갖게 되고 '한반도 위기'는 미국 일방주의로 관리될 수밖에 없음을 명심해야 한다. 2차 세계대전 이후 동맹 없이는 자주안보 유지가 불가능한 것이 국제 환경임을 고려할 때, 오늘날 남한사회에서 벌어지고 있는 자주파니 동맹파니 하는 논의만큼 잘못되고 위험한 것은 없다.

2021년 2월 4일, 조 바이든 미국 대통령이 문재인 대통령과의 첫 전화통화에서 "한국과 미국의 같은 입장이 중요하다."고 언급한 부분은 의미심장하다. 최근까지 한미 간에 입장 차이가 있었음을 전제로 한 말이기 때문이다. 두 정상이 가치를 공유하는 책임 있는 동맹으로서 한반도와 인도·태평양을 넘어 포괄적 전략 동맹으로 발전시켜 나가기로 했다는 부분은 그동안 미국 측이 지속적으로 강조해온 내용이다.

바이든 미 행정부는 출범 직후부터 북한의 위협과 남한 정부의 태도에 대해 미묘한 뉘앙스로 우려를 나타내고 있다. 미 국무부는 2021년 2월 12일, 브리핑에서 이렇게 표현했다.

"북한은 수년간 핵과 미사일 프로그램을 진전시켜 왔다. 이는 미국에 긴급한 우선순위."

"북의 도발보다 한국, 일본 같은 파트너 국가들과 긴밀히 조율되지 않을 가능성을 더 우려한다."

트럼프 행정부 시절 한국에서 한미동맹 균열을 우려하는 소리가 나올 때마다 현 정권 인사들은 '보수언론 발 가짜뉴스'로 치부해왔으나 이제는 더 이상 이중 플레이가 불가능해졌다. 필립 데이비슨 미국 인도·태평양 사령관이 2021년 2월 9일, 미 상원 군사위원회에서 진행된 인준 청문회에 제출한 서면 답변에서 언급한 내용은 조 바이든 행정부의 대북 인식을 그대로 반영한 것으로 봐야 한다.

"북한은 미국과 역내 우리의 파트너들에게 중대한 안보 위협이 되고 있다."

그는 인도·태평양 지역의 주요 도전 요소로서 중국, 러시아에 이어 북한을 세 번째로 지목하였다.

"북한은 한반도 핵 상황이 해결될 때까지 우리의 가장 당면한 위협으로 남을 것."
"북한 지도자 김정은은 미국에 대한 호전적인 자세를 취하고 있다."

그러면서 북한이 더 이상 핵과 미사일 시험을 주저하지 않기로 했다는 사실을 강조했다.

"그는 2019년 12월, 핵과 장거리 미사일 시험에 대해 스스로 취했던 유예 조치에 더 이상 얽매이지 않는다고 선언했다. …북한의 미사일 연구개발 노력은 핵 물질과 기술에 대한 지속적인 추구와 함께 미 본토를 공격할 수 있다는 북한의 명시적인 목표와 일치한다."

그는 또 중국의 위협에 대해서도 우려를 표명했다.

"중국이 국제사회에서 2050년까지 미국의 리더십을 대체하겠다는 야심을 가속화하고 있는 것이 우려스럽다."

한국은 중국이 추구하고 있는 패권주의 위협을 직접 받는 위치에 있는 나라다. 문재인 대통령은 조 바이든 미 행정부 출범 직전인 2021년 1월, 신년 기자 회견에서 이렇게 밝혔다.

"종전선언이 비핵화나 평화협정 과정에서 굉장히 중요한 모멘텀이 될 수 있다. …바이든 행정부가 출범하면 다양한 소통을 통해 우리의 구상을 미국 측에 설명하고 또 설득해 나갈 것"

그러나 미국 정부의 외교 수장인 블링컨 국무장관은 3월 10일, 미 하원 외교위원회 정책 청문회에서 한국 정부의 '선(先) 종전선언, 후(後) 비핵화' 구상을 거부했다.

"북한과의 종전선언에 앞서 미국 및 동맹국들의 안보에 대한 평가가 선행되어야 한다."
"한반도 비핵화를 위한 노력과 함께 미국 자체의 안보 자산이 고려됐는지도 분명히 해야 한다."

블링컨 국무장관은 북한의 비핵화가 선행되어야 함을 강조한 것이다. 북한에 의한 지속적인 핵과 미사일, 군사력 강화와 중국의 위험한 패권주의 추구가 미국을 중심으로 한 서방 국제사회의 당면 위협 요인으로 급부상하고 있음에도 문 대통령과 그를 둘러싼 친북 각료들은 주사파적 논리로 한미동맹 관계를 긁어대느라 여념이 없다. 더불어민주당 소속 5선 의원인 송영길 전 국회 외교통일위원장은 2020년 12월 14일, 북한 핵 옹호 발언으로 많은 국민들로 하여금 의아심을 갖게 했다.

"자기들은 5000개가 넘는 핵무기를 가지고 어떻게 북한과 이란에 대해서 핵을 가지지 말라고 할 수 있겠는가?"

이 말은 '핵 확산 금지'와 '한반도 비핵화'를 정면으로 반대하는 논리이고 핵무기 역사에 관한 한 그 자신이 백치임을 고백한 발언이다. 2차 세계대전 기간 중 미국에 의해 발명된 현재의 핵무기 보유량은 미·소 냉전 기간 중 핵무기 경쟁으로 쌓인 것들의 일부이고 러시아와 중국의 핵 위협에 대한 현실적 억제력 성격을 갖고 있을 뿐 북한과는 아무런 상관이 없다. 송영길 의원은 북한 핵을 노골적으로 옹호하면서도 대한민국의 핵무장을 주장하지 않는 것은 그가 북한 편에 서 있음을 추측케 한다. 정부 내 대표적 친북 성향을 지닌 각료라고 할 수 있는 이인영 통일부장관은 한미동맹을 '냉전동맹'으로 규정했다. 그는 2021년 3월 2일, 한국 기독교교회협의회를 방문한 자리에서 이렇게 발언했다.

"한미 관계가 군사동맹과 냉전동맹을 탈피해 평화동맹으로 진화할 수 있을 거라고 생각한다."

그러자 미 국무부는 "한미동맹과 우정은 안보협력을 넘어선다."는 반응을 보였다. 평화로운 세계라면 왜 동맹이 필요하겠는가? 인간의 소망과는 달리 영원히 평화로울 수 없는 것이 인간사회이자 국제사회다. 한국은 세계평화를 좌우하고 지켜낼 수 있는 국가가 아니다. '평화동맹'이라는 그의 표현은 평화와 정의를 독점한 것처럼 떠들어대는 좌파들의 상투적이며 기만적인 언어의 장난에 불과하다.

한미동맹은 '군사동맹'으로 출발했으나 지금은 인류의 보편가치 (universal values) 추구와 수호라는 고귀한 이상을 함께 도모해가는 '가치동맹'으로 진화한 동맹이다. 가치동맹이란 동맹국 간의 안보, 정치, 경제, 문화에 이르기까지 광범위한 이익 공유를 전제로 하는 최고 수준의 협력 관계를 말한다. 남한의 주사파들이 노리는 첫 번째 과업이 냉전체제 해체와 분단체제 극복이다. 이들은 한미동맹을 '냉전 유물'로 규정하면서 민족해방, 민족자주 깃발을 흔들며 끊임없이 주한미군 철수를 주장해왔다.

이인영 통일부장관은 김정은이 '핵보유국'을 재선언한 직후에도 "폭탄이 떨어지는 전쟁 중에도 평화를 외치는 사람만이 더 의롭다."는 꿈꾸는 듯싶은 소리를 하고, 이에 더해 문정인 대통령 안보특보는 반미·친중 챔피언답게 "내게 최선은 실제 동맹을 없애는 것"이라는 나팔을 불어댔으며, 송영길 의원은 "주한미군은 과잉"이라는 기염을 토해냈다.

이들이야말로 한미동맹의 심장을 갉아먹는 들쥐 무리들로 비판받아 마땅한 인사들이 아닐까!

동서냉전 기간 중 모스크바는 공산주의 전위조직을 앞세워 전(全) 세계에 걸쳐 조직, 금전 지원을 통한 평화운동(the peace movement)을 투쟁적으로 전개했다. '평화운동'은 공산주의자들, 좌파들의 상투적 투쟁 수법으로서 자본주의 타도를 위한 전(前) 단계 투쟁 전술이었다. 우리의 경우 최근에 고인이 된 미국의 전(前) 국방장관 럼스펠드(Donald Henry

Rumsfeld, 1932~2021)가 즐겨 인용했던 말을 기억할 필요가 있다.

"총을 갖고 친절한 말을 해야 총을 갖지 않고 친절한 말을 할 때보다 더 많은 것을 얻어낼 수 있다. You'll get more with a kind word and a gun than with a kind word alone."

미국인들은 이 표현을 두고 '럼스펠드 규칙(Rumsfeld's rules)'이라고 한다. 이것은 군사전략에 쓰여 있는 단순 진리다.

주사파는 북한의 적화통일을 염원하는 자유 대한민국의 적들이다. 정권이 바뀌어도 그들은 사라지지 않을 것이며, 통일이 이루어질 때까지 그들의 사상적·정치적 투쟁은 멈추지 않을 것이고, 친북좌파정권 역시 언제든지 재등장할 수 있는 것이 우리의 정치·사회 환경이다.

북한의 핵이 자위용을 뛰어넘는 대남 적화통일용임을 의심하는 자는 적의 선의에 기대어 사는 몽환병(夢幻病) 환자와 다를 바 없다. 북한은 6.25 남침 이래 우리의 주적(主敵)으로 명시되어 왔으나, 좌파정권 아래서 발간되는 국방백서에는 '주적'이라는 표현이 빠져 있다.

그러나 북한이 대남 적화통일 야욕을 포기하지 않는 한 북한은 자유 대한민국의 주적일 수밖에 없다. 적의 의도와 군사력 평가에서 가장 큰 실수는 과소평가이고 비극적 과오는 선의에 의한 낙관적 평가다. 북한의 대남 적화통일 전략과 핵과 미사일 증강에 대한 과소평가나 낙관적 평가는 국가적 재앙(災殃)을 자초하는 행위다.

보편적 군사이론에서도 적에 대한 평가는 합리적 근거에 바탕을 두어야 하지만 과소평가보다 과대평가가 바람직하다. 과소평가를 하게 되면 대비책을 소홀히 하게 되지만 과대평가를 할 때는 여유 있는 방책을 강구하게 되기 때문이다. 강대국과 동맹관계를 유지하는 작은 국가는 신뢰가 바탕이 될 때 동반자적 대화와 거래가 가능하지만 신뢰가 무너진 상태가 되면 강대국 일방주의에 끌려가는 것이 국제무대에서 벌어지는 게임 법칙이다.

문재인 좌파정권 역시 출범 이후 동맹국 미국에 대해 신뢰감을 더해줬다기보다 오히려 신뢰를 추락시킨 면이 컸다.

대북·대중 정책과 대일 정책을 둘러싸고 의구심과 우려를 증폭시켰고 북한 인권문제와 탈북민 문제로 인해 국제사회로부터 비난받는 국가로 몰리는 처지가 된 것은 크나큰 역설이다.

오헤아 킨타나 유엔 북한 인권특별보고관은 2021년 3월, 유엔 인권이사회(UNHRC)에 제출한 보고서에서 이렇게 강조했다.

"한국 정부는 북한과 협상할 때는 인권문제도 함께 다루어야 한다. …향후 북한과의 경제적, 인도주의적 협력에도 인권이 기본이 되는 체계가 결부되어야 한다. …한국은 북한인권재단 설립을 포함해 2016년 한국 국회를 통과한 '북한인권법'을 이행해야 한다. …제3국에서 북한을 탈출한 사람들을 보호하기 위해서도 노력해야 한다."

여당이 북한인권재단의 이사 추천을 하지 않아 5년째 출범이 지연되고 있으며, 통일부가 뒷짐을 지고 있는 가운데 탈북 고위인사들을 포함한 탈북 단체들을 홀대하고 있다. 정부는 "고위 탈북인사 홀대는 없다."고 하지만, 고위 탈북인사가 대표인 단체에 대한 지원을 중단하고 사무 감사까지 하는가 하면 군 또는 지자체가 요청하던 안보 강연도 끊어졌다고 호소하고 있다. 북한 김여정의 대남 비난과 요구에 대해서는 번개처럼 빠른 반응을 보인 것과는 너무나 대조적이다.

북한 김여정이 미 국무부와 국방부 장관의 서울 방문을 앞둔 2021년 3

월 16일, "3년 전 봄날은 다시 돌아오기 어려울 것."이라며 한미 군사훈련을 맹비난하자 통일부는 즉각적으로 반응했다.

"한미 훈련이 어떤 경우에도 군사적 긴장을 조성해서는 안 된다."

북한이 반대하는 군사훈련을 해서는 안 된다는 뜻이다. 김여정이 규정한 한미 군사훈련은 "50명이 참가하든, 100명이 참가하든 전쟁 연습은 달라지지 않는다."는 것이다. 아예 한미 훈련 자체를 없애라는 협박이다.

안보에서 군사역량 못지않게 중요한 것이 외교역량이며 작은 나라일수록 그 중요성은 더 커지는 것이 일반적이다. 외교 분야 공직자는 고도의 전문성과 훈련된 요원을 필요로 하지만 우리나라는 그렇지 못하다. 정부 기구 내에서 일제 식민지 시대 뿌리가 없었던 부서가 외교부다.

명(明)과 청(淸)의 지배를 받았던 조선의 외교는 종주국에 대한 조공(朝貢)외교와 일본과의 사신(使臣) 외교가 전부였다. 건국과 더불어 탄생한 외교부는 뿌리도, 전통도 없었고 훈련 받은 전문요원도 없는 통역관 수준 외교관들이 주축이 되어 출발했고 지금은 정치 환경으로 인해 크게 달라진 것이 없는, 메신저(messenger), 프로토콜(protocol) 외교 수준을 벗어나지 못하고 있을 뿐 아니라 국가 지도자들 역시 외교 역량의 중요성을 간과함으로써 조직과 기능 면에서 선진화 노력을 소홀히 했으며, 직업 외교관들은 자체 기능의 강화와 인적 양성 및 훈련을 게을리 하면서 정치권력에 기대어 고위직을 늘리는 데만 관심이 많았다.

한미, 한일, 한중 관계가 그 어느 때보다 미묘하고 중요한 시기인 지금, 대통령은 전문성이 떨어지고 주재국에 대해 전문지식조차 없는, 단지 대선 캠프에 참여했거나 같은 편에 속하고 있는 인사들에게 주요 공관장 직을 하사품처럼 나눠주고 있다. 최근 특임 공관장 33명 중 21명이 대통령 측근이거나 정치 성향이 짙은 친(親)집권당 인사들이다.

지난 날 미국과 일본을 담당했다는 이유만으로 불이익을 당하고 동맹파냐, 자주파냐 하는 성향 분류에 따라 사무관에 이르기까지 한직으로 밀려나거나 승진하고 있다.

이들에게 사명감이나 애국심을 기대하기 어렵고 장래가 촉망되는 젊은 직업 외교관들이 외무부를 떠나는 것을 만류할 방법도 없다. 국제사회는 대통령 말 한 마디로 문제가 해결되는 무대가 아니다.

밖으로는 믿을 수 없는 동맹, 신뢰할 수 없는 우방으로 낙인이 찍혀 있고 미국과 일본을 제외하면 손잡을 수 있는 마땅한 국가도 없는 상황임에도 집권당과 좌파진영, 심지어 우파진영에서조차 친중 정서가 번져가고, 아시아·태평양 지역에서 중국에 대한 미국의 압박이 거세질수록 핵과 미사일 보유국인 북한은 중국이 절대로 소홀히 할 수 없는 협력국가이자 동맹국이 되어가고 있다.

왜 우리는 이미 '인간 존엄성'이라는 보편가치(universal values)를 공유하고 있는 일본과 군사협력이나 군사동맹을 거부해야 하나? 독일과 프랑스처럼 구원(舊怨)을 씻어버리고 미래를 위해 함께 하지 못할 이유가 있는가? 역사적으로 숙적관계였던 양국이 2차 세계대전 후 NATO 회원국이 되어 공산주의 소련제국에 맞서 자유를 함께 지켰으며 지금은 유럽 대륙의 안보와 번영을 위해 주도적 역할을 함께 하고 있다는 것을 인간 역사의 순리로 받아들일 수 있는 지혜와 용기가 필요하지 않을까!

정치권력 장악을 위해 구원을 확대 재생산하고 증오심을 조장하면서 국민을 분열시키는 행위는 반역 행위와 다를 바 없다. 국가 발전을 가로막고 국민정신을 타락시키며 대외적 고립을 자초함으로써 자폐증 환자와 같은 국가로 전락시키기 때문이다. 한일 군사협력이나 군사동맹을 한사코 반대하는 반일 민족주의자들은 가치 공유와 상호협력·상호의존을 바탕으로 하는 시대정신에 어긋나는 퇴행적 독단주의자들이므로 단호히 배격하고 경계하지 않으면 안 된다. 그들은 조선을 쇄국으로 몰아갔던 21세기 노론 (老論)의 후예들이다.

불행하게도 오늘날 우리 사회에서 조선왕조를 망국에 이르게 한 숭명 중화(崇明中華) 사상에 중독된 노론(老論)의 후예들이 환생한 것 같은 현상이 생겨나고 있음을 우려하지 않을 수 없다. 우리나라 화폐와 동전에 등장하는 인물들은 모두가 조선시대 인물들일 뿐 민족사 시작 이래 가장 빛나는 기적을 이뤄낸 현대사의 영웅들은 한 명도 없다. 조선왕조는 왕족들과 권세가들은 호사를 누렸으나 백성들은 방치되고 수탈당해야만 했던 역사를 남긴 왕조다. 그러한 왕조의 '의정부' 건물이 지금 현재 광화문 광장에서 복원되고 있다. 과거 지향적이고 퇴행적인 사고가 아니고서는 상상할 수 없는 조선화의 상징적 현장이다. 조선화(朝鮮化)는 친중(親中) 사대화, 배타적 쇄국화, 망국의 환생을 의미한다. 기쁨과 영광의 기억보다 슬픔과 패망의 기억이 앞서는, 지난날 왕조 시대 흔적을 되살리는 것은 역사 인식의 천박함과 사상의 빈곤이 초래한 서글픈 현상이다.

대한민국의 기적을 상징하는 모습은 찾아보기 어렵고 가장 치욕적인 종말을 맞이했던 조선왕조의 '의정부' 건물을 복원하고 있는 사실과 관련하여 서울대 건축학과 서현 교수가 2021년 9월 24일, 중앙일보에 다음과 같은 비판의 글을 기고했다.

"의정부 터에 관한 자료로 남은 것은 흐릿한 흑백 사진 몇 장과 모호하게 그려진 배치도 정도다. 그리고 발굴로 드러난 기초의 돌무더기다. 그런 사료에 근거한 의정부 건물 복원으로 돌아가고자 하는 시기는 경국대전이 규정하는 시대다. 여자는 공부할 필요도 없고 남자는 수염도 깎으면 안 되는 그 시대. …사라진 왕조의 흔적을 모조품으로 만들어 대한민국의 도시에 늘어놓겠다면 역사관의 질문이 선행되어야 한다."

남한 내 친중 정서가 반일·반미 정서에 편승하고 있다는 점에서 문제의 심각성이 있다. 이러한 현상의 이면에는 집권세력에 몸담고 있는 정치인들, 이들을 추종하는 현실 참여 지식인들 책임이 크다. 이들은 비뚤어진 역사 의식의 소유자들이고 국제 감각이 비천한 자들이거나 사상적으로 미국과 일본에 대한 콤플렉스(complex)를 지닌 소인배들이자 비현실주의자들이다. 그 선두에 문재인 대통령이 있다.

2017년 베이징 방문 시 "한국과 중국은 문명공동체"이고 중국은 "큰 봉우리"이며 한국은 "작은 나라"라고 스스로 낮은 자세를 취했다. 그는 중국의 압박을 받아들여 한국 내 사드 추가 배치, 미국의 중거리 미사일 방어망 구축 동참, 한·미·일 군사동맹을 하지 않겠다는 3불 약속을 함으로써 주권을 포기했다. 이것은 국가안보와 관련된 지극히 중요한 사안들로서 국회 동의 없이 독단적으로 취한 조치이므로 불법이 될 수밖에 없다.

그는 또 "중국과 한국은 근대사의 고난을 함께 겪고 극복한 동지다. 중국몽에 함께 하겠다."고도 했다. 6.25 당시 궤멸 직전에 몰린 북한을 중국이 참전해서 지원하지 않았더라면 북한 공산주의 세력이 소멸되고 자유통일이 달성될 수 있었음에도 이를 방해한 적대 국가가 중국이었음을 부정하는 발언이며, 미국을 비롯한 16개 UN 참전국을 모독하는 망언이 아닐 수 없다. 시진핑 주석이 말하는 중국몽(中國夢)이란 '중화패권주의 달성을 위한 꿈'을 뜻한다.

21세기 중화대국, 21세기 중화강국을 꿈꾸는 중국몽에 함께 하겠다는 것은 중국의 패권주의 품 안에 안기겠다는 말과 다르지 않다.

문 대통령은 2021년 1월 취임한 바이든 미국 대통령과 통화하기도 전인

2021년 1월 26일 시진핑 주석과의 통화에서 6개월 후인 7월에 있을 중국 공산당 창당 기념일을 축하하면서 시주석의 지도력을 찬양했다.

중국 외교부가 밝힌 통화 내용은 한국이 진정한 중국의 우방국인 것처럼 착각할 정도다.

"중국공산당 성립 100주년을 진심으로 축하한다. …중국의 국제 지위와 영향력이 날로 강해지고 있다. …시 주석의 강한 영도 아래 중국이 방역에 성공하고 주요국 중 유일하게 플러스 성장한 국가가 됐다."

대통령 안보특보 위치에 있던 교수 출신 인사는 권력을 등에 업고 노골적으로 투항주의 정서를 퍼뜨리는 모습을 보였다. 중국은 우리에게 어떤 나라인가? 중국은 공산당 일당독재 국가이자 북한의 배후세력이며, 남한에 대한 가장 큰 잠재적 적대 세력이자 현실적 위협국가다. 70여 년 넘게 한미동맹 토대 위에 서 있는 대한민국에서 새삼스럽게 미국과 중국을 두고 어느 쪽을 선택해야 하는가에 대한 논쟁이 벌어지고 있다는 사실 자체가 있을 수 없는, 있어서도 안 되는 놀라운 현상이다.

중국은 증대하는 경제력과 군사력을 배경으로 대내적으로는 국가와 공산당 차원에서 중국 인민으로 하여금 중화 역사와 문화에 대한 자긍심을 갖게 하고, 미래 세대인 젊은 층에 대해서는 모택동(毛澤東)의 혁명과 사상, 시진핑 현 주석의 중화사상을 집중적으로 주입하면서 대외적으로는 미국에 맞서 패권주의를 추구하고 있음을 세계가 주시하고 있다. 한국은 이러한 중국으로부터 직접적인 표적 국가가 되고 영향을 받는 지정학적 위치에 있는 국가이므로 군사, 외교, 경제면에서 분명하고 장기적인 대중국 정책을 구사하지 않으면 안 되는 나라다.

한반도와 한국에 대한 중국의 패권주의 정책은 군사, 역사, 문화면에서 노골적으로 구체화되고 있다. 서해를 군사·경제적으로 지배하려는 서해 공정(工程), 한미 양국의 방어 태세에 대한 집요한 비난과 압력 행사, 고조선과 고구려 역사를 중국 역사에 편입하려는 동북 공정, 심지어 김치와 한복까지 중국이 원조라는 문화 공정을 진행하면서 한반도가 역사적으로 중국 영향권에 속했다는 주장을 펼치고 있는 상황에서 중국에 대한 우리의 입장은 선택의 여지가 없다. 미·중 균형외교, 흔히 말하는 양다리 걸치기 외교란 실패는 물론 한미동맹 파탄을 초래하는 최악의 선택이고, 한, 미, 일 간의 가치 및 군사동맹이 최선의 선택이다.

북한 김정은은 2018년 3월부터 15개월에 걸쳐 시진핑 중국 국가주석을 다섯 차례나 만나 "양국 관계가 역사적 새 시기에 접어들었다."고 선언함으로써 대미 역량을 과시하고, 1961년 양국 간에 체결된 '북중우호조약'은 여전히 유효함을 고려할 때 북중(北中) 관계가 김일성·김정일 시대보다 더 밀접해졌음을 추측할 수 있다. 북중우호조약의 핵심 조항은 제2조다.

"상대방이 일국(一國) 또는 연합군의 무장 침공을 받아 전쟁 상태가 될 경우 다른 한 쪽은 전력을 다해 군사와 원조를 제공한다."

시 주석은 당연하다는 듯이 "우리는 한편이다."라는 표현으로 대했다.

"동주공제(同舟共濟)!"

"같은 배를 타고 함께 도모하자."는 정치적 주문이다. 문 대통령은 서방 자유세계 국가 지도자들 중에서 중국공산당 창당 기념일을 축하한 유일한 지도자다. 맑스-레닌주의에 근거한 국제사회 공산당들이 20세기를 통하여 혁명정당, 독재정당, 억압정당, 빈곤정당, 실패한 정당으로 판가름 났고 중국공산당 역시 이 범주에서 크게 벗어나지 않는 경우임을 인식했다면 그와 같은 축하 인사는 불가능했을 것이다.

잠재적 위협 국가이자 적대국가인 중국에 대해서는 그토록 아첨하면서 함께 해야 할 일본에 대해서는 비이성적으로 차갑게 대하고 있다. 문 대통령은 취임하자마자 박근혜 정부와 일본 정부 간에 이루어진 위안부 합의를 일방적으로 파기하면서 맹비난하는가 하면, 일본 측의 역사왜곡에 대해서는 15차례나 항의 성명을 내고 '죽창가'를 고무하면서도 시진핑 주석이 6.25 참전을 두고 "한반도 평화 수호를 위해서 싸웠다."는 새빨간 거짓 선전을 해도 침묵으로 일관했다. 또 중국 경비 함정들이 중국이 독단적으로 설정한 서해상 동경 124도선을 넘어 우리 해역을 마음대로 드나들고 최근 3년간 서해상 우리 방공식별 구역(KADIZ)을 중국 군용기가 60회 이상 침공해도 침묵했다.

문 대통령과 그의 추종자들이 중국에 대해 자세를 낮추고 아부할수록 중국이 날로 기세등등해지는 모습은 남한이 북한에 대해 관대할수록 북한이 남한에 대해 사나워지는 모습과 유사하다. 중국 외교부장이 서울 방문 시 각계 요인을 초청하면 기다리고 있었다는 듯이 몰려가고, 주한 중국 대사가 위세를 부리는 행태에서 마치 구한말 원세개(袁世凱)의 그림자를 보는 듯한 느낌을 금할 수 없다.

노영민 전(前) 청와대 비서실장이 주중대사로 부임했을 때 중국의 주요 인사들에게 돌린 인사장 휘호 "만절필동(萬折必東)"은 뼛속까지 중화 사대주의에 물들어 있던 조선의 성리학자들이 사랑했던 문구로, 충신의 절개는 꺾을 수 없다는 의미를 함축하고 있다. 성리학 외에는 어떤 학문이든 사문난적(斯文亂賊)으로 몰아 내쳤던 숭명배청(崇明排淸)의 상징적 인물이던 노론(老論)의 영수 송시열의 바람대로 세워진 만동묘(萬東廟)가 있는 충북 괴산군 청천면 화양동 계곡 바위에 새겨져 지금도 선명하게 남아 있는 바로 그 문구다. 중국을 향한 한국의 절개는 누구도 꺾을 수 없다는 뜻을 전하기 위함이었을까?

충분히 오해하고도 남음이 있는 인사장이다. 지난날 김영삼 대통령이 구(舊) 일본총독부 건물이었던 '중앙청'을 철거하는 대신 바위에 새겨져 있는 '만절필동'을 지워버렸다면 훨씬 더 큰 의미를 남겼을 것이다.

2021년 설날(2월 12일), 박병석 국회의장, 정세균 국무총리, 이재명 경기도지사 등 정부·여당 인사들이 중국공산당 선전 매체에 대거 출연해 "감동의 역사," "우정" 등등의 표현을 써가며 신년인사를 하는 동영상을 올린 것은 조선의 왕들이 1898년 폐지될 때까지 정초가 되면 궁궐에 중국 황제를 상징하는 궐패(闕牌)를 모신 뒤 문무백관을 거느리고 군신(君臣)의 예로 새해인사를 올리던 망궐례(望闕禮)를 떠올리게 했다.

2015년 박근혜 대통령은 미국은 물론 생각이 깊은 각계 인사들의 우려에도 불구하고 중국의 전승절 행사에 참석했다. 연단 위의 시진핑 주석 가까이 도열한 각국 지도자들 중 서방 자유주의 국가 지도자는 박 대통령이 유일했다. 2020년 10월 23일, 6.25 참전 70주년을 맞아 시진핑 주석이 중국 인민혁명 군사박물관에서 거행된 6.25 참전 기념 전시 개막에서 행한 연설은 중국이 한반도에 대해 진행하고 있는 동북공정, 서해공정, 문화공정의 연장선상에서 기억하고 있어야만 할 내용이다.

"중국 인민지원군이 평화 수호, 침략 반대의 기치를 들고 압록강을 건넜고, 북한과 손잡고 위대한 승리를 거뒀다. 항미원조(抗美援朝) 전쟁 승리는 인민의 승리…"

시진핑은 이렇게 자찬하면서 "한반도 정세를 안정시켰으며 아시아와 세계 평화를 지켰다."고 역사를 왜곡하며 허풍을 떨었다. 임진왜란 당시 중국의 명(明)나라 원군이 궤멸 직전까지 내몰리고 있던 조선을 구원했을 때 명나라 황제가 구사했을 법한 언어다. 2차 세계대전 말엽 장개석 총통이 루즈벨트 대통령, 처칠 수상과 회동했을 때 종전 후 한반도 문제는 중국에 맡겨달라고 했던 것이나, 시진핑 주석이 트럼프 대통령 면전에서 한반도는 역사적으로 중국의 지배하에 있었다고 강조한 점을 고려할 때 앞으로도 중국이 한반도에 대한 역사적 지배권을 주장할 가능성을 배제할 수 없다.

티베트(Tibet)는 한때 당(唐) 왕조를 위협할 만큼 사나운 독립 국가였으나 청(淸)의 지배하에 놓였다가 청이 무너지자 중국의 지배로부터 벗어났지만, 공산주의 혁명에 성공한 중국 모택동이 과거 역사적 지배를 근거로

장개석
蔣介石
1887~1975
중화민국

1951년 군사력을 동원하여 점령하고 중국에 통합시켰다.

2021년 8월 19일, 중국 정부는 라사(Lhasa)에서 다수의 인민해방군(PLA)을 참석시킨 가운데 '티베트 해방 70주년 기념'이라는 명목으로 성대한 축하 행사를 치렀다.

중국 입장에서 볼 때 한반도는 일본 지배하에 들어가기 전까지 청(淸)의 지배하에 있었던 지역인 만큼 티베트 경우와 크게 다르지 않다. 동북아 패권을 노리고 있는 중국으로서는 한반도야말로 제2의 티베트가 되어야 할 만큼 매력적인 지역이다. 티베트를 점령함으로써 인도 방향으로부터 오는 직접적 위협을 줄일 수 있는 것처럼 중국이 한반도를 지배하게 되면 일본을 앞세운 미국의 압력과 위협에 효과적으로 대처할 수 있고, 태평양 진출 교두보를 확보할 수 있는 전략적 이점이 있기 때문이다.

2004년 중국이 미국을 제치고 한국과의 교역 규모 1위 국가가 되고 우리의 대중국 교역 의존도가 날로 높아지는 한편 중국의 군사력과 대외 역량이 증대하자 한국 정부는 공중증(恐中症)에 가까운 모습을 드러내고, 한국사회에서는 중국을 향해 아첨하거나 굴종하고 심지어 투항주의 현상까지 심해지고 있다.

아첨하는 자들은 중국인 앞에서 '만절필동(萬折必東)'과 같은 언사를 사용하며 꼬리를 흔들어대는 자들이며, 굴종하는 자들은 그들 앞에서 높은 산봉우리라고 하면서 엎드리는 자들이고, 투항하는 자들은 중국을 자극하면 감당할 수 있겠느냐고 겁을 주는 자들이다. 이들의 공통점은 강대국, 강자를 향한 유전적 비굴성(卑屈性)과 굴종성(屈從性)이다. 강자가 나타나면 싸워보기도 전에 꼬리를 내리고, 강자가 등장하면 겨뤄보기도 전에 굽실거리는 습성은 조선조 이래 두텁게 쌓여온 조선의 지배층, 한국의 지도층의 유전자다.

현 시점에서 중국에 관한 한 대표적 투항주의 인사가 2021년 2월 세종

연구소 이사장에 취임한 문정인 박사가 아닌가 싶다. 그는 미국 메릴랜드대에서 정치학 박사학위를 취득했고 1994년~2016년 사이에 연세대학교에서 정치외교학과 교수로 있었던 전형적인 현실 참여 지식인이다. 그는 김대중 정부의 '햇볕정책'과 노무현 정부의 '한국의 동북아 균형자론 정책' 수립에 큰 역할을 한 것으로 알려졌으며, 문재인 정부 출범 후 청와대 통일외교안보 특별보좌관에 임명되어 직·간접으로 바람잡이 역할을 해왔고, 2021년 2월 세종연구소 이사장이 된 인사로서 한겨레 통일문화재단 이사장을 겸하고 있다. 그의 발언이나 언론 기고문에서 느낄 수 있는 것은 그가 친미 인사는 아니지만 친중 인사인 것만은 확실해 보인다는 점이다. 학문적 배경에서라기보다 사상적 배경이 작용한 결과가 아닌가 싶다. 그가 북한, 중국, 한미동맹 문제에 관해 거론할 때마다 건국 이래 고수해온 기본적인 원칙과 정책 노선을 바꾸지 않으면 안 될 것처럼 주장하면서 비현실적이고 가상적인 "미국을 신뢰할 수 있는가? 중국을 멀리할 수 있는가?"라는 의문을 제기하기 때문이다.

2020년 10월, 미국의 싱크탱크가 공동 주최한 세미나에서 "한국이 미국의 반(反)중국 군사 훈련에 동참하면 한국을 적으로 간주할 것."이라고 겁을 주는 발언을 했다. 그는 한미동맹 체제와 주한미군의 필요성에 대해 공개적으로 회의적인 견해를 보이면서 친북 친중 입장을 숨기지 않았다. 그가 '쿼드(QUAD) 가입 불가론'을 내세우면서 제기한 논리는 그야말로 수준 낮은 투항주의자의 논리다.

"우리가 미국 등과 함께 남중국해 군사훈련에 참가하면 중국의 위협이 증가할 텐데 그럼 미국은 우리를 충분히 지켜줄 수 있느냐? 현실적으로 어렵지 않겠느냐?"

미국에서 정치학을 전공했던 그가 미국을, 한미동맹을 그토록 가볍게 인식하는 것은 뜻밖이다. 그의 위 주장이야말로 중국의 위협을 극복할 수 없는 기정사실로 못을 박는 논리다. 한국에 대한 중국의 위협이 커질수록 한미동맹의 기능과 주한미군의 역할은 커질 수밖에 없으며, 인권, 민주주의, 법치주의라는 대의명분을 앞세운 미국의 대중국 압박이 거세져가고 있는 상황에서 한미 공동 대응은 불가피하다. 그의 주장과는 반대로 우리가 미국을 멀리할수록 중국의 위협은 더욱 노골화될 것이지만 한미동맹 체제가 굳건하면 할수록 중국은 조심하게 될 것이다. 그가 새삼스럽게 한미동맹 체제를 도외시하고 미국의 신뢰성에 대해 의문을 제기하는 것이 국민의 우려를 유발할 수 있는 선동임을 알고나 있을까?

공동 대응이란 서로 주고받는 것을 말한다. 한국이 미국의 동참 요구에 응하고 미국이 한국의 요청에 응답하는 것이 동맹의 본질이다. 북한의 핵과 미사일 위협과 중국의 패권주의 위협이 점증하고 있는 지금은 회의할 때가 아니라 그 어느 때보다 신뢰를 다져가야만 하는 때다. 중국이 그토록 두려운가? 그의 견해나 주장은 나약하고 공리공론 좋아하는, 그리고 권력에 아첨하는 참여 지식인의 틀을 벗어나지 못하고 있다.

중국이 아무리 큰 나라이고 강한 국가라 할지라도 우리가 두려워해야 할 이유는 없다. 한국은 국토는 넓지 않지만 인구, 경제력, 군사력에서 결코 만만한 국가가 아니다. 문정인 박사는 2020년 11월, 한겨레신문 칼럼에서 당시 트럼프 행정부의 대중 압박 정책의 정통성과 합리성에 대한 의문을 제기하면서 우리 국민 대부분은 '즉각적이고 현존하는' 중국의 위협을 느끼지 못한다고 썼다. 다분히 중국 편을 드는 견해이자 미국의 장기적인 대중국 정책 배경에 대해 무지함을 드러낸 발언이다. 오래지 않은 과거에 한·중 간 마늘 파동이 발생하고 사드 배치 때 배치 지역 소유주였던 롯데그룹에 대해 중국 정부가 취했던 경제적 보복을 가볍게 보는 주장이다. 미국이 현재 구사하고 있는 대중국 압박 정책은 트럼프 행정부가 시작한 것도 아니고 일시적인 것도 아닌, 매우 이념적이고 가치 중심적이고 장기적인 것임을 모른다면 그 분야 전문가라고 할 수 없다.

미국의 정치 지도자들과 대외정책 전문가들은 등소평의 개방개혁 노선 채택 이래 중국공산당이 취해온 대내·대외적인 제반 정책을 세밀하게 검토한 것을 토대로 2000년대 접어들면서 내부적으로 중국을 '이념적 적대 국가(ideological enemy)'로 규정하고 정책 목표를 달성할 때까지 대중국 압박 정책을 지속하기로 결정한 바 있음을 알고 있었다면, 그처럼 경박한 견해를 제시할 수 없었을 것이다. 상황의 극적 반전이 없는 한 미국의 대중국 압박 정책은 행정부 교체와 관계없이 지속되어 가는 과정에 있다.

미국을 중심으로 한 서방 자유세계가 일치단결하여 소련 공산주의 제국이 붕괴될 때까지 46년간(1945~1991) 포위, 압박 전략을 구사하여 목표를 달성했던 것처럼 지금은 소련 공산주의 제국 대신 중국을 타깃으로 삼아 압박을 가하는 이유는 중국공산당이 군사력과 경제력을 앞세워 인권, 민주주의, 법치주의를 짓밟으면서 중화패권주의를 추구함으로써 2차 세계대전 이후 냉전기간을 거치면서 구축되어 온 '자유 국제질서(liberal international order)'에 직접적인 위협이 되고 있기 때문이다.

바이든 행정부가 출범 직후 트럼프 행정부 당시보다 더 분명하고 강력한 대중국 압박정책을 표방하고 나선 것은 미국의 장기적 대중국 정책을 기반으로 한 자유 서방 국가들의 리더로서 도덕적 책무를 다하기 위해서다. 한국이 조선시대로 돌아가지 않는 한 북·중의 공산당 독재체제가 종말을 고할 때까지 미국을 중심으로 하는 자유세계와 함께 감연히 맞서야 하고 함께 노력해야 하는 것은 피할 수 없는 숙명이다.

"미국이 우리에게 일종의 반중 군사동맹에 가입하라고 한다면 이것이 한국에 실질적 딜레마가 될 것으로 본다."

　문정인 박사가 이렇게 말한 것은 한미동맹의 본질에 대한 의문 제기다. 대북·대중 위협에 대처하기 위한 것이 한미동맹의 본질이다. 한미 군사동맹은 6.25의 산물이고 중국이 6.25에 직접 참전하여 북한군을 구원한 배후세력이기 때문이다. 동맹국으로서 미국이 중국을 이념적 적대국가로 규정하고 대중 포위와 압박 정책을 가하고 있는 한 한국 역시 동맹국으로서의 책무(obligation)를 다해야 할 의무가 있다. 동서냉전 당시 한국이 서방 자유세계와 함께 하여 승리자 편이 되었던 것처럼 앞으로도 서방 자유세계와 함께 하면서 대중국 정책을 전개하는 것이 가장 현명한 길일 것이다. 문정인 박사는 같은 칼럼에서 중국과의 관계에서 경제이익의 중요성을 거론하면서 중국의 경제 보복을 우려했다.

　"2019년 말 기준 중국은 우리 수출의 25%, 수입의 21.3%를 차지해 각각 미국의 두 배에 가깝다. 중국 시장에 대한 인위적인 탈동조화(decoupling)나 중국의 경제보복이 한국에 가하게 될 충격은 명약관화하다."

　경제적 측면에서 본다면 틀린 주장은 아니다. 그러나 여기서 우리는 안보와 경제 중 양자택일을 하지 않으면 안 된다. 경제 이익을 위해 안보를 희생시킬 수는 없다. 국가 제1의 책무가 국가안보이기 때문이다. 이것은 어떤 국가의 경우에도 예외가 될 수 없는 국가 존망을 좌우하는 제1법칙이다. 지금처럼 중국에 대한 교역 규모가 커질수록 중국의 한국에 대한 정치적, 군사적, 경제적 영향력 행사 역시 높아질 수밖에 없을 것이고 종국에 가서는 중국이 경제를 지렛대로 삼아 한국 안보를 인질로 잡게 될 가능성이 매우 높다. 중국 경제력과 시장이 커지기 전에도 한국은 국제 교역시장에서 성공적으로 적응해온 국가다.

중국이 가깝고 큰 시장이라고 해서 기업들이 앞 다투어 진출했으나 이 제는 북한의 배후 지원 국가이자 한국에 대한 위협국가인 중국이 '중국몽'이라는 기치를 높이 들고 발톱을 드러내는 것을 직시하고, 시장의 다변화 정책을 적극적으로 추진하지 않으면 안 된다.

문정인 박사의 주장처럼 중국으로 인한 즉각적이고 현존하는 위협이 없 다고 해서 미래 위협 요소가 없어지는 것은 아니다. 오히려 현존 위협 요소보다 미래 위협 요소가 더 심각함을 무시한 그의 주장은 정치권력 주변을 넘나드는 전형적인 한국의 참여지식인다운, 피상적이자 투항주의적인 논리에 불과하다.

오늘날 중국이 한반도에 대하여 동북공정과 같은 역사공정, 서해공정과 같은 군사공정, 나아가 문화공정까지 꾀하고 있는 것은 미래 지배를 위한 장기적 작업임을 부정할 수 있을까? 제2의 티베트와 같은 운명을 자초하지 않는다고 단언할 수 있을까? 단언컨대 부정하기 어렵다. 중국 문제에 관한 한 착각은 자유가 아니며 환상은 금물이다.

2017년 문재인 대통령이 베이징 국빈 방문 시 수행 사진기자가 중국 경호원들에게 집단 폭행을 당했으나 사과를 받아낸 바가 없다. 중국공산당 중앙위원회 서열 25위에 불과한 왕이(王毅) 외교부장이 2020년 11월, 서울을 방문했을 때 국빈 대우를 받고 한국 조야 인사들 앞에서 "이 세계에 미국만 있는 게 아니다."라는 고압적 발언을 하고 갔다. 중국인들의 한국인에 대한 언행이 날로 오만해지고 마치 청조(清朝) 시대로 뒤돌아간 듯이 한국인을 내려다보게 된 것은 우리의 지도자들, 지도층 인사들이 먼저 그들 앞에서 굽실거렸기 때문이다. 왕이가 방한 당시 코로나 자가 격리 중에 있던 이낙연 총리는 "코로나 와중 방한에 큰 감동"이라는 편지를 왕이 중국 외교부장에게 보냈다.

2021년 6월 11일부터 13일까지 영국 런던에서 개최된 자유세계 최고 부유국인 G-7 국가 정상회담은 2차 세계대전 종전을 앞두고 미국 대통령 루즈벨트와 영국 수상 처칠이 회동하여 전후 자유 국제질서라는 대원칙 아래 세계평화와 번영을 도모하면서 공산주의 제국 소련의 팽창정책과 위협에 공동 대처키로 한 이래 가장 의미 있는 회동으로 알려진 회담이다.

미국 대통령 조 바이든과 영국 수상 보리스 존슨이 중심이 되어 미국 트럼프 행정부의 일방주의로 흐트러진 민주주의 국가들 간의 가치동맹 재확인과 단결을 도모하고 군사, 경제적 패권을 노리는 중국 위협에 공동 대처하기로 한 회동에 문재인 대통령이 초청인사로 참석하기로 되어 있자 왕이 중국 외교부장이 6월 9일 정의용 한국 외교부장관과의 전화통화에서 협박성 훈계를 했다. 그는 지난 5월 한미 정상회담에서 문 대통령이 미국의 인도-태평양 전략에 공감한 사실을 두고 "미국이 추진하는 인도-태평양 전략은 냉전적 사고에 가득 찬 집단대결을 부추긴다. 중국은 완강히 반대한다."고 하면서 이번 G-7 정상회담에서는 "옳고 그름을 파악해 편향된 장단에 휩쓸려서는 안 된다."고 했다. 이와 같은 통화내용은 중국 측 발표로 알려진 것일 뿐 우리 외교부는 한 마디도 전하지 않고 숨겼다.

미국은 2021년 5월 한미 정상회담 직후 발표한 공동성명에서는 '한반도의 완전한 비핵화'에 대한 공동의 약속을 강조했으나 2021년 6월, G-7 정상회담 직후에 발표된 공동성명에서는 "북한이 불법적 대량살상무기(WMD) 및 탄도미사일 프로그램을 검증가능하며 돌이킬 수 없이 포기하기를 촉구한다."고 명시하고 "모든 국가들이 유엔 안보리 결의 및 관련 제재를 완전히 준수할 것을 촉구한다."고 했다. G-7 정상회담에 문재인 대통령을 초청한 의도를 충분히 짐작케 하는 분명하고 강력한 메시지다.

우리나라가 조선조 이래 처음으로 자주국방 태세를 갖춘 것은 1970년

대 중반이다. 고려시대 이후 조선이 망할 때까지 무신은 천시와 멸시를 받았고 신라를 제외하면 상무정신(尙武精神)을 고무하고 존중한 왕조가 없었다. 고려는 긴 세월 원(元, 몽골)의 지배하에 있었고 조선은 명(明), 청(淸)의 속국으로 제후국처럼 보호받는 국가였다. 임진왜란이 나자 선조는 재빨리 의주로 도망갔으나 역사 기록에서는 몽진(蒙塵)으로 표현하고 있다. 청이 조선을 침공하자 인조는 강화도로 도망가려다 여의치 않자 남한산성으로 가서 웅거했다. 일본의 압박을 받던 고종은 러시아 공관으로 몸을 숨겼고 북한이 기습 남침했을 때 수도 사수를 호언했던 이승만 대통령은 부산으로 피난길에 올라야만 했다. 미국을 중심으로 한 유엔군의 참전으로 기사회생한 한국은 이승만 대통령의 지도력으로 한미동맹을 성사시켰으며, 박정희 대통령이 절치부심(切齒腐心)의 노력 끝에 자주국방 태세를 갖춘 것이 1970년대 중반이다.

헌법에 명시되어 있는 국민의 병역의무 조항에 따라 신체적·정신적 결함이 없는 청년은 의무적으로 일정기간 군에서 복무해야 하는 국민개병제가 실시되고, 국가는 군의 간부 양성에 각별한 노력을 기울인 결과 정예강군의 면모를 갖추게 되었으며, 국민의 세금으로 국방 태세를 유지하는 자주국방 태세가 갖추어졌다.

그러나 불행하게도 김영삼 정부 이래 최고 지도자들은 군과 군사 문제에 관한 한 문외한들로서 군 통수권자 위치에 있으면서도 군을 사랑하고 존중하기는커녕 경계의 대상으로 경원시하는 풍조가 심화되어 왔고, 좌파 정권 하에서는 마치 천덕꾸러기 같은 존재가 되고 군 지도부는 정치권력 앞에 순한 양이 되고 있다. 분단국가, 북한의 직접적인 군사위협 하에 놓여 있는 국가에서 군을 모르고 군을 홀대하는 지도자가 군을 통솔하고 있다는 것은 우리의 안보체제가 바탕에서부터 취약하다는 것을 의미한다.

설상가상으로 반일(反日)·반미(反美), 친북(親北)·친중(親中) 좌파정권이

들어서면서 한미동맹을 바탕으로 하는 안보체제를 갉아먹고, 북한 김여정의 눈치를 살펴가며 한미 연합훈련을 해야 하는 초라한 신세가 되어가고 있는 데 반해 북한 김정은은 2020년 10월 10일, 노동당 창건 75주년 기념 열병식을 ICBM, SLBM, 대형 신형 방사포 등으로 화려하게 장식하면서 군사강국의 길을 가겠다고 굳게 다짐했다.

한국군과 주한미군은 2017년 이후 항상 실시해오던 종전과 같은 실병(實兵) 연합훈련을 '평화 프로세스'를 방해한다는 구실로 한 번도 실시한 적이 없다. 훈련하지 않는 군대는 민병대와 다를 바가 없고 훈련하지 않고 전쟁에서 승리하겠다는 것은 도박 행위나 마찬가지다. '사드(THAAD)' 추가 배치를 위해서 중국의 양해를 받아야 하고 한미 연합훈련을 하려면 북한의 심기를 살펴야 한다면 자주국방에 의존하는 주권국가라고 말할 수 없게 된다. 이러한 현상은 현 좌파정권이 추구하고 있는 일방적인 '평화 프로세스' 정책 탓이자 자주국방 정신을 저버린 결과다.

북한의 남한에 대한 으뜸가는 심리전 구호가 '우리 민족끼리'이지만 실제 행동은 전투적이고 잔인하다. 2020년 9월, 서해 해상의 공무원이 북한 지역으로 표류했을 때 6시간 동안 바다에 방치하고 나서 총탄 세례를 가한 다음 시신에 기름을 붓고 불태우는 만행 장면을 우리 군이 원거리에서 정확하게 관측하고 있었다.

국제사회 여론이 악화될 기미가 보이자 김정은은 "문재인 대통령과 남녘 동포들에게 커다란 실망감을 더해준 것에 대해 미안하게 생각한다."고 하자 우리 정부 측은 '이례적'이라면서 반색을 했고 문 대통령 추종자인 유시민은 김정은을 계몽군주에 비유하는 아양을 떨었다.

우리 해경은 피살자가 개인적으로 부채가 많았고 사생활에 문제가 많았다는 것을 근거로 '월북자'로 단정했고 국방부 최초 보고 내용을 신임 국방부장관이 뒤집었다.

"방독면을 쓴 북한군들이 시신에 기름을 붓고 소각했다."는 최초 보고 내용을 "소각 발표는 추정을 단정적으로 표현한 것"이라고 고쳐서 설명했다. 개인 부채가 많았다는 것이 월북 이유가 되었다는 것은 일방적이자 지극히 주관적인 주장일 뿐 표류한 공무원이 자진 월북자인지 사고로 표류한 자인지를 판단하는 것은 어렵지 않다. 자진 월북자가 아니었기 때문에 사살했을 가능성이 훨씬 높다. 죽은 자는 말이 없고 타버린 시신이 머물러 있을 리 만무함에도 해경과 해군은 함정과 항공기를 동원하여 시신을 찾는다고 남측 해역에서 낯간지러운 면피용 수색을 벌였으나, 사고 해역은 조수 간만의 차이가 심해 해류가 빠르기 때문에 어떤 물체도 쉽게 떠내려가는 지역임을 해경과 해군이 누구보다 잘 알고 있었을 것이다.

　정부가 '월북자'로 몰자 문 대통령 추종자들은 "월북이 자랑이냐?"면서 유족들의 가슴에 다시 상처를 입혔다. 피살 공무원의 형은 "대한민국에서 일어나는 만행이 더 끔찍하다."고 절규했다. 이미 사건 처리가 마무리된 김학의 전 법무부차관의 성 접대 관련 사건에 대해서는 대통령이 철저히 수사하도록 직접 지시할 만큼 관심을 보였으면서도 해상에서 공무수행 중 북한군에 의해 목숨을 잃은 공무원에 대해서는 "수색 결과를 지켜보자."는 반응만을 보였을 뿐이다. 국민을 지키겠다는 강한 의지가 없는 정부는 쓸모없는 정부이고 안보를 소홀히 하고 안보체제를 갉아먹는 자들은 국가적 파탄을 준비하는 자들이다.

양심을 갉아먹다

　이 땅의 들쥐 무리들은 이제 대한민국의 심장을, 국민의 양심을 갉아먹고 있다.

　국가의 심장을 갉아먹는 곳이 교육현장이다. 전국 17개 교육감 중 좌파로 분류되는 교육감이 14명이다. 이들은 선의의 경쟁을 악(惡)으로 규정짓고 결과적 평등을 선(善)이라고 가르친다. 미래 지향적이고 창의적인 인재 양성이 아니라 남한사회의 주류세력을 교체하고 반일·반미 민족자주 통일을 위한 미래 투사를 길러내는 것이 그들의 목적이다. 역사 교과서를 자신들 생각에 맞추어 고쳐 쓰고 대한민국 정통성과 성취의 역사를 믿지 말라고 가르치며 배타적 민족주의 정신을 고무하고 있다. 그들은 교실에서 민주시민의 가장 큰 덕목인 관용과 타협 정신이 아니라 증오심과 보복 심리를 부추기고 독립적이고 책임감 있는 인간보다 공동체를 앞세우며 연대의식이 강한 인간을 길러냄으로써 전체주의 체제에 적합한 인간을 길러내고자 하고 개인의 존엄성을 근간으로 하는 자유주의 체제를 뿌리째 갉아먹을 듯이 노력하고 있다.

　뿐만 아니라 정부는 노무현 정부 당시 시도했던 '사립학교법 개정'을 강하게 추진하고 있다. 정부안이 입법화되면 자문기구가 심의기구로 격상됨으로써 '이사회'가 무력화되고 신규 교사 채용권이 박탈되며 사립학교 교장은 물론 교직원에 대한 징계권마저 교육청이 행사하게 되어 사학 자율권이 말살됨으로써 사립학교 존재 의미 자체가 없어지게 되어 있다. 이는 개인이 설립·운영하는 학교를 국가가 강탈해가는 것과 다를 바 없다. 좌파 정부가 이러한 정책을 강하게 추진하는 이유는 교육의 중요성을 너무나 잘 알고 있기 때문이다.

양심을 갉아먹는 행태가 정치 지도자, 공직자, 권력 주변을 맴도는 지식인, 언론인 주변에서 심화되고 있는 가운데 한국사회는 극도의 불신사회로 추락하고 있다. 정권을 수호하기 위하여, 대중을 현혹하기 위하여, 책임을 모면하기 위하여, 이익을 취하기 위하여 어떠한 불법이나 거짓말도 마다하지 않는다. 자신에게 감투를 씌워준 권력자를 위해서라면 증거 조작과 인멸, 통계 조작도 주저하지 않는다. 양심이 없는 좌파와 용기가 없는 우파가 뒤엉켜 있는 정치사회 풍토에서 이들의 영향을 직·간접적으로 받는 선량한 국민이 맹목적 폭민으로 변하여 수호대를 만들고 악플 공격을 가하는 현상을 누구도 막을 수 없다.

조국 전(前) 법무부장관 가족 비리 수사를 둘러싸고 벌어진 일들, 추미애 전 법무부장관과 윤석열 전 검찰총장 간에 벌어진 일들, 월성원전 1호기 경제성 조작 사건 등을 통해서 국민이 목격한 것은 이 나라 권력자들, 공직자들, 참여 지식인들로부터 양심의 흔적조차 찾아볼 수 없었다는 사실이다. 양심을 저버린 집권 세력은 필요에 따라 약속한 것을 쉽게 뒤집고 국민을 기억상실증 환자로 취급하는 무뢰한처럼 행동하고 나서도 의기양양한 집단이다.

문재인 대통령은 당 대표직에 있을 때 도덕적 실수로 당 소속 선출직 공직자가 물러나게 되면 보궐선거에서 후보를 내지 않기로 당규에 명시했다. 박원순 서울시장, 오거돈 부산시장이 가장 부끄러운 도덕적 실수인 성추행 사건으로 물러나게 되자 유권자들은 보궐선거에서 여당인 더불어민주당은 당연히 후보를 내지 않을 것으로 믿었으나 이낙연 대표가 앞장서서 당원의 뜻이라며 후보를 내기로 결정했고 문 대통령은 당에서 결정할 사안이라면서 책임을 피해갔다. 이들은 약속을 뒤집는 데 머물지 않고 오래전 과학적 조사와 검증을 거쳐 폐기된 부산 가덕도국제신공항 건설을 약속하고 특별법 국회통과 하루 전날인 2021년 2월 25일, 문 대통령은 당·정·청 주요인사 20여 명을 대동하고 가덕도 신공항 예정지를 방문하여 "공항 예정지를 보니 가슴이 뛴다."고 함으로써 부산시장 보궐선거 승리를 위한 격려 행사를 연상하게 했다.

이성과 양심을 지닌 제1야당이라면 당연히 반대하고 저지했어야 함에도 불구하고 당 지도부와 부산·울산 지역 국회의원들도 "가덕도 신공항을 강력히 추진해 달라."고 하면서 오히려 합세했다. 2월 26일, 가덕도 특별법이 국회를 통과하자 대구·경북 의원들이 대구신공항 특별법을 만들자고 나섰다. 이러한 현상은 집 앞마다 버스정류장을 만들고 동네마다 기차역을 만들겠다는 것과 다르지 않다. 이성을 상실하지 않고서는 있을 수 없는 일들이 당연한 것처럼 요구되거나 결정되고 있다. 그야말로 눈앞에 놓인 먹잇감이면 모조리 갉아먹어 치우는 들쥐들의 행진이 따로 없다.

과거 정부가 '김해공항 확장안'과 '가덕도 신공항 건설안'을 두고 프랑스 전문가를 초치, 전문가들로 구성된 평가위원회가 과학적·기술적으로 조사 및 분석, 판단한 결과 '가덕도안'은 폐기되고 '김해공항 확장안'을 최종적으로 결정했다. 이런 사안을 번복하려면 하천, 환경, 항만 등 31개 법과 관련된 인·허가 절차를 거쳐야 하고 국토부, 기재부, 법무부 등 관계 부처 장관들이 난색을 드러냈음에도 깡그리 무시한 채 엄청난 사업비가 예상되는, 정부 수립 후 최대 규모 공사를 혁명정부가 해치우듯 국회가 특별법을 통과시켰다. 특별법에는 31개 관련법에 따른 각종 인·허가 승인 절차를 모두 건너뛸 수 있는 조항까지 포함시켰다. 법을 빙자한 불법승인 특별법이라 해도 손색이 없는 법이다.

군 출신 지도자들이 이끌던 정부도 법과 규정, 절차를 존중했으나 이들을 비판해온 민주투쟁, 촛불혁명 투사로 자처하는 지도자와 추종자들은 국회 다수 의석의 힘을 믿고 필요에 따라 법을 만들고 법의 이름으로 일방적 강행을 일삼고 있다. 영종도 국제공항은 1963년~1990년 기간 동안 무려 네 차례에 걸친 타당성 조사를 거쳐 1991년 특별법을 제정한 후 건설했다. 여당은 2022년 대통령 선거와 2021년 4월 7일 서울·부산 시장 보궐선거를 앞두고 코로나-19를 빙자하여 재난지원금을 편성, 3월말부터 지급하기로 하는가 하면 서울시장 후보인 여당 소속 박영선 후보는 서울시민 1인당 10만 원씩 재난지원금을 주겠다고 약속했다. 국민 혈세로 유권자들의 양심을 구매하겠다는 매표 행위다. 왕조 시대 간신들이나 구사했을 법한 아첨을 공공연하게 하는 곳이 지금의 서울이다.

2020년 연임에 성공한 이동걸 산업은행장은 이해찬 전 더불어민주당 대표의 전기 만화책 출판기념회에서 기억에 남을만한 건배사를 했다.

"이해찬 전 대표가 하신 말씀 중 가장 절실하게 다가왔던 것이 '우리(민주당)가 20년을 집권해야 한다.'고 한 것인데 민주 정부가 벽돌 하나하나 열심히 쌓아도 그게 얼마나 빨리 허물어질 수 있는지 보았기 때문이다."

이렇게 말하면서 "제가 '가자!'고 라고 외치면 모두가 '20년!'으로 답해달라. 30년, 40년을 부르셔도 된다."고 말했다.

이동걸 회장은 산업은행장으로 26년 만에 연임했으므로 감격에 겨웠을 것이다. 그러나 사석에서나 할 수 있는 말을 정치인 행사에서 공개적으로 했다는 것은 오늘날 타락한 한국 공직 사회의 단면을 보여준 모습이다. 산업은행은 정부가 100% 지분을 보유하고 있는, 연간 40조 원이 넘는 자금을 중소기업에 공급하는 금융기관이자 과거 김대중 정권 때 '대북 불법 송금'이라는 대죄(大罪)를 범한 경력이 있는 국책 은행이다.

영혼이 맑은 자가 무시당하고 양심을 지키고자 하는 자가 어리석은 바보가 되는 사회는 동물 왕국과 다름없는 강자의 세상으로 변한다. 강자가 지배하는 사회는 맹종이 미덕이 되고 자리 보존과 출세의 방편이 된다. 들쥐공화국 대한민국은 바야흐로 거짓말 천국이 되었다. 거짓말 천국에서는 강자의 편에 서야만 보호를 받고 출세할 수 있지만 그렇지 못하면 소외되고 버림받아야만 한다. 2020년 10월 19일자 「한국경제신문」이 이와 관계되는 우리 사회의 실상을 소개하는 기사를 실었다.

"거짓말 판치는 사회, 선진국 중 이런 나라가 있는가."

이런 제목의 기사를 통해 사회적 신뢰도가 한국처럼 낮은 나라는 선진국 중에서 찾아보기 어렵다면서 영국 레가툼 연구소의 2019년 사회자본(개인 간 신뢰, 국가제도에 대한 신뢰 정도) 조사 결과 한국은 162개국 중 142위였음을 예로 들었다. 이것은 110위인 아프리카의 짐바브웨보다 훨씬 낮은 순위다.

이와 같은 결과는 인간적 요소와 정치, 경제, 사회, 교육 등과 관련된 제도적 요소에 기인되는 것이지만 특히 인간적 요소인 정치·사회 지도층 인사들로부터 비롯되며 일반 국민 역시 타락한 결과로서의 현상이다. 2019년 사기, 무고, 위증 등 3대 거짓말 범죄가 전년도보다 12.9%나 증가한 47만 6,806건으로 역대 최고였다는 것은 앞으로도 계속 증가할 것이라는 예측을 가능하게 하는 통계다.

2021년 7월 2일, 유엔무역개발회의(UNCTAD)는 한국을 개발도상국 그룹에서 선진국 그룹으로 격상시켰다. 이것은 1964년 UNCTAD 출범 이래 우리나라가 개도국 지위를 졸업하고 선진국 그룹에 진입한 최초의 국가가 되었음을 공식 인정한 것으로 1996년 OECD 가입, 2009년 OECD 내 개발원조회원국이 된 후 12년 만이다.

2020년 기준 국민 1인당 GDP는 G-7 국가인 이탈리아를 추월했고 국가 경제 순위는 10위권이 되었다. 실로 유사 이래 처음 있는, 한강의 기적이 이뤄낸 국민적 장거(壯擧)가 아닐 수 없다. 그러나 이것은 무역과 투자를 통한 성장의 결과를 기준으로 했을 뿐 정치, 사회는 여전히 갈 길이 먼 후진국 수준에 머물러 있고 날이 갈수록 추락해가고 있다.

권력 주체가 내 편, 네 편 잣대로 갈라놓는 정치 후진국 현상이 심화되면 갈등과 혼란은 불가피하게 되고 폭력사회로 변하는 것을 피할 수 없게 된다. 같은 편에 서기만 하면 어떤 거짓말을 해도 보호받고 보장받는 사회, 거짓말이 팽배한 사회일수록 정치인, 공직자, 지식인 등 사회지도층 인사들은 이기적이 되고 기회주의자가 되고 비겁해지며, 강자 집단은 잔인해진다. 거짓말을 정당화하기 위해서는 비겁해질 수밖에 없고 비겁해질수록 자기보호를 위해 냉혹하고 잔인해지는 것은 인간의 속성이다.

문재인 대통령은 취임사에서 "기회는 평등하고 과정은 공정하며 결과는 정의로울 것"이라고 약속했으나 현실은 정반대다. 기회는 자기편에만 주어지고 상대방의 기회는 박탈당했으며 과정은 최고 권력자의 뜻에 따라 불공정하고 불투명하게 이뤄지고 결과는 극단적 부정의를 낳고 있다. 정도(正道)가 패배하고 사도(邪道)가 승리하고 있는 나라, 사도가 정도를 짓밟고 있는 나라에서 평등, 공정, 정의란 공염불(空念佛)에 불과하고 권력자를 추종하는 자들은 한없이 비겁해졌고 그 반대세력은 적폐 청산의 대상이 되어 잔인한 보복을 당했다.

이와 같은 현상은 오늘날 처음 있는 것이 아니라 먼 과거로부터 있어왔음을 상기할 필요가 있다. 조선의 지배층과 지식인들이 얼마나 비겁하고 잔인했던가는 역사 기록에 고스란히 남아있다. 그 중의 하나가 삼전도비(三田渡碑)에 얽힌 내용으로 2020년 김형진 변호사가 쓴 『인조의 나라』에 상세히 소개되어 있다.

1637년 겨울, 인조가 청 태종 홍타이 앞에 무릎을 꿇고 항복했을 때 청은 삼전도에 대청황제공덕비(大清皇帝功德碑)를 세울 것을 강화 조건들 중 하나로 요구했다. 전쟁 경과와 청이 조선을 제압한 사실을 천하에 널리 알리기 위해 세워진 비석이 삼전도비다. 1637년 6월부터 공사가 시작되었고 문장가들로 하여금 비문을 짓게 하였으나 일부는 상소로 사양했고 일부는 고의로 거칠게 지어서 채택되지 않게 했기 때문에 가장 연소했던 이경석(李景奭)이 비문을 짓고 청의 검토를 받은 후 채택되었다. 인조는 청의

삼전도비(三田渡碑)

요구를 거부할 권한도, 힘도 없었고 누군가는 비문을 짓지 않을 수 없는 상태에서 썼던 것임에도 이경석은 훗날 노론의 영수였던 송시열(宋時烈)과 그 제자들로부터 말할 수 없는 수모와 공격을 당했다.

"실로 터럭만큼이라도 사람의 성품이 있지 않기 때문에 청의 환심을 사기 위해 비문을 작성한 것."

송시열은 이경석에 대해 이렇게 공격했고 결국 이경석은 노론으로부터 사문난적(斯文亂賊)으로 몰려 관직을 삭탈당해야만 했다. 비겁함의 극치가 아닐 수 없다. 인조는 방관했고 그의 추종자들은 숭명배청(崇明排淸)이라는 대의명분을 앞세워 그를 관직에서 쫓아냈다.

송시열(宋時烈)은 효종, 현종, 숙종 3대를 거치면서 정치적으로 막강한 영향력을 행사했던 노론(老論)의 영수였고 화이론(華夷論)과 조선중화론(中華論)의 이론적 토대를 구축한 인물이다. 비겁했던 그들은 멸망해버린 명(明)에 대한 흠모와 미련을 버리지 못한 도그마적 반청숭명(反淸崇明) 신봉자였을 뿐 아니라 조선왕조의 정신세계를 병들게 하고 망국에 이르게 한 원인을 제공했던 무리들이자 오늘날 남한사회를 요리하고 있는 골수 주사파들의 원형이라 할 수 있다.

조선의 왕들 중에는 비겁하고 잔인했던 왕들이 많았다. 수양대군은 조카 단종과 그 측신들을 죽이고 왕이 되었으며, 인조는 광해군을 몰아내고 왕이 된 후 자신의 왕위에 위협이 된다고 생각한 소현세자, 세자빈, 손자들까지도 모조리 죽게 하거나 죽였다. 왕을 둘러싼 패거리들은 왕을 끼고 사화(士禍), 사옥(史獄)을 일으켜 반대파 수백 명을 참살하는 비극을 반복했다. 고종은 갑신정변의 주동자 김옥균이 중국에서 암살당해 시신이 돌아오자 능지처참을 했다.

헤이그 만국평화회의에 참석하려던 밀사들이 회의장 입장을 거부당하자 외국어에 능통했던 이위종(李瑋鍾)이 외국 취재기자들 앞에서 행한 연설 내용이 1907년 7월 5일, '평화회의보(Courrier de la Conference)'에 실렸고 지금도 기록이 남아 있다.

"우리 조선인들은 옛 정권의 잔인한 행정과 탐학과 부패에 지쳤던 터라 일본인들을 기대를 가지고 맞이했다."

전(前) 러시아 공사 이범진의 아들이자 7개 국어에 능통했던 이위종이 조선의 왕들이 얼마나 탐학(貪虐)스럽고 잔인했던가를 외국기자들 앞에서 실토(實吐)한 것이다. 고종은 망국의 서곡을 의미하는 을사늑약을 전

이위종
李瑋鍾
1887~?
조선, 대한제국

후하여 일본 측으로부터 거액의 뇌물을 받았다. 조선의 멸망에도 불구하고 우리 역사에서 지도층의 비겁함과 탐욕스러움과 잔인함은 끝나지 않았고 지금도 계속되고 있다.

비겁함이란 강자 앞에 비굴하고 약자에게 군림하며, 책임을 전가하고 필요하면 어떤 거짓말도 서슴지 않으며, 개인적 영달을 위해 쉽게 태도를 바꾸면서 아부하거나 영합하는 것이고, 탐욕스러움이란 금전과 물질적 집착뿐만 아니라 자리, 명예까지 탐하는 것을 말한다. 북한의 김정은은 고모부를 총살하고 이복(異腹) 형을 해외까지 추적하여 독살한 잔인한 지도

이범진
李範晉
1852~1910
조선, 대한제국

자다. 자기 혀마저도 자기 것이라고 주장할 수 없는 곳이 북한이고 정권이 바뀌면 제단이 차려지고 앞서간 정권 인사들이 줄줄이 제물로 바쳐지는 곳이 남한이다.

영국 언론인 출신 마이클 브린은 신문에 "분노한 민심을 단두대 삼아 대단치 않은 구실로 전직 대통령을 감옥에 보내는 한국 정치사"라고 썼다. 전두환, 노태우, 이명박, 박근혜… 정권이 바뀌면 또 누구 차례가 될지 알 수 없는 나라가 우리가 살아가고 있는 대한민국이다.

비겁함과 탐욕을 합쳐 놓은 최근의 본보기가 있다면 국민의힘 전 비상대책위원회 김종인 위원장이 아닌가 싶다. 그는 5공, 6공을 거치면서 국회의원, 청와대 경제수석, 장관까지 두루 요직을 거치면서 전(全), 노(盧) 대통령을 보필했던 대표적 5·6공 인사였고 국보위에도 참여했던 인사다. 2021년 3월 24일, 광주 5.18 묘지를 참배하고 방명록에 "5.18 정신으로 무너진 민주주의를 바로 세우겠다."고 썼으며 "5.18은 역사적으로나 법적으로 누구도 부정할 수 없는 사실로 확정된 사항"이라고 말했다.

다른 인사라면 그렇게 쓰고 말할 수 있을지 몰라도 그는 그럴 자격이 없는 인사다. 독일에서 박사학위를 받고 서강대학교에서 교수까지 역임한 지

마이클 브린
Michael Breen
1952~
영국

식인이자 그가 항상 자랑스러워하는 가인 김병로(金炳魯)의 손자로서 부끄럽기 짝이 없는 배신행위를 자랑하듯이 했다. 김종인은 흔히 말하는 민주화투쟁에도 참여한 바가 없다. 그러한 글과 말이 그의 진심이라면 5공, 6공에 참여하지 말았어야 했다. 지금도 진실을 두고 시비가 계속되고 있는 당대 역사를 두고 마무리된 역사로 단정 지으며, 정치재판 결과를 두고 법적으로 완결된 사항인 것처럼 말하는 것은 지식인으로서 양심을 저버린 주장이며, 시류에 영합하는 속물근성을 드러낸 행위다.

2021년 3월 26일, 천안함 추모를 위한 '서해 수호의 날' 기념행사에 문재인 대통령이 취임 후 두 번째로 참석했다. 첫 번째는 2020년 4.15 총선 직전이었고 이번 역시 4.7 서울·부산시장 보궐선거를 앞둔 시점에 참석했다. 문대통령은 천안함 폭침이 발생한 이래 한 번도 북한에 의한 폭침이라는 표현을 사용한 적이 없었고, 국군 통수권자로서 북한 측 책임을 거론한 바도 없었다. 국방부장관은 천안함 폭침을 두고 "불미스러운 충돌"로 표현함으로써 북한 측을 자극하지 않으려는 집권 세력에 동조하는 비굴함을 보였다. 그동안 천안함 추모행사에 대해 한 번도 논평하지 않던 더불어민주당은 "불굴의 영웅을 기억한다."고 했고 천안함 폭침 당시 "한미 연합훈련이나 미 해군의 핵잠수함과 관련이 있는 것 아니냐"는 음모론을 제기했던 더불어민주당 박영선 서울시장 후보가 "천안함 장병의 희생은 영원히 기록될 것"이라고 하자 유족들은 반성부터 하라고 분노했다. 말없이 잠든 천안함 영령들이 참된 위로를 받았을까? 위로를 받기는커녕 그러한 이벤트성 행사야말로 속이 빤히 들여다보이는 눈속임이며 권력자들이 벌인 집단 양심불량 과시 행사라고 생각하지 않았을까?

한국 지도층 인사들의 거짓과 위선이 안에서만 문제가 되고 있는 것이 아니라 국제사회에서도 문제가 되고 있다. 위안부 문제로 갈등을 겪고 있는 인접 우방국 일본 정치 지도자들은 "한국은 이상하다. 약속이라는 개념이 없다."고 하고 동맹국 미국 국무성은 「2020년도 국가별 인권보고서」에서 한국의 인권문제와 관련하여 표현의 자유 억압, 북한 인권침해 부각 저해 행위 등을 지적했다. 이러한 와중에 우리 외교부차관이 유엔 인권이사회에 참석하여 다음과 같이 연설을 했다.

"북한 주민들의 인권을 실질적으로 향상하기 위해 노력해왔다."

지도층 인사들에게 속는 데 익숙한 한국 국민들이라면 속아 넘어갈 수 있을지 모르지만 국제사회까지 속일 수 있다고 믿는 만용은 어디에서 나오는 것일까? 영혼이 메말라서일까, 양심이 없기 때문일까? 아마도 그 자신의 뒤에 포진하고 있는 서울의 권력자들을 의식했기 때문일 것이다. 마치 북한의 유엔대사가 유엔에서 평양을 염두에 두고 연설하는 것과 조금도 다를 바가 없다.

2021년 3월, 취임 후 처음 서울을 공식 방문한 블링컨 미 국무장관과 함께 온 오스틴 미 국방장관은 양국 외교·국방 장관 합동회담에서 "사드(THAAD) 기지를 지금 같은 상태로 계속 방치할 것이냐, 반드시 고쳐야한다."고 강한 어조로 발언했다. 이것은 그만큼 한국 정부에 대한 불신이 컸다는 사실을 추측하게 한다.

2017년 4월, 첫 사드(THAAD) 배치 이후 성주 기지에서 근무하는 한·미 장병 400여 명은 옛 골프장 클럽하우스와 컨테이너를 숙소로 사용하고 있는 상태다. 이러한 시설 개선 작업을 위한 공사 자재와 장비 반입이 번번이 사드 반대 단체와 일부 주민 반대로 막혀 있는 것은 정부의 의도적 방치와 군 통수권자인 문재인 대통령의 정치적 사보타지(sabotage)에 기인한다고 비판받아 마땅하다.

애국단체들의 광화문 집회를 방지하기 위해 경찰을 동원하여 차단벽을 설치함으로써 집회의 자유까지 유린한 정부가 중국의 눈치를 보면서 지방 시골의 소수 시민단체와 일부 주민의 불법 반대시위를 외면한 정부임을 미국이 모를 리가 없다. 오스틴 미 국방장관이 "계속 방치할 것이냐?"라고 발언한 것이 사실이라면 이것은 심각한 불신을 드러낸 표현일 수 있다. 국민으로부터 불신당하는 정부, 동맹국으로부터 불신당하는 국가, 조선조 말과 하등 다를 것이 없다.

2021년 5월 21일, 태평양 건너 미국의 수도 워싱턴 D.C.에서 조 바이든 (Joe Biden) 미국 대통령과 문재인 대통령 간에 진행된 정상회담 직후 백악관 기자회견장에서 있었던 극적 장면은 우리나라는 물론 미국에도 역사적 의미를 남겼다. 조 바이든 미국 대통령이 그 자리에 참석한 삼성, 현대, SK, LG그룹 대표들을 일으켜 세워 "Thank you!"를 연발하며 감사함을 표시했다. 우리의 입장에서 그것은 대한민국, 대한민국 국민을 향한 감사의 표시로 받아들여도 무방한, 1882년 조미(朝美) 수교 이래 139년 만

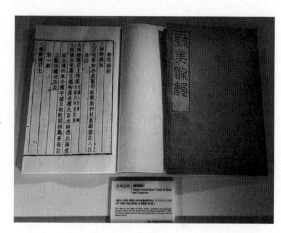

1882년 조미(朝美) 수교

에 처음으로 목격하는 역사적 순간이기도 했다. 이들 대기업은 44조 원(394억 달러)에 달하는 통 큰 투자 선물을 약속했고 문 대통령은 그 자리에서 영광을 누렸다.

분단국가, 최빈국, 전쟁으로 폐허가 된 신생 독립국가에서 미국의 보호와 도움을 받아 민족사(民族史) 이래 처음 자립적 국민경제, 자유시장경제 구축에 성공하여 세계 10위권 경제 강국 반열에 올라선 위상을 실감케 했다. 그 순간의 장면은 미국과 신생 독립국 대한민국의 윈-윈(Win-Win)을 국제사회를 향하여 보여준, 2차 세계대전 이후 자유세계가 이뤄낸 또 하나의 성공사례를 과시한 순간이기도 했다. 이것은 국가 간의 정상회담에서 흔히 볼 수 있는 한 순간의 단순 이벤트가 아니라 2차 세계대전이 끝난 후 미국이 마셜 계획(Marshall Plan)으로 폐허가 된 서유럽을 부흥시키고 패전국 일본을 재건한 데 이어 대한민국을 일으켜 세워 자유세계 진영에 합류시켜 성공을 거둔 세계사적 의미를 갖는다.

그러나 다른 한편으로 그 장면은 수많은 국민의 마음을 무겁게 했다. 산업화 과정을 겪지 못한 산업화 이후 세대가 무심하고 친북좌파, 반(反)자본주의 좌파들이 외면하며 여당인 더불어민주당 내 반(反)기업 인사가 한국 제1기업 삼성가의 거액에 달하는 미술품 헌납과 관련한 언론의 찬사에 구토증이 난다고 해도 한강의 기적을 이룩한 위대한 세대인 산업화 세대는 결코 무심할 수 없기 때문이다.

문 대통령과 그의 정부는 지난 4년간 국민의 우려와 비판에도 불구하고 친(親)노동·반(反)기업·반(反)시장 경제라는 좌파 노선으로 일관하면서 기업을 홀대하고 공정과 정의라는 정치·사회적 논리를 앞세워 온갖 반(反)시장적, 반(反)기업적 법을 만들고 규제를 강화함으로써 기업주들로 하여금 고통을 겪게 했을 뿐 아니라 지난 날 한강의 기적을 이룩한 지도자들과 산업화 영웅들을 적대시하고 끊임없이 비하해왔음을 잊을 수 없기 때문이다.

문 대통령은 회담 후 "정말 대접 받는 느낌이었다."는 감격에 겨운 듯싶은 소감을 SNS에 올렸다. 문 대통령은 자신이 누린 그날 그 순간의 영광이 누구 덕분인가를 생각이나 했을까? 지난 날 미국과 함께하고 일본의 협력이 있었기에 그러한 영광의 순간이 가능했음을 느끼기나 했을까? '대접 받는 느낌'이라는 것은 '감사함'과는 반대되는, 지극히 자기중심적이고 이기적인 표현이다. 사심이 없고 양심이 있는 국가 최고 지도자라면 자신이 손끝만큼도 보탬이 되어준 바가 없는 기업 대표들에 대해, 지난날의 산업화 영웅들과 역군들에 대해, 이들을 뒷받침한 국민에 대해, 동맹국 미국에 대해, '고마움을 느꼈다.'고 해야만 정상이다.

그러나 그렇게 하지 않음으로써 그는 감사할 줄 모르는, 겸손함도 없는 차가운 지도자이며 '한강의 기적'에 무임승차하여 영광을 누린 한때의 권력자에 불과한 모습을 보여줬을 뿐이다. 2020년, 경제계 지도자들이 정부에 대해 기업 관련 입법들과 규제에 대해 기업들의 고충을 반영해달라는 애걸에 가까운 호소를 냉정하게 거절했던 그로서는 어떠한 고마움도 느끼지 못했을 가능성이 높다.

백악관 기자회견장에서 조 바이든 미국 대통령이 보여준 연출 장면은 지극히 드문 경우에 속한다. 강대국에 의한 정상회담이나 기자회견에서 사용되는 언어 하나하나, 몸동작 하나하나는 사전에 계획되고 준비된 상태에서 이뤄지고 말 한 마디, 몸짓 하나에 정치적이고 상징적인 의미가 담겨 있다. 조 바이든 대통령은 외교문제 베테랑이자 평생 의회 정치인의 배경을 지닌 완숙한 정치 지도자다. 그날 그 순간의 연출도 사전 계획된 것으로 이해할 필요가 있다. 그는 한국의 4대 기업 대표들을 일으켜 세우고 "Thank you!"라고 함으로써 국제사회를 향하여 '보라! 미국이 가장 가난했던 분단국가이자 우리의 원조를 받아야만 했던 신생 독립국 대한민국이 이처럼 우뚝 섰고 이제 미국 땅에 44조 원(394억 달러)이라는 거액을 직접 투자하는 나라가 되었다. 이것이야말로 자유주의 정신에 근거한 가치 동맹의 결과가 아니겠는가!' 하는 무언의 과시를 했다고 볼 수 있다.

우리의 정치 지도자들이 이런 의미를 얼마만큼이나 이해하고 인식했을지는 지극히 의문스럽다. 코로나-19로 어려워진 경제회복을 서두르고 있는 미국에 대해 44조 원이라는 거액 투자약속이 없었더라면 문재인 대통령이 그와 같은 대접을 받을 수 있었을까? 아마도 불가능했을 것이다. 동맹국 간의 거래는 언제나 주고받는, 'give and take'라는 규칙이 적용된다는 것을 다시 한 번 확인한 기회였음을 기억해야 한다.

집권여당은 거짓되며 탐학(貪虐)스럽고, 제1야당은 비겁하고 기회주의적이며, 국민은 이들로 인해 날로 타락해가고 있다.

대중이란 현명해보이지만 어리석기도 한 집단이다. 타락하고 어리석은 국민은 아무리 분노해도 신(神)이 될 수 없고 가면을 쓴, 선의로 가장한 권력자들의 손에 놀아나는 꼭두각시일 뿐이다. 지금 한국은 정치적, 경제적, 사회적으로 뿐만 아니라 문화적 위기의 한 가운데 서 있는 타락한 국가라 해도 틀린 말은 아니다.

이 시각에도 우리 사회는 대형 권력형 부정부패 사건으로 소란스럽다. '사회 정의를 바라는 전국교수모임'은 '대장동 특혜 분양 의혹 사건'을 '정치, 법조, 지방행정기관에 의한 약탈적 부패 카르텔'로 규정했고 언론인 류근일 씨는 2021년 10월 11일, 조선일보 칼럼에서 '대장동 부패공동체'라는 제목 하에 '대장동 게이트'는 개별 부패사건이 아니라 일종의 조직범죄 양상이라고 단정했다. '대장동 게이트'란 경기도 성남시도시개발공사 주관으로 대장동 일대 토지를 수용, 최소의 투자로 수천억 원에 달하는 거액 폭리를 남겨 상식을 뛰어넘는 이익금을 나눠가진 사건으로서, 당시 성남시장이었던 현 집권여당 대선 후보인 이재명, 직전 대법관 권순일, 박근혜 탄핵

특검부장이었던 박영수를 비롯한 여러 명의 전직 검찰 고위간부, 언론인 출신 인사가 연루 의혹의 대상이 되고 있어 국민의 분노를 사고 있다. 만약 거론되고 있는 의혹들이 사실로 판명된다면 '양심불량국가'라는 오명을 피할 수 없게 되어 있으나 집권여당이 제1야당의 특검 요구를 거부하고 있는 상황에서 검찰 수사와 사법부의 재판 결과를 믿을 수 있게 될 것인지도 지금으로서는 의문이다.

국가 기능이 제대로 작동하는 구석이 한 군데도 없다. 이상한 광기(狂氣)가 휩쓰는 권력정치 만능시대이며 선량한 국민은 알지도 못하는 사이에 공모자가 되어가고 있는 시대다. 공직자들의 섬김을 받는 국민이 아니라 공직자들의 관리를 받고 살아가야 하는 미천한 대중으로 전락하여 권력자들이 마음껏 갉아먹는 먹잇감이 되고 있다. 영혼도, 양심도, 호주머니도 바닥이 드러날 만큼 갉아 먹히고 민주와 공화, 시장경제와 법치는 껍질만 남아 있는 '들쥐공화국 대한민국'이라는 이름에 손색이 없다.

전체주의 그림자

악령의 출현

정치학자인 노재봉 전(前) 국무총리가 2020년 8월 언론과의 대담에서 피력한 견해는 상식을 지닌 국민이라면 부정하기 어려운 진실이다.

"과거엔 자유민주주의라는 전제에서 '보수와 진보'가 대립했으나 현 정권에서는 이것이 무너지고 보수와 진보가 아니라 '자유주의 대 전체주의' 구도다. 문재인은 자유민주주의 체제를 바꾸려 하고 있다."

사상이 빈곤한 상태에 놓여 있는 절대 다수 국민은 현재 벌어지고 있는 집권여당과 제1야당 간의 충돌을 항상 그러했던 것처럼 정책을 둘러싼 충돌 현상으로 인식하는 타성에 젖어 있고, 우파정당으로서 역할을 다해야 하는 제1야당인 국민의힘은 자신들의 위치조차 제대로 정하지 못한 채 집권여당인 더불어민주당에 속수무책으로 끌려가고 있는 상황에서 문재인 좌파정권은 민노총, 전교조와 같은 광범위한 배후 세력과 결집력 강한 추종세력의 엄호 하에 체제 변혁 투쟁을 진행 중이다.

좌파정권이 추구하고 있는 변혁 투쟁은 2012년 대선 당시 승리하여 '2013년 체제'를 구축하고자 했던 체제 변혁 투쟁을 뜻한다. 당시 좌파진영의 전략가들이 결정한 '2013년 체제'란 주사파 정신, 즉 주체사회주의 사상에 입각하여 한반도 분단체제 해체로 냉전구도를 종식시키고 남북 연방제 실현으로 민족해방, 민족자주 사회주의 경제체제를 달성하고자 했던 청사진을 말한다. '2013년 체제' 실현을 결코 포기한 적 없는 친북좌파진영은 2017년 집권에 성공함으로써 2013년에 이루지 못했던 꿈을 이룰 수 있는 기회를 갖게 되고 성공 가능성이 어느 때보다 높아졌다는 확신 하에 총력 투쟁을 전개하는 과정에 있다고 판단하는 것이 합리적인 추론일 수 있다. 이 경우 현재 진행되고 있는 좌파진영의 변혁 투쟁은 '2013년 체제' 실현을 위한 투쟁이라고 해도 무방할 것이다.

이들의 투쟁 양상은 전체주의자들의 행태를 빼닮은 모습이다. 자유주의 벽이 높고 견고한 남한사회에서 이것을 무너뜨리고 저들이 바라는 새로운 체제를 구축하려면 극단적 노선을 선택하지 않을 수 없고 극좌 노선의 일반적 형태는 전체주의 노선이다.

현재의 좌파정권이 극좌 노선을 택하면서 성리학 일변도의 조선왕조 시대, 주체사상 일변도의 북한을 닮아가는 반면에 가짜 우파정당은 권력을, 명예를, 세속적 이익을 추구했던 제국주의 시대 부르주아, 즉 룸펜 부르주아(lumpen bourgeoise) 수준에 머물고 있다.

북한을 탈출한 다음 남한을 거쳐 미국에서 유학하고 그곳에 정착하여 북한 인권운동을 하고 있는 박연미는 한국의 좌파운동 양상을 '극좌(ultra left)'라고 단언했다.

김순덕 동아일보 기자는 2020년 12월, 자신의 칼럼에서 현 문재인 정권이 어떻게 전체주의 길로 가고 있는가를 구체적으로 썼다.

"경제3법(상법, 공정거래법, 금융감독법) 개정은 기업의 소유권을 흔들 수 있다. 노조법 개정은 해고 노동자도 주인 만드는 인민민주주의로, 5.18 역사왜곡특별법 제정은 표현과 사상의 자유를 훼손해 전체주의로 가는 길이다. 이미 온갖 규제로 거주 이전의 자유가 사라지고 내 집을 팔 수도, 살 수도 없는 판이다. 소유와 자유가 불안한 체제가 어떻게 민주주의인가?"

1980년대 운동권 출신이며 참여연대와 민변(민주화를 위한 변호사 모임) 출신으로 반(反)조국, 반(反)추미애 운동에 앞장섰던 권경애 변호사 역시 언론과의 인터뷰에서 전체주의 형태를 지적했다.

"지금 우리는 전체주의 권력의 법치 파괴를 목도하고 있다."

'사회정의를 위한 전국교수모임'은 오늘의 상황을 '유사 전체주의'로 규정했고 서울대 전상인 교수 역시 비슷한 글을 '양계장 대학과 586 민주독재'라는 제목으로 신문에 실었다.

"민주주의의 탈을 쓴 '운동권 전체주의'의 민낯이 점점 더 노골적으로 드러나고 있다."

전남 출신의 서강대 철학부 최진석 명예교수는 시 형식으로 통렬한 비판을 가하면서 전체주의 현상을 우려했다. 2020년 12월 9일 '5.18 민주화 역사왜곡처벌법'이 국회에서 여당인 더불어민주당에 의해 일방적으로 통과되자 12월 11일 자신의 페이스북에 「나는 5.18을 왜곡한다」라는 글을 올렸다. 그는 "지금 나는 5.18을 저주하고 5.18을 모욕한다. 그들에게 포획된 5.18을 저주한다."면서 다음과 같이 시를 썼다.

5.18아 배불리 먹고
최소 20년은 권세를 누리거라.
기념탑도 세계 최고 높이로 세우고
유공자도 더 만들어라.
민주고 자유고 다 헛소리가 됐다.

그는 그 후 언론과의 인터뷰에서 시를 쓴 심정을 솔직하게 말했다.

"권력이 법을 이용한 전체주의적 독재의 길로 가는 게 아닌지 우려스러워서 시를 썼다. 자기하고 생각이 다르면 심지어 살인자로 규정하는 것은 민주와 자유가 거의 밑바닥까지 내려간 것이다. 공화의 기본정신은 다른 사람과 함께 사는 것이다."

전남대 경제학과 김재호 교수는 온라인 게시판에 올린 글에서 다음과 같이 분노했다.

"특별법이 통과된 2020년 12월 9일은 대한민국의 민주주의, 법치, 그리고 광주와 호남의 위대한 민주주의 투쟁의 유산이 쓰레기통에 처박힌 불행한 날로 역사에 기록될 것이다."

'5.18 민주화 역사왜곡처벌법'이란 5.18에 대해 비판하거나 왜곡하면 징역형과 벌금형에 처하도록 규정한 법이다. 진실이 두렵다는 증거이자 사상의 자유, 양심의 자유, 표현의 자유를 유린하는 악법이다. 역사 기록에 대한 해석이나 견해가 개인에 따라 다를 수 있다는 것은 보편적 상식에 속한다. 오직 정치 권력자들이 인정하는 것만 수용하라고 법으로 강요하는 것은 전체주의 국가가 아니고서는 불가능한 폭거이자 폭압이다. '대북전단금지법'이나 '5.18 왜곡 처벌법'은 좌파정권이 민주공화정신을 뿌리째 갉아먹고 있다는 확인서와 다름없고, 이 땅 위에 전체주의 그림자가 드리워져 가고 있다는 명백한 증거들이다. 이탈리아의 파시즘(fascism), 독일의 나치즘(Nazism), 소련의 공산주의(Soviet communism)와 같은 전체주의는 20세기를 통하여 처절한 패배와 실패로 종말을 고한 역사의 악령으로 결론이 났음에도 한반도에서는 주체사회주의 이름으로 북한을 지배하고 이제 남한사회에까지 출몰하고 있다.

대의 민주주의는 이름뿐이며 공화주의는 자취를 감추었고 자유시장경제는 명맥만 겨우 유지하고 있다. 법치는 권력정치의 방편으로 전락했고 개인의 자리에 국가가 들어서고 사상의 자유, 양심의 자유, 표현의 자유는 국가에 의한 관리 대상이 되어가고 있다. 동맹의 자리에 민족이 들어서고 자유의 자리에 평등이 들어서며 개인의 경쟁과 성취와 부가 사회악으로 지탄을 받고 있다. 국회 다수 의석의 힘으로 당과 정권에 필요한 법을 무제한으로 만들어내고 법의 이름으로 못하는 것이 없다.

문재인 좌파정권이 전체주의의 길로 나아가고 있는 것은 일시적이거나 우발적인 것이 아니라 오랜 역사적 뿌리를 지닌 배경에서 비롯된 것이므로 쉽게 좌절되거나 끝나지 않을 가능성이 매우 높다.

전체주의(totalitarianism)란?

전체주의란 정의를 내리는 학자에 따라 차이가 있지만 큰 테두리 안에서 보면 개인주의(individualism)에 정반대되는 개념으로, 총체적 정치권력(total political power)이 국가를 지배하는 것을 뜻한다. 현재의 문재인 정권이 건국 이래 민주라는 방패를 앞세워 총체적 국가권력을 장악하고 통치하는 최초 정권이다. 유신 정권도 현 정권에 미치지 못하고 5공은 더더욱 미치지 못하는 수준이다.

정치 현실에 등장한 전체주의는 1930년대 이탈리아 무솔리니의 파시즘(fascism), 독일 히틀러의 나치즘(Nazism), 소련 스탈린의 공산주의(communism), 일본의 군국주의(militarism)다.

정치 지도자로서 '전체주의'라는 단어를 공개적으로 사용했던 인사는 영국의 처칠이다. 처칠은 1938년 10월 5일, 영국 의회에서 영국과 프랑스가

윈스턴 처칠
Winston Leonard Spencer
Churchill
1874~1965
영국

나치 독일에 의한 체코 영토인 슈테텐(Sudetenland 주데텐란트) 합병을 인정한 뮌헨협정(the Munich Agreement)에 반대하여 행한 연설에서 나치 독일이 전체주의 국가임을 언급했고, 2주 후 라디오 연설에서 '공산주의자 또는 나치스 폭군(A communist or a Nazis tyranny)'을 전체주의자들 (totalitarians)로 규정했다.

뮌헨협정(the Munich Agreement)

에드워드 카
Edward Hallett Carr
1892~1982
영국

『1984년』의 저자 오웰(G. Orwell)은 1936년 이후 직·간접으로 민주사회주의(democratic socialism)를 위하고 전체주의에 반대하기 위해서 글을 썼다. 영국 역사학자 에드워드 카는 『서방세계에 소련이 끼친 충격적 영향 The Soviet Impact on the Western World』(1946)에서 개인주의가 전체주의 성향으로 변모해가는 경향이 곳곳에서 생겨나고 있음을 경고했다. 철학자인 칼 포퍼는 『열린사회와 그 적들 The Open Society and Its Enemies』(1945)에서 전체주의의 사악한 영향에 대해 신랄한 비판을 가했다. 미국의 철학자 한나 아렌트는 『전체주의 기원 The Origin of Totalitarianism』(1951)에서 나치스 정권, 공산주의 정권과 같은 전체주의 정권이 과거 전제 폭군 정권들(the old tyrannies)과 어떻게 다른가를 다

칼 포퍼
Karl Raimund Popper
1902~1994

음과 같이 설명했다.

"전체주의 정권은 이데올로기의 힘으로 대중을 포섭, 포획하고 이데올로기에 근거하여 과거, 현재, 미래에 걸친 불가사의한 문제들에 대해 자신들이 바라는 단일 해답을 제시하는 특성을 지닌다. 나치스의 경우는 인종 투쟁(race struggle), 공산주의의 경우는 계급투쟁(class struggle)이다."

역사상 최악의 전체주의 체제는 스탈린 시대 소련 공산주의 체제였다.

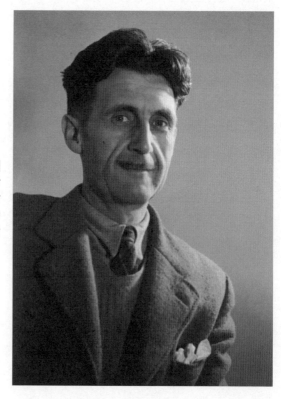

조지 오웰
George Orwell, Eric Arthur
Blair
1903~1950
영국

개인의 사상을 통제했고 그들이 규정한 적대계급을 탄압하고 소멸했다. 시장은 존재하지 않았고 당과 당의 통제를 받는 관료가 경제를 계획하고 관리했으며, 국가의 통제와 보호를 받는 개인은 당의 지시만을 따라야 하는 노예의 삶을 살아야 했다. 오늘날 북한과 남한의 친북 세력들 역시 공산주의에 바탕을 둔 주체사회주의에 입각한 계급투쟁 노선과 반일반미 민족주의에 입각한 종족투쟁 노선을 견지하고 있다. 북한 노동당이 노리고 있는 대남적화 통일 전략은 분단의 극복뿐만 아니라 남한 내 적대계급을 소멸함으로써 명실 공히 무산계급(無産階級, proletariat)이 주인이 되는 공산주의 통일국가 건설과 배타적 종족국가 건설을 전제로 하고 있다.

일찍이 조지 오웰이 과학기술의 발달이 대형(大兄, Big Brother) 사회를 출현시킬 수 있다고 예견했던 것이 21세기 현재 현실이 되어가고 있는 상황에서 IT 강국으로 자리를 잡아가고 있는 한국은 다른 어떤 나라보다 취약하다는 사실이 코로나-19 팬데믹을 겪는 과정을 통하여 점점 분명해지고 있다. 21세기 맑시스트로 자처하는 슬로베니아 철학자 슬라보예 지젝은 다음과 같이 말했다.

슬라보예 지젝
Slavoj Zizek
1949~
슬로베니아

"앞으로 디지털 전체주의가 지배할 것이다. 우리는 디지털 메커니즘 (digital mechanism)에 의해 그 어느 때보다 사회적으로 통제되고 있다."

세계 최대 소셜 미디어인 페이스북(Facebook)의 고위 임원이었던 팀 켄들 은 전지전능해진 알고리즘(algorism)이 세상을 지배하고 있다고 말하면서 페이스북 등 소셜 미디어의 해악을 폭로했다.

"유튜브, 페이스북 등은 알고리즘을 활용해서 당신이 좋아할 만한 콘텐츠를 끊임없이 제공한다. 당신을 중독되게 하여 좀비(zombie)로 만든다."

알고리즘이란 인공지능(AI)이 이용자의 인적 사항, 관심사 등 광범위한 정보를 분석해 이용자들에게 적합한 콘텐츠를 제공하는 규칙과 체계를 말한다. 켄들은 "알고리즘이 우리를 마음대로 조종할 수 있는 전례 없는 막대한 힘"을 우려하여 소셜 미디어 이용을 줄이는 데 도움을 주는 앱 '모멘트(Moment)'를 운용하고 있다.

최근 영국의 이코노미스트지는 중국을 21세기 '새로운 형태의 전체주의

팀 켄들
Tim Kendall
1978~
미국

국가'로 규정한 심층 분석 기사에서 시진핑 주도로 중국공산당 관장 하에 발전시키고 있는 '사회적 신뢰 시스템(Social Credit System)'으로 인민을 검색(screen)하여 개개인에 대한 신뢰 등급(rank)을 결정하고 활용하는 것을 예로 들었다.

우리는 이미 2020년 8월 15일, 광화문 집회에 참여한 시민들의 휴대전화 사용을 추적하여 개개인의 참여 정보를 수집·활용한 사례를 통해 한국 정부가 '디지털 전체주의 국가'로 변모해가는 음산한 모습의 그림자를 보았다.

우리가 이 시기에 관심을 갖고 주목해야 하는 것은 민주주의 국가가 전체주의 국가로 변모할 수 있다는 점이다. 『미국 민주주의 Democracy in America』(1835)의 저자 알렉시스 토크빌은 미국 민주공화국 체제의 위대

알렉시스 토크빌
Alexis de Tocqueville
1805~1859
프랑스

함을 인정하고 부러워하면서도 민주주의 미명 하에 다수가 소수를 무시하고 억압하게 되면 '다수의 폭군(tyrants of majority)'이 출현할 수 있음을 경고했다.

오늘날에 이르기까지 미국에서는 토크빌의 경고가 현실이 된 적은 없지만 지금 한국에서는 현실이 되고 있다. 여의도 국회는 다수의 폭군이 지배하고 있으며, 그들 위에 대통령이 군림하고 있다. 현재의 문재인 좌파정권 주역들은 민주화투쟁을 내세워온 인사들이다. 이들이 국가권력을 독점하게 되자 민주투사의 가면을 벗어던지고 인민민주주의자, 주체사회주의자 모습으로 룸펜 프롤레타리아 흉내를 내면서 전체주의의 길로 나아가고 있다.

현 정권은 행정부, 입법부, 사법부를 완벽하게 장악함으로써 명실 공히 국가에 대한 총체적 지배가 가능한 건국 이래 최초의 정권이 되었다. 이렇게 되면 관료집단은 정권의 통치 도구로 변질되어 권력집단의 손발이 되고 정권을 지지하고 추종하는 지식인들과 평범한 대중은 폭민으로 변한다. 심지어 종교계까지 손을 뻗쳐 정권에 부역하도록 하는 수법은 나치스의 수법을 연상케 한다. 정권과 갈등을 겪고 있던 윤석열 전 검찰총장을 끌어내기 위해 검찰 개혁이라는 명분을 앞세운 정권에 영합하여 '종교인 100인 선언'이니 정의구현사제단이 끼어든 '천주교 사제 수도자 선언,' 또는 '검찰 개혁을 열망하는 그리스도인들'이니 하면서 맞장구를 쳤다. 정치 권력과 관료집단과 폭민의 동맹은 자본과 정치권력 간의 동맹보다 훨씬 위험하다. 자유가 질식하고 법치가 무너지면서 그 자리에 정권의 지배 이데올로기가 들어서기 때문이다.

전체주의 국가가 지닌 가장 큰 특징은 도그마적 지배 이데올로기에 대한 의존성이다. 전체주의 체제를 작동시키는 원초적 에너지는 체제를 떠받치는 지배 이데올로기에서 나온다. 나치스가 인종주의에 의한 유대인 말살 정책을 추진하고 소련 공산주의자들이 계급투쟁론에 입각하여 비(非)

프롤레타리아 계급 소멸을 추진했던 것이 대표적인 역사적 사례다. 현 좌파정권의 지배 이데올로기는 정권 심장부에 포진하고 있는 주사파 이데올로기, 즉 주체사회주의다. 주체사회주의는 북한식 공산주의, 김일성·김정일식 공산주의다.

남한의 주사파 인사들이 읊어대는 주문(呪文)은 '위수김동,' '민족해방,' '자주통일,' '반일 반미,' '친북 친중,' '반(反)기업 친(親)노동,' '반(反)개인주의 친(親)공동체주의,' '반(反)경쟁 결과적 평등'이다. 전체주의 국가의 지배 이데올로기가 역사적으로 지니고 있는 공통점은 허위성과 사악성이다. 이들이 내세우는 이데올로기적 거짓은 신성불가침의 진리처럼 신앙적 대상이 되어 인간을 일시적으로 마비시키고 타락시킨다.

『전환시대의 논리』와 『해방 전후사의 인식』과 같은 왜곡되고 과장된 조잡한 논리의 세례를 받은 주사파들이 1980년대부터 한국 정치 사회 변화를 주도해왔고 지금은 권력 심장부에 포진하여 색깔론으로 우파의 입을 틀어막으면서 정치무대를 좌지우지하고 있다.

지배 이데올로기가 신앙이 되면 수단은 무제한으로 동원되고 과격성과 잔인성을 띠게 된다. 현 정권이 출범 직후 '적폐 청산'이라는 미명 하에 반대세력에 대해 잔인하고 철저한 보복을 가한 것이 단적인 예다. 아렌트가 "상황에 따라 말을 바꾸는 데 어떤 양심의 가책도 받지 않는다는 점에서 전체주의적이다."라고 언급한 점은 현 정권 하에서 우리가 매일 매시간 접하고 있는 현상과도 일치하고 있다. 전체주의 국가에서 지배 이데올로기는 양심보다, 정의보다, 공정보다, 그 어떤 것보다 중요하고 우선한다.

폭민(暴民, mob)의 출현

　전체주의 체제는 필연적으로 폭민의 출현을 초래하고 폭민은 집권세력의 전위대가 되고 엄호대가 된다. 폭민이란 양심의 가책을 느끼지 않는, 맹동주의자들로서 우두머리를 받들고 기존의 질서와 법치를 우습게 여기며 정의를 독점한 것처럼 말하고 행동하는 무리다. 이들은 이성적이기보다 감성적이며 합리적이기보다 충동적이고 포용적이기보다 적대적이다. 집단의식이 개인의 이성을 마비시키고 보복 심리와 증오심을 조장함으로써 선과 악의 경계를 무너뜨리고 광신주의자, 독단주의자로 만든다.

　20세기 전(全) 기간을 통하여 가장 극적인 사례가 문화대혁명(文化大革命, 1966~1976) 기간 중 모택동을 추종하며 중국 천하를 휩쓸었던 '홍위병'들이다.

　"폭민의 두드러진 특징은 경신(輕信)과 냉소(冷笑)의 혼합이다."

　이 역시 아렌트의 말이다. 경신이란 맹목적이고 냉소란 반대 세력에 대한 차디찬 비웃음으로, 폭민이 지배 이데올로기에 젖어 우두머리, 지배자들을 추종할 때 보이는 태도다. 조국 일가족 수사를 둘러싸고 나타났던 '조국 수호대'와 문재인 대통령을 비판하면 벌떼처럼 들고 일어서는 속칭 '문빠'의 행태가 최근의 사례들이다. 현 정권 탄생의 공로자라고 할 수 있는 민주노총이 당국의 경고에도 아랑곳하지 않고 2021년 7월, 조합원

8,000여 명을 동원해 위중한 코로나-19 방역망을 무시하고 서울 도심에서 불법 시위를 감행한 것 때문에 경찰이 양경수 민노총 위원장을 소환·조사코자 했으나 불응했고, 구속영장이 청구되었을 때 법원의 영장 실질 심사를 거부했을 뿐만 아니라 구속영장이 발부된 후 5일째 되는 날에는 경찰을 조롱하듯 조합원들의 보호를 받으며 기자간담회를 갖고 경찰을 비난하며 10월 총파업 준비에 힘을 쏟을 것이라고 했다.

불법을 저지른 집단이 법치국가에서는 상상할 수 없는 치외법권(治外法權)을 행사하고 정권 눈치를 살펴야 하는 경찰·검찰은 소극적이고 비겁한 대응 조치를 취하는 모습들이 두드러진 폭민 현상이다. 무리가 똑같은 목소리로 말하고 일사분란하게 행동할 때 이들은 전체주의 폭민이 된다. 이들 폭민을 만들어내는 자들은 전체주의 지배 이데올로기로 무장한 지식인들이다. 이들이 국가 수사기관은 물론 심지어 진실 확인이라는 구실을 내세워 정부로부터 권한을 부여받은 한시적 조사위원회가 자신들이 원하는 조사 목적을 달성하기 위하여 거짓증인들인 위증자(僞證者)들의 출현을 부추기고 환영함으로써 시민의 영혼을 타락시키는 자들 역시 이들 지식인들이다. 이들이 사회를 장악하고 지배하게 되면 악한 자들이 두려움을 상실하고 선한 자들이 희망을 상실하게 되는 것을 피할 수 없다.

문재인 좌파정권이 전체주의 길을 걷고 있다는 증거들은 수없이 많다. 법 위에 당이 있고 당 위에 대통령이 군림하고 있는 교과서적 전체주의 형태가 실재하고 있는 곳이 대한민국이며, 가장 두드러진 무대가 입법부인 국회다.

다수의 폭군(tyrants of majority)

우리나라는 국회의 다수 의석을 차지하고 있는 더불어민주당이 민주공화국 체제를 하이재킹(hijacking, 강탈)하면서 문재인 대통령을 정점으로 국정을 일방적으로 요리하고 있는 나라다. 좋게 말하면 과두정치(寡頭政治, Oligarchy) 체제이고 나쁘게 말하면 전체주의 체제다. 권력을 사유화하고 남용하면서도 책임은 지지 않는다. 필요할 때마다 법을 만들어내고 법의 이름으로 하지 못하는 것이 없다. 국고를 탕진하고 국민의 호주머니를 털어가고 안보를 훼손해도 막을 길이 없다.

우리 국민은 '대통령 1인 독재'에 대한 인식은 강하지만 다수 의석을 차지한 집권여당에 의한 '입법부 독재'에 대해서는 인식이 약한 편이다. 정치학 이론에서 다수 의석의 힘으로 독재를 일삼는 입법부를 '다수의 폭군(tyrants of majority)'으로 규정하고 있다.

고대 역사에 등장하는 대표적 본보기가 '30참주(僭主, The Thirty Tyrants)' 기록이다. '30참주'는 펠레폰네소스 전쟁(Peloponnesian War, BC 431~BC 404)에서 스파르타(Sparta)에 패배한 아테네(Athens)를 BC 404년~BC 403년 사이에 지배했던 30명의 독재적 집정관들을 일컫는다. 대통령 1인 독재보다 입법부 독재, 즉 다수의 폭군에 의한 독재가 훨씬 위험하고 해롭다. 2020년 4.15 총선 결과 총 300석의 의석 중 제1야당이 102석을 차지한 것에 비해 174석을 확보한 더불어민주당은 무기력하고 퇴행적인 제1야당을 조롱하듯 국민을 들먹이고 개혁을 외치며 거리낌 없이, 거침없는 일방적 폭주를 하고 있다. 지금의 여당은 과거 집권 좌파정당에 비해 이념성이 훨씬 강하고 변혁 투쟁을 감추지 않는 급진성과 과격성을 지닌 174명의 참주 집단에 가깝다. 고대 그리스의 사상가들이, 19세기 프랑스의 토크빌이 경고했고 미국의 제임스 매디슨이 그토록 우려했던 현상인 '다수의 폭군'이 민주공화국임을 자처하고 있는 대한민국에서 출현하고 있다.

미국의 4대 대통령을 지낸 제임스 매디슨(James Madison, 1751~1836)

은 미국 헌법 제정 당시 국가 차원의 단일권력(single national authority) 체계 수립, 주권재민(popular sovereignty) 채택, 다수의 폭군에 의한 전제정치(majoritarian tyranny) 방지라는 세 가지 주요 원칙을 강조하는 가운데 다수의 폭군에 의한 전제정치 출현 방지를 가장 중요시했고 이를 위해 확립된 것이 삼권분립, 견제와 균형 원리, 법치주의다.

미국 헌법의 아버지(the Father of the Constitution)로 불리는 매디슨은 폭군적 다수에 의한 독재야말로 인간이 가장 두려워해야 할 최악의 전제정치임을 단언했다. 뛰어난 지성과 지혜의 소유자였던 그는 그러한 최악의 현상 출현을 방지하려는 제도적 장치가 성공적으로 작동하려면 개인과 개인, 정파와 정파 간에 관용과 타협이 반드시 수반되어야 한다고 강조했고 관용과 타협 정신이야말로 민주공화국 체제를 유지시켜주는 정치적 미덕이라고 역설했다.

우리 국민 다수가 정치 현실을 비관적으로 보게 되는 결정적 원인도 관용과 타협이 없는 정치 환경 때문이다. 21대 국회가 시작되고 정권 연루 사건들이 복잡하게 얽히는 가운데 제1야당과의 협조가 여의치 않자 공수처장 임명 시 야당의 동의를 필요로 한다는 조항을 삭제한 '개정 공수처법'을 일방적으로 통과시키고, 문재인 대통령의 독촉에 부응하여 속전속결로 공수처장을 임명했으나 공수처법을 반대했던 야당과 다수 국민들이 정권 수호용이라고 우려했던 점이 당장 현실로 나타나 비판을 받고 있다.

대통령의 수족으로 알려진 이성윤 서울중앙지검장이 피의자 신분으로 공수처 조사를 받으러 갈 때, 김진욱 공수처장이 자신의 관용차를 이용하게 하고, 검찰이 수사를 끝내고 다시 공수처로 보내면 공수처가 기소 여부를 결정하겠다고 함으로써 이성윤 지검장을 재판에 넘기지 않겠다는 의도를 드러냄과 동시에 공수처가 정권 수호용이라는 우려가 틀리지 않았음을 짐작할 수 있게 했다.

북한의 김여정이 대북전단 살포를 금지시키라며 "법이라도 만들라!"고 협박성 요구를 하자 4시간여 만에 통일부는 "준비 중"이라고 화답했다. 북한 주민에게 진실을 알리는 전단을 날려 보내면 벌금을 부과하고 감옥으로 보낸다는 내용으로 된 법이 '대북전단 살포금지법'이다. 법이 국무회의를 거쳐 발표되자 즉각 국제사회의 비판이 쏟아져 나왔다.

같은 날 미 국무부는 "북한으로 자유로운 정보 유입이 중요하다."는 공식 입장을 발표했고 미 의회 내 초당적 인권 기구인 랜토스 인권위원회는 의회 청문회를 열겠다고 했다. 미 국무부의 전·현직 고위 관료들은 "부도덕하다."고 비판했고, 국제인권단체들은 "한국이 과연 민주주의 국가가 맞느냐?"고 의문을 제기했다.

이와 같은 국제사회의 비판에 대한 정부여당의 반박과 대응은 인권 부재국가, 독재국가 수준에 머물렀다. 이낙연 당시 여당 대표는 미 의회를 향해 "유감스럽다."고 했고 더불어민주당은 "한국 내정에 대한 훈수성 간섭"이라고 반발했다. 이들의 반박은 국제사회로부터 인권탄압 비판을 받을 때마다 주권침해니 내정간섭이라고 반박하는 러시아, 중국, 북한과 같은 전체주의 국가들의 대응 방식과 다르지 않다.

제2차 세계대전이 끝난 이후 인권(human rights) 문제는 독립국가의 주권문제가 아니라 UN 주도 하에 국경을 초월하여 국제사회의 공동 관심사로 다뤄지고 있는 인류의 보편적 가치, 즉 인간 존엄성과 직결된 문제다. 인권탄압을 받는 개인 또는 집단에 대해 국제사회가 공동으로 옹호하고 심한 경우 탄압 책임자를 국제사법재판소에 회부하여 법의 심판을 받게 하고 있다. 1970년대 미국의 카터 행정부와 한국의 박정희 정권 간에 있었던 심각한 갈등 원인 중의 하나가 재야 정치 지도자들에 대한 인권탄압이었고 당시 YS, DJ를 비롯한 인사들이 미국 조야가 박정희 정권에 대한 압력과 영향력을 행사해 줄 것을 지속적으로 호소했음을 기억한다면, 그처럼 유치하게 반박하기 어려웠을 것임에도 그러한 반응을 보인 것은 무지하거나 망각해서가 아니라 전체주의 체제를 구축해가는 과정에서 생겨날 수밖에 없는 필연성 때문이다.

UN 인권위원회에서 활동한 경력이 있는 당시 강경화 외교부장관은 미국 CNN 방송과의 인터뷰에서 "표현의 자유는 절대적인 것이 아니고 제한될 수 있다. 섭성지역 주민의 안전을 위한 조치."라고 해명했으나 접경지역 주민은 군의 보호를 받고 있고 대북전단 살포로 인해 안전을 위협받는 주민은 최소한 지난 15년간 한 사람도 없었다. 여당은 접경지역 주민들과 간담회를 열고 주민의 생명과 안전을 위한 조치임을 강조함으로써 그동안 접경지역 주민들이 대북전단 살포로 인해 위협을 받아온 것처럼 가소로운 연극을 연출했다.

2021년 3월, 외교부차관은 유엔 인권이사회 연설에서 "우리 정부는 북한 내 인권 상황에 엄청난 관심과 우려를 갖고 있다. …북한 주민들 인권을 실질적으로 향상하기 위해 노력해왔다."고 하자 국내 한 신문에서는 '소가 웃을 일'이라며 비꼬았다. 5년 전 제정된 '북한인권법'에서 설치하라고 규정한 '북한인권재단'의 사무실은 재정적 손실을 이유로 폐쇄했으며 북한 인권대사도 임명한 적이 없다. 세월호, 5.18과 관련된 진상조사는 9번이나 반복하여 세금을 남용하면서도 법적으로 설치·운영하게 되어 있는 북한인권재단 사무실은 재정적 손실을 구실삼아 폐쇄한 것을 납득할 수 있는 국민이 얼마나 될까? 2019년 정부는 귀순 의사를 밝힌 북한 어민 2명을 흉악범이라며 강제 북송하고 국회에서 "북한 어민들이 죽더라도 돌아가겠다."고 했다는 거짓말을 했다. 권력을 독점하고 있는 전체주의 국가들의 상투적 수법 중 하나가 궤변과 거짓말이다.

대북전단금지법을 가장 신랄하게 비판한 인사는 미국인 프레드 웜비어다. 그는 2017년 북한에서 17개월간 억류되었다가 풀려난 지 엿새 만에 숨진 미국 대학생 오토 웜비어의 아버지다. 2020년 12월 9일 공포된 대북전단금지법에는 위반 시 3년 이하 징역, 3천만 원 이하 벌금에 처하도록 명시되어 있다. 웜비어는 이 법을 두고 "민주주의 국가에서 있을 수 없는 독재자나 하는 짓"이라고 하면서 "문 대통령이 탈북민을 희생 삼아 김정은, 김여정 남매한테 굽실거리고 있는 북한의 꼭두각시가 되었다. 우리는 김정은 정권의 끔찍한 인권 피해와 거짓말의 피해자였다. 여기에 굴하지 않고 그들과 맞서 싸우는 일이 얼마나 중요한지 잘 알고 있다."고 힘주어 말했다. 프레드 웜비어는 유태계 미국인이다. 나치 시대에 최악의 인권 피해를 당했던 유태인들은 인권문제에 관한 한 지구상에서 가장 민감한 사람들이며 미국 사회, 미국 정치에 절대적 영향력을 미치고 있음을 감안할 때 웜비어의 발언은 결코 가벼운 것이 아니다.

  '대북전단금지법'이 한국이 전체주의 국가로 나아가고 있음을 알리는 서곡(序曲)이라면 '5.18 역사왜곡처벌법'은 전체주의 국가임을 확인하는 인증서(認證書)라 할 수 있다. 5.18 문제는 1996년 대법 판결로 5공 주역들이 처벌을 받고 마무리되었으나 지금도 진실을 두고 시비가 계속되고 있는 당대의 역사 문제. 진실을 둘러싼 시비가 끊이질 않고 계속되고 있는 것은 김영삼 정권이 '역사바로세우기'라는 구실로 헌법이 금지하고 있는 '소급입법'인 특별법을 만들어 사법부의 손을 빌려 5공 주역들에 대한 정치보복을 감행한 정치재판 결과로 인해 생겨난 현상이기 때문이다.

  모든 정치재판은 당대의 권력주체가 정치 목적을 달성하기 위하여 사법부의 손을 동원하여 법의 이름으로 정적 또는 반대세력을 처벌하거나 제거하는 공통점을 지니고 있기 때문에 세월이 가고 정치사회적 환경이 정상화되면 재심이 이루어지고 무죄가 되는 것이 통상적이다. 정치재판은 민주주의 역사가 짧고 법치주의가 뿌리를 내리지 못하고 있는 신생 독립국가 또는 정치적 후진국가에서 빈번히 생겨나는 것이 일반적 현상이다.

우리의 경우 과거 조봉암 사건, 윤필용 사건이 있었다. 조봉암은 이승만 정권에 의해 간첩 누명을 쓰고 재판을 받고 처형(1959)되었으나 2011년 대법 판결로 무죄가 되고 복권되었으며, 윤필용 장군 등이 1973년 불경죄로 박정희 대통령 지시에 의해 구속되고 징역형을 받았으나 2010년에 무죄가 되고 명예가 회복되었다. 양식 있는 국민 다수의 반대에도 아랑곳하지 않고 5.18을 왜곡하거나 비판하면 감옥에 보내고 벌금형을 가하도록 되어 있는 법이 '5.18 역사왜곡처벌법'이다. 이 법은 단순히 광주시민에게만 국한되는 것이 아니라 자유민주주의, 양심의 자유, 표현의 자유, 학문의 자유와 직결되는 자유주의 본질의 문제다.

이 법의 제정을 최초로 거론한 인사는 현 국정원장이며 20대 국회의원이었던 박지원이다. 21대 국회가 시작되자 광주 출신이자 삼성그룹 임원 출신인 더불어민주당 양향자 의원을 필두로 다수 의원들이 동조해서 생겨난 법이며 배후 인사는 대선 당시 광주시민의 요구를 수용하겠다고 공약한 바 있는 문재인 대통령이다.

이 법은 히틀러가 '아리안 조항 Aryan Paragraph'으로 유태인을 핍박하고 말살하려 했던 악법을 연상하게 한다. 1996년, 대법 판결로 마무리된 사안임에도 불확실한 낭설이나 의문이 제기될 때마다 정권 차원의 조사위원회가 구성되어 진상조사를 벌였고 지금도 9번째 조사를 진행하고 있다. 형법상 일사부재리 원칙은 더 이상 거론조차 되지 않고 있는가 하면, 현 정권을 지지하고 추종하는 사람들은 대한민국 정통성을 부정하고 6.25 남침을 북침이라 말하고 KAL 858기 폭파사건이 북한 소행임이 만천하에 드러났음에도 남한 정부에 의한 공작 결과인 것처럼 거듭 의문을 제기하며, 북한에 의한 천안함 폭침을 남한 측에 의한 사고인 것처럼 주장하고 있다.

5.18 역사왜곡보다 훨씬 심각한 왜곡이자 허위주장임에도 문제를 삼기는 커녕 오히려 동조하는 듯한 입장을 취해온 것이 현 정권이다.

최근 사법부가 전두환 전(前) 대통령의 회고록 일부 내용과 관련해서는 고소인들의 요청을 받아들여 광주지방법원에서 수년째 재판을 진행하고 있으면서도 그동안 불온서적이었던 북한의 대표적 선전물인 김일성의 회고록 『세기와 더불어』에 대한 판매·배포 금지 신청을 기각함으로써 바야흐로 대한민국이 친북좌파 천하임을 실감케 했다.

박정희 회고록이 북한에서 출판·판매될 수 있을까? 상상조차 불가능한 일이다. 찬양 일색인 김일성 회고록이 합법적으로 판매되고 읽혀지게 되면 북한군 수십만의 대남 위협보다 더 큰 위험을 초래할 수 있음을 사법부가 몰라서일까? 아닐 것이다. 아마도 그러한 결과를 내심 바라고 있는지도 모를 일이다. 김일성 회고록 판매·배포는 일개 판사에 의해서 결정되거나 법에 의해서 결정될 문제가 아니라 체제 존립과 관련된 고도의 정치적 문제이므로 체제 차원에서, 정권 차원에서 다루지 않으면 안 되는 문제다.

그러나 현 정권은 애써 외면하고 있고 지식사회 역시 조용하다.

북한의 협박성 요구를 받아들여 '대북전단금지법'을 제정한 정권이 선전 전단에 비해 비교할 수 없을 만큼 위험한 김일성 회고록 판매·배포를 허용·방치함으로써 다시 한 번 현 정권의 속성에 대해 의문을 갖게 하는 요인이 되고 있다.

문재인 대통령은 2021년 4월 3일, 제주 4.3 사건 희생자 추념식에 국방부장관, 경찰청장을 대동하고 참석하여 국민이 기억해둘 만한 추념사를 했다.

"완전한 독립을 꿈꾸며 분단을 반대했다는 이유로 국가권력은 폭동, 반란의 이름으로 무자비하게 탄압했다.”

'제주 4.3사건'이란 분단 반대, 단독정부 반대, 통일정부 수립을 주장하며 1948년 5월 10일 제헌 국회의원 선거를 무산시키기 위하여 제주지역 남로당이 일으킨 무장반란을 정부 토벌대가 진압하는 과정에서 다수의 사상자가 발생한 사건이다. 문 대통령은 추념사를 통하여 당시 남로당 무장반란을 신압했던 군·경을 국가폭력으로 규정하고 무장반란을 일으킨 남로당원들을 국가폭력에 의해 무자비하게 탄압받은 피해자로 둔갑시키면서 추념식장을 역사 왜곡의 무대로 만들었다.

문 대통령이 비서실장으로 보좌했던 노무현 전(前) 대통령은 '제주 4.3사건 진상보고서'에서 "남로당 무장대와 토벌대 간 무력 충돌과 토벌대의 진압과정에서 수많은 주민이 희생된 사건"으로 규정함으로써 균형을 취하려고 한 데 비해 문 대통령은 아예 남로당 편에 선 추념사를 함으로써 좌편향의 이념성을 여지없이 드러냈을 뿐 아니라 '역사바로세우기' 재판 판결문을 연상케 하는 내용이었다.

2021년 6월, 여당인 더불어민주당은 좌파들의 숙원이던 '여순 반란사건'을 다시 조사하기 위한 특별법을 통과시켰다. 특별법 산파역으로 알려진 여수지역사회연구소 이영일 이사장은 한겨레신문과의 인터뷰에서 20년 만에 결실을 본 "특별법 제정은 국가폭력을 범죄로 인정했다는 의미가 있다."고 했다. 조사도 착수하기 전에 반란 진압군을 국가폭력으로 단정함으로써 그들의 저의를 드러냈다.

역사바로세우기 재판으로 출동한 계엄군이 국가폭력으로 단죄되고 제주 4.3사건 당시 진압군이 폭력집단으로 매도된 데 이어 여수반란 진압군도 국가폭력으로 둔갑할 가능성이 한결 높아가고 있다.

인간과 동물을 구분하는 기준은 회의(懷疑, skepsis)하는 능력 여부다. 동물이 생존본능에 따라 생각하는 능력이 있다는 점에서 인간과 다르지 않지만, 자신의 삶, 삶의 환경, 자연 현상 등에 대한 회의는 인간만이 가능하다. 회의란 참된 긍정과 확신을 구축하기 위한 선행 조건이며 진리와 진실에 도달하기 위한 건전한 불신(不信)을 뜻한다. 회의는 인간에게 주어진 천부적 특권이자 삶의 동반자다. 인간이란 회의하는 존재이며 모든 것이 회의의 대상이다.

인간 개인과 인간사회의 발전은 모두가 회의로부터 시작되었다.

회의하는 자유에서 확대된 것이 양심의 자유, 사상의 자유, 표현의 자유, 선택의 자유다. 보이는 것보다 보이지 않는 것, 귀로 듣는 것보다 들어보지 못한 것이 훨씬 더 많은 것이 인간 세상이자 자연 세계다. 따라서 보이지 않는 것에 대한 회의, 들어보지 못한 것에 대한 회의는 발견, 발명, 발전의 출발점이다. 회의하는 과정에서 선택을 하게 되고 선택에 대한 정당성을 확신할 때 양심의 힘을 빌려 자유로운 표현, 즉 표현의 자유를 실천하게 된다. 인간이 이상과 같은 경험적 결론에 도달하기까지는 긴 세월에 걸친 피나는 노력과 가혹한 투쟁을 거쳐야만 했다. 르네상스, 종교개혁, 계몽주의 시대, 미국 혁명, 프랑스 혁명 등의 영향과 토양에서 자라난 것이 회의하는 자유, 선택의 자유, 양심의 자유, 사상의 자유, 표현의 자유이고, 20세기 전체주의 광기의 시대, 동서냉전을 거치면서 보편성을 갖는 인간의 존엄성을 담보하는 불변의 가치로 자리 잡은 개념들이다.

자유사회에서 "의문을 갖지 말라," "시비를 하지 말라."고 하는 것은 인류의 보편적 가치를 거부하고 인간이기를 포기하라는 강요다. 회의를 거부당하는 인간은 동물과 다를 바 없는 존재가 될 수밖에 없다. 더불어민주당이 다수의 힘으로 통과시킨 '대북전단 살포금지법'과 '5.18 역사왜곡처벌법'은 북한과 같은 전체주의 국가에서만 가능한 법들이다. 문재인 정권은 이 두 개의 법률 제정과 실시로 국민과 국제사회를 향하여 "대한민국은 더 이상 자유민주주의 국가가 아니라 전체주의 국가로 나아가고 있는 국가"임을 선포한 셈이다.

자유민주주의 국가들 중에서 역사 문제나 시비가 끊이지 않고 있는 중대한 정치·사회적 사건에 대한 해석 때문에 감옥으로 가야 하는 국가는 없다. 더욱이 당대 역사나 주요 사건을 법의 이름으로, 신성불가침한 영역으로 보호하는 것은 오직 전체주의 국가에서만 가능하다. 만약 주권자인 국민이 이러한 것들을 계속 묵인하고 방치한다면 주권자로서 갖는 헌법적 책무를 저버리는 것이 된다.

우두머리 정치

전체주의 국가에서 최고 권력자는 신성불가침의 존재다. 북한에서는 김 정은을 비판만 해도 총살형을 당한다. 자유주의 체제 국가에서는 대통령 이나 수상은 정치 코미디의 대상이 되고 대중의 조롱을 받아도 웃음으로 받아넘긴다. 그러나 민주화에 성공하고 촛불혁명 정권임을 자랑하는 세력 이 집권하고 있는 한국에서는 대통령을 잘못 건드리면 체포되고 감옥으로 보내진다. 국회를 방문한 문재인 대통령에게 신발 한 짝을 던지며 항의했 던 북한 인권단체 대표는 결국 구속되었고 구속영장에는 '대통령에게 적 개심을 가지고 있는 자'로 적시되었다.

대학 캠퍼스에 대통령을 풍자하는 대자보를 붙인 20대 청년도 학교 측 의 불(不)처벌 의사에도 불구하고 건물 침입 혐의로 재판에 회부되어 유 죄선고를 받았다. 지하철역에서 대통령을 비판하는 내용의 전단을 배포하 던 50대 여성을 경찰이 바닥에 쓰러뜨리고 팔을 등 뒤로 꺾어 수갑을 채 운 뒤 질질 끌고 갔다.

전체주의 국가는 신성불가침한 존재인 최고 권력자의 의지가 모든 것 을 결정하고 최고 권력자의 명령이나 지시 이행을 위해서 법과 규정은 필 요에 따라 수시로 무시된다. 김학의 전 법무부차관에 대해 문재인 대통령 이 출금조치 5일 전 "검경 지도부가 조직의 명운을 걸고 철저히 진상을 규 명하라."고 명령하자 관계기관은 김 전(前) 차관에 대한 출국금지 관련 공

문서를 위조하여 2019년 3월 인천공항에서 긴급 출금조치를 취했다. 공문서 위조에 대검찰청 현직 검사가 관여하고 법무부는 확인도 하지 않고 출금조치를 취한 사실을 2021년 1월 공익제보자(당시 의정부지검 장준희 부장검사)가 폭로했다. 당시 김학의 전(前) 법무부차관은 피의자 신분이 아닌 상태에서 출국하려다가 출금을 당했다.

울산시장 선거 당시 문 대통령이 "30년 지기의 당선이 소원"이라고 하자 대통령 비서실이 조직적으로 동원되어 후보자 매수, 경찰 하명 수사, 공약 협조 등으로 당선시켜 수사 대상이 되었다.

"언제 폐로(閉爐)되느냐?"는 문대통령 말 한 마디에 월성원전 1호기 가동이 중단되고 이를 뒷받침하기 위해 관계부처 장관을 비롯한 공무원 등이 보고서를 조작하고 증거 문서 444건을 한밤중에 삭제한 것이 드러나 조사를 받게 되고 재판이 진행 중이다.

2020년 9월 문 대통령은 우파 단체들에 의한 10월 3일 개천절 집회를 앞두고 "어떤 관용도 기대할 수 없을 것"이라며 "반(反)사회적 범죄로 집회나 표현의 자유라는 이름으로 옹호해서는 안 된다."고 하자 경찰은 광화문 전역에 차벽을 설치하고 원천봉쇄 조치를 취했다. 민노총이 2020년 10월 14일 전국 70여 곳에서 민중대회를 위한 집회를 열고자 했을 때, 이낙연 여당 대표는 "국민 걱정을 존중해 대규모 집회를 자제해 달라."고 호소했을 뿐이다. 2021년 7월 3일, 민노총 8,000여 명의 거리집회를 방치하다시피 했던 경찰은 7월 14일 생업에 위협을 느낀 자영업자들이 차량을 동원, 릴레이식 1인 차량 시위를 시도하자 도심에 25개 검문소를 설치하고 27개 중대 경찰력을 동원하여 저지했다.

코로나-19 유행 초기에 신천지 교단이 집단 발병 진원지라는 책임을 물어 교주를 감옥으로 보냈고, 2020년 8월 15일 광복절 집회를 주도한 전광훈 목사는 감염을 확산시켰다는 이유로 구속했으면서 법무부가 관리·통제

하고 있는 서울 동부구치소에서 1,000명이 넘는 확진자가 발생했음에도 책임을 진 공직자는 한 명도 없었다.

최고 권력자가 절대 권력자로 변신하여 국가를 통치하게 되면 권력 배경을 믿고 난동에 가까운 극단적 언동을 일삼는 개인 또는 무리가 등장한다. 반일(反日)로 먹고 사는 자들이 국립현충원에 잠들어 있는 친일 인사들의 묘를 파내자는 '친일파묘법'을 들고 나오는가 하면, 소설가 조정래는 "일본 유학을 다녀온 친일파를 반민특위를 부활시켜 150만 명을 단죄하자."는 끔찍하고 잔인한 주장을 했다.

이영훈 전 서울대 교수가 "작가는 일제시대 학살된 한국인을 어림 숫자로 300만~400만 명으로 잡고 있다고 했지만 그것은 사실이 아니다."라고 반박하자 조정래는 "이영훈이란 사람은 신종 매국노이고 민족 반역자다. 내가 쓴 역사적 자료는 객관적이다."라고 호통을 쳤다. 유명 소설가로 인정받고 있는 인사가 무엇을 믿고 저렇게 함부로 떠들어대며 자신의 견해를 반박하는 인사에 대해 저주에 가까운 비난을 쏟아내는 것일까?

한국 정치에서 가장 큰 병폐로 지적되고 비판받아온 것 중의 하나가 '제왕적 대통령'이다. 역대 제왕적 대통령이 절대적 권력을 행사해 왔다는 점에서 문 대통령만이 예외적일 수는 없지만 좌파적 이념 색깔을 감추지 않는 전체주의적 통치 스타일을 보이고 있다는 점에서 앞서 간 대통령들과는 확연히 구분된다. 북한이 '수령통치' 체제인 데 비해 현재의 한국은 '우두머리 통치' 체제로 닮아가고 있음을 부정하기 어렵다. 1935년 뉘른베르크 전당대회에서 히틀러는 다음과 같이 포호(咆號)했다.

"우리에게 명령하는 것은 국가가 아니다. 우리가 국가에 명령한다."

2021년 좌파정권은 문 대통령을 우두머리로 하여 국가와 국민 위에 군림하면서 명령하듯이 통치하고 있다. 대통령 말 한 마디로 '탈(脫)원전 정책'이 결정되고 다수의 반대에도 아랑곳하지 않고 대통령 요구로 낭비성 많은 '한전공대'가 전남 나주에서 건설 중이다. 모두가 국민 혈세를 낭비하는 것들이다. 선출된 권력임을 방패삼아 국회 다수 의석을 앞세워 법의 이름으로 일방적인 폭주를 하면서 민주와 공화 정신을 짓밟는 것은 대의민주주의에 대한 테러이며, 법치주의에 대한 테러이고, 민주공화국에 대한 테러이자 헌법에 대한 테러다. 남한사회에서 친북좌파, 주사파가 정치무대를 떠나지 않고 한반도에 북한 공산주의 체제가 존속하는 한 전체주의 망령과 그림자는 사라지지 않을 것이다.

친북좌파와 주사파들의 진군(進軍)이 이쯤에서 멈춰지지 않고 우리가 이 땅 위에 드리워지고 있는 전체주의 그림자를 벗어나지 못하면 자유 대한민국은 돌아오지 못할 강을 건너게 될 수도 있음을 잊어서는 안 된다.

그러한 어두운 그림자 중의 하나가 2021년 1월 29일, 여당 소속 김영배 의원 등 19명(더불어민주당 18명, 무소속 1명)의 이름으로 발의한 '주민자치기본법'이다. 입법 여부와 관계없이 법안 내용에서 체제 변혁을 꿈꾸는 전체주의적 발상을 확인할 수 있다는 점에서 가볍게 넘겨버릴 수 없는 법안이다. 이 법안이 국회를 통과하게 되면 헌법을 고쳐 쓰지 않고서도 개인주의를 바탕으로 하는 대한민국을 집단주의에 근거하는 전체주의 국가로 바꿀 수 있다.

그들은 '풀뿌리 민주주의', '마을 민주주의'라는 명분을 내세우고 있지만 본심은 좋게 말해서 '공동체주의,' 정확하게 말해서 '인민민주주의,' 솔직하게 말하면 '전체주의' 체제를 구축하겠다는 데 있다. 문재인 대통령은 취임 직후 "연방제 버금가는 지방분권 국가를 이루겠다."는 포부를 밝히고 2018년 3월, 대통령 직속 '자치분권위원회'를 구성하고 준비를 해왔음을 고려할 때 장기적 성격을 지닌 프로젝트라 할 수 있다.

이미 기초와 광역 지방자치단체가 뿌리를 내리고 있는 상황에서 이를 무력화시킬 수 있는 새로운 지방자치제도를 실시하겠다는 것은 우리 사회를 저들이 뜻하는 대로 새롭게 조직·운영함으로써 말단 지역까지 완벽하게 장악하겠다는 것을 의미한다. 전국 3,490여 개의 읍, 면, 동 단위별로 독립적 주민총회와 주민자치회를 구성케 하고 중앙정부와 해당 지방자치단체가 행정적, 재정적 지원을 하도록 하고 있다. 주민총회는 형식적인 껍질이고 실질적인 주도권은 주민자치회의 사무국이 갖고 있으며, 사무국 요원은 주민자치회가 추천하면 지방자치단체장이 임명하고 읍·면·동 사무소에서 근무할 수 있도록 하였다.

주민자치회는 통(장), 이(장), 공동주택단지 등 소지역별 분회 조직과 함께 교통, 환경, 아동, 주거, 안전, 복지 등 지역별 특징에 따른 분과 조직도 설치하도록 되어 있다. 주민자치회는 법에 따라 해당 지역 주민들에 대한 상세한 개인정보를 중앙과 지방자치단체장에게 요구할 수 있고, 요청받은 자는 이에 따라야 한다고 명시하고 있다. 이와 같이 국민의 삶을 읍, 면, 동 단위까지 주민자치라는 이름으로 촘촘하게 조직하여 장악할 수 있도록 한 것이 '주민자치기본법'이다. 외피는 그럴싸하나 속은 독소로 가득한 악법이라 할 수 있다.

이 법안이 국회를 통과하여 적용되면 행정적으로 임명된 조직원들이 선출된 지방자치단체 의원들을 허수아비로 만드는 결과를 초래하게 됨으로써 반(反)민주적 악법이 되는 것을 막을 수 없게 된다. 법안 대표 발의자인 김영배 의원은 현 여당 최고위원이며 노무현 정부 당시 청와대에서 문 대통령과 함께 했던 인사로서 대통령 국가균형발전위원회 전략기획위원장을 역임했을 뿐 아니라 2018년『마을 민주주의 시대, 마을 공화국』이라는 책을 낼 만큼 마을공동체 사회를 꿈꿔온 인사다.

개인주의를 무시하고 집단주의를 앞세우는 좌파들은 오래전부터 공동체주의를 주장하고, 가능한 지역에서 실험적 공동체를 운영해왔다. 그 대표적 예가 고(故) 박원순 서울시장 주도로 생겨난 마포 '성미산 마을'이다. 성미산 마을은 좌파 운동가, 좌파 이론가들이 교육장을 열고 '자본주의 대안 모델'로서 마을공동체 사업을 강조하며 구체적 실행방안을 교육해왔다. 마을공동체란 공동 주거, 공동 경제활동, 공동 분배를 원칙으로 하는 집단주의 마을이며, 구(舊) 소련, 모택동 시대 중국이 시도했던 집단농장과 다를 바 없는 형태이고, 북한사회에서 볼 수 있는 것과 유사한 공동체로 개인주의를 말살하고 집단주의가 지배하는 사회를 만들어가겠다는 좌파들의 오랜 꿈이 담긴 실체로서 과거 프랑스에서 시도되었던 최소 지방자치제인 코뮌(Commune)에 가깝다.

지금 당장 실현되지 않는다 하더라도 결코 포기하는 일은 없을 것이다. 개인의 시도가 아니라 좌파집단의 시도이고 한때의 시도가 아니라 장기적 시도이기 때문이다. 주사파로 알려진 현 통일부장관 이인영 의원이 4.15 총선을 앞두고 2020년 1월, 더불어민주당 원내대표 자격으로 "촛불혁명이 정권교체" 이상의 의미가 있음을 강조한 부분을 상기할 필요가 있다.

영국의 유명한 사회학자이자 철학자인 허버트 스펜서가 생시에 추종자들에게 가르쳤던 예언적 경고가 틀리지 않았음을 인류는 20세기에 와서 확인할 수 있었다. '적자생존(survival of the fittest)'이라는 표현을 처음으로 사용했던 그는 철저한 자연과학도로서 과학이 종교보다, 개인이 사회보다 우위라고 주장했다. 그는 진화(evolution)가 소멸(dissolution)을 수반하는 것처럼 개인주의는 전쟁과 사회주의 시대를 겪고 나서야 현실이 되어 인간에게 주어진다고 가르쳤다. 나치스 독일, 군국주의 일본, 공산주의 소련이 대표적 사례이고 북한은 현재 진행형이며 남한사회는 역으로 함정에 빠져들고 있다.

개인주의 사상을 거부하거나 적대시하는 자들은 반(反)자유주의자들(anti-liberals), 집단주의자들(collectivists)로서 파시스트적 국가주의자들이거나 공산주의자, 또는 주체사회주의자들로서 자유주의 사회에서는 히스테릭한 존재들이다. 히스테릭한 존재란 반드시 치료를 받아야 하거나 수용되어야만 하는 정신병자들이다. 이들을 사로잡고 있는 히스테리란 파시스트들의 영웅적 국가관과 맑스의 이데올로기적 역사관이다.

파시스트들은 지도자 중심으로 인종 면에서, 역사 면에서 위대한 국가건설을 위해 국민적 총동원 체제를 추구했고, 맑스는 집단주의에 근거한

허버트 스펜서
Herbert Spencer
1820~1903
영국

공산주의가 자본주의 국가들을 소멸하고 만인평등 세상을 건설하게 되는 것이 역사발전의 필연이라는 유토피아적 예언으로 인류를 현혹했으나 한때의 소동, 한때의 비극, 한때의 히스테릭 현상으로 좌절을 맛봐야만 했다.

리처드 위버(Richard Weaver, 1910~1963)는 『아이디어가 결과를 가져온다 Ideas have consequences』에서 당시에 거세게 불어 닥쳤던 공산주의 바람을 "히스테릭한 낙관주의(Hysteric optimism)" 현상으로 규정했다. 남한사회의 친북주체사상 추종자들은 자신들이 꿈꾸는 사회가 한반도에서 반드시 실현될 것이라고 확신하는 21세기 히스테릭한 낙관주의자의 잔재들이다. 이들은 정신적, 사상적 퇴행자들이며 역사와 전통의 파괴자들이다. 문재인 대통령이 청와대를 떠난 다음에도 더 센, 또 다른 문재인 대통령이 등장할 수 있음을 결코 망각하는 일이 없어야 하는 것이 우리의 처지다.

색깔을 말하지 말라

목숨을 걸지 않았다

2019년 20대 국회의 마지막은 여당인 더불어민주당이 성향이 비슷한 소수 정당들과 연합하여 발의한 연동형 선거법과 공수처법을 둘러싸고 제1야당인 미래통합당(현재의 국민의힘)과 격돌하는 가운데 끝이 났다.

미래통합당은 목숨을 걸고 저지하겠다면서 당 소속 의원들이 국회에서 스크럼을 짜고, 드러눕고, 몸싸움을 벌이고, 팻말 시위를 하고 당대표가 단식을 하고 광화문 거리에서 애국시민들의 집회에 합류하면서 저항했으나 법안 통과를 막지 못했다.

연동형 선거법은 심상정 전(前) 정의당 대표가 "국민은 몰라도 된다."고 공언했을 정도로 과거에 들어보지 못한 법으로서 국회법 절차가 무시된 상태에서 통과되었고, 공수처법은 지금의 중국공산당이나 전체주의 국가에서나 있을 법한, 삼권분립 원칙에 배치되는 위헌적 요소를 지닌 채 통과되었다. 목숨을 걸고 반대하겠다고 나섰던 미래통합당은 목숨을 걸기는커녕 결사적 반대투쟁을 포기하고 뿔뿔이 흩어졌으며 20대 국회는 더불어민주당의 환호 속에 막을 내렸다.

진짜의 압승, 가짜의 참패

    미래통합당은 4.15 총선을 앞두고 당연히 국회절차법을 어긴 연동형 선거법과 위헌적인 공수처법의 무효화투쟁을 선행했어야 했음에도 불구하고 싸우지 않았다.

    대통령의 사과와 두 개의 법을 무효화하지 않으면 선거를 보이콧하겠다는 배수의 진을 치면서 총선에 임해야 했으나, 각자도생(各自圖生)의 길을 걸으면서 자신들이 그토록 반대했던, 잘못된 새로운 선거법에 따라 총선에 돌입함으로써 스스로 더불어민주당이 만들어놓은 올가미에 걸려든 초라한 모습을 연출했고 박근혜 정부에서 법무부장관, 총리를 역임한 황교안 대표는 선거과정에서 최악의 지도력을 보였다.

    그가 주도하여 결정한 공천심사위원은 원칙도, 기준도 없는 공천 결과를 낳았고 최악의 선대위는 참패를 자초했다.

    공천심사위원회와 선거대책위원회 주축 인사들은 정치현장을 떠나 있었던 나그네들이자 흔히 말하는 비박(非朴)인사 또는 좌파 성향에 가까운 김종인, 김형오, 박형준 같은 인사들이였던 데 비해, 여당인 더불어민주당은 이념적 성향이 강한 팀이 선거를 이끌면서 정부에 의한 금전선거에 힘입어 쉽게 압승했다.

    코로나-19를 빙자하여 투표일을 목전에 두고 정부가 재난지원금이라는 명목으로 돈을 뿌릴 때 황교안 대표와 미래통합당은 이를 강력히 반대하고 저지했어야만 했으나 그 반대 입장을 취함으로써 오히려 여당을 도와

준 결과를 초래했다.

여당이 가구당 50만 원을 지원하겠다고 했을 때 황교안 대표는 100만 원을 지급하자고 주장했다. 재난 지원이 불가피했다고 하더라도 선거를 치른 후에 지급하자고 촉구하는 것이 정상임에도 그렇게 하지 않았다. 후보 개인의 금품(金品)선거가 심각한 불법선거로 처벌되는 나라에서 여당이 정부의 이름으로 공개적인 금전선거를 치른다는 것은 법치국가에서는 상상할 수 없는 불법 행위임에도 이를 경고하고 저지하기는커녕 미래통합당은 이를 묵인했을 뿐만 아니라 스스로 공범자가 되었다.

정상적 법치국가라면 탄핵을 피할 수 없는 행위에 동참하고서도 어떠한 자책도 하지 않았다.

2020년 4.15 총선에서 여당인 더불어민주당의 승리는 진짜의 승리면서도 불법의 승리였고, 제1야당인 미래통합당의 참패는 가짜의 참패이자 공범자의 참패였다.

더불어민주당은 좌파정당으로서 시종일관 정체성을 지켰으나 미래통합당은 우파정당으로서 어떠한 정체성도 보여주지 않았을 뿐 아니라 좌파들이 덮어씌운 극우정당 프레임을 벗어나려고만 급급했다. 더불어민주당 지도부는 자신들이 지향하는 목표가 무엇이며 어디로 어떻게 나아가야 하는지를 알고 선거를 치른 데 비해 미래통합당은 그렇지 못했다.

더불어민주당은 이념적 색깔이 분명한 이해찬, 이낙연이 중심이 되어 선거를 지휘했고 공천 과정에서도 당의 정체성을 중요시했으나, 미래통합당 황교안 대표는 친박계라는 색깔을 털어버리고자 당 외부 비박(非朴) 인사들의 인질처럼 처신했으며, 정체성마저 애매한 인사들을 참여시켜 공천을 하고 선거를 이끌도록 함으로써 명문학교 출신이면서 법조인 출신인 그 자신도 정체성 면에서 완벽한 색맹(色盲)임을 스스로 입증했다.

더불어민주당은 선거를 눈앞에 두고서도 국민의 지탄에 휩싸인 조국 전(前) 법무부장관을 끝까지 옹호했으며 그의 가족 비리에 연루되어 기소된 최강욱 청와대 비서관과 울산시장 부정선거 관련 혐의로 수사대상이 된 황운하 전(前) 울산경찰청장을 버리기는커녕 공천을 주고 국회의원으로 당선시킨 데 반해, 미래통합당은 여당이 덮어씌운 막말 공세에 밀려 차명진, 김대호 후보를 축출해 버린 것에서 진짜와 가짜의 차이가 극명하게 드러났다.

참패의 변

미래통합당의 주요 구성원들은 자신들이 총선에서 왜 참패했는지도 모르고 있다는 사실이 그들의 입을 통하여 확인되었고 미래통합당에 대해 관심을 갖는 언론, 학자들의 견해 역시 편향성을 벗어나지 못했다. 부산 출신 3선 의원이자 여의도연구소 소장을 역임하고 총선 당시 공천위원으로 활동했던 김세연 전(前) 의원은 "통합당은 생명력을 잃은 좀비정당"이며 선거 패배의 주요한 원인은 "당의 극우화"였다고 비판했다.

미래통합당이 오랫동안 우파 본류인 양 행세하면서도 우파정당으로서 견지해야 할 정체성을 경시하거나 무시하면서 현실적 이익에 집착하고 안주해왔다는 점에서 좀비정당인 것만은 틀림없지만 극우정당이기는커녕 평범한 우파정당과도 거리가 먼 정체성 부재의 얼치기 가짜 우파정당임을 모르고 한 말이다.

'당의 극우화'가 총선 참패의 주(主)원인이었다는 것은 당의 정체성에 대한 그의 인식이 얼마나 빈약한지 보여주며, 평범한 경제학도 테두리 안에서만 사고하고 있음을 나타낸 말이다. 자신과 자신이 몸담고 있는 당의 사상성, 가치관에 대한 확신이 미약한 반면에 좌파정당의 색깔과 정책 노선을 닮아 가는 모습이다.

자신의 사상이나 가치관에 대한 확신이 미약한 것은 사상과 가치관에 대한 배움과 이해가 부족한 탓이다. 이러한 현상은 우파 정치인, 현실 참여 지식인들의 최대 약점이자 이들이 좌파의 색깔 공세에 밀려 수세에 놓이게 된 결정적 요인이다.

한국 정치 사회에서 극우는 없지만 극좌는 존재하고 있는 것이 엄연한 현실임에도 불구하고 우파 지식인으로 자처하거나 분류되는 지식인들이 '극좌' 존재에 대해서는 언급하지 않고 존재하지 않는 '극우'를 강조하는 것은 한국 지식인 사회가 얼마나 편향되어 있는가를 가늠케 한다. 태극기를 들고 광화문광장 집회에 참석한 애국시민들과 우파 성향의 유투버들이 한결같이 문재인 좌파정권을 비판하는 것을 두고 좌파들이 극우로 비난하는 것은 있을 수 있는 일이지만, 국민의힘 지도부가 이에 동조하여 거리를 두면서 함께하지 않겠다고 공언하거나 우파로 자처하는 언론까지 이를 부추기는 것은 이들이 얼마나 천박한 가치관의 소유자들인가를 보여준다. 거리에 나선 태극기 시민들이나 문재인 정권을 비판하는 유투버들은 '극우'가 아니라 우파의 가치를 변함없이 존중하고 국가의 안위를 걱정하는, 지극히 '평범하고 정상적인 우파'들이다.

극좌(極左, ultra left), 극우(極右, ultra right)란 자신들의 이념과 사상에 근거한 정치적 목적을 달성하기 위하여 법과 질서를 공공연하게 무시하고 폭력행사를 마다하지 않을 때 사용되는 단어들이다.

남한사회는 이미 잔혹한 경험을 한 차례 겪은 바 있다. 1945년 해방정국에서 남로당 중심 좌익세력에 의한 폭력행사를 '적색테러'라 했고 이에 맞선 민족진영의 우익 세력에 의한 대응 테러를 '백색테러'라 했다. 당시의 좌익이 극좌였고 우익은 극우였다.

그러나 지금은 그와 같은 물리적 폭력은 불가능하지만 사상이나 정책 노선 면에서 급진적이거나 입법과 정책결정 과정에서 일방적 독주를 할 때, 법 위에 군림함으로써 법치를 유린할 때 극좌가 되거나 극우가 된다. 김영삼 정권이 헌법에 금지된 소급입법으로 정치보복을 했다는 점에서 극우정권이었으나 이명박 정권, 박근혜 정권 아래에서는 그러한 현상이 없었고 현 문재인 정권 아래에서는 일상화되고 있다.

자유주의 체제인 대한민국에서 극좌 체제인 북한을 옹호하는 정권을 극좌정권이라고 해도 무방하지 않을까? 북한의 주체사상을 신봉하는 주사파들이 요소요소에 자리 잡고 있는 정권이라면 극좌 정권이 아닐까?

헌법정신에 벗어나는 평등교육 정책과 반(反)자유시장경제 정책을 추구하고 기업을 홀대하고 군을 대수롭게 여기지 않으면서 노동자만을 존중하는 급진정권이라면 극좌정권이 아닐까?

사회주의 혁명을 꿈꿨다는 조국과 같은 인사를 법무부장관 직에 앉히고 그의 가족 비리가 탄로 났을 때 검찰 수사기능을 마비시키면서까지 보호하려는 정권이라면 극좌 정권이라고 해야 하지 않을까?

좌파진영의 대모(代母)로 알려진 한명숙 전(前) 총리의 경우, 금품수수 사건으로 구속되어 대법원 확정판결에 따라 형기를 마치고 마무리되었건만 검찰의 거듭된 부정적 의견에도 불구하고 재조사하여 지난 정권에 의한 희생양으로 만들어내려고 하는 정권을 극좌정권이라고 하지 않는다면 어떤 정권을 극좌정권이라고 해야 할까?

문재인 대통령을 정점으로 하는 더불어민주당은 당내 어떠한 이견(異見)도 용납하지 않는 단세포 정당이며, 반대세력을 적대시하고 다수의 힘으로 의회독재를 마다하지 않는 비민주적 정당이자 국제사회의 비난에도 불구하고 북한의 협박성 요구를 받아들여 '대북전단금지법'을 만들고 양식 있는 국민과 지성인들의 반대와 우려에도 아랑곳하지 않은 채 전체주의 국가에서나 가능한 '5.18 역사왜곡처벌법'을 만든 '극좌' 정당이다.

이러한 극좌정당이 자유를 지키고자 하는 애국시민들과 유투버들에게 도리어 '극우'라는 프레임을 덮어씌워 일반 대중으로부터 고립시키려는 술책에 놀아나고 있는 국민의힘 지도부와 당내 소장파 의원들은 극우라는 오명에서 벗어나고자 소위 '중도확장론'이란 처방을 내놓았고 일부 언론이 이것을 부추기고 있다. 중도확장론이란 극우 오명을 벗어나기 위해 중도로 옮겨가자는 것이지만 우파의 가치를 포기하자는 주장이다.

정당의 정체성에서 중도란 존재하지 않는다. 중도란 정체성의 경계선을 의미할 뿐 정체성 자체를 의미하는 것은 아니다. 유럽 국가의 정당들이 중도좌파(center-left), 중도우파(center-right)라고 할 때 중도(center)란 좌, 우를 가르는 경계를 의미할 뿐이다. 따라서 국민의힘이 중도로 옮겨가는 순간 경계선을 넘어 좌측으로 가게 되는 것은 피할 수 없게 된다.

쇠고기 파동을 겪은 후 이명박 정부가 '중도 실용주의' 노선을 내세웠으나 구체적 내용을 제시할 수 없었던 것은 실체가 없었기 때문인데 이 당시 중심적 역할을 했던 인사가 2021년 4.7 보궐선거에서 당선된 박형준 부산시장이다. 총선에서 압승한 더불어민주당의 그늘을 벗어나려는 몸부림일 수는 있어도 국민의힘이 실체가 없는 중도 노선을 택하는 순간 더불어민주당의 프레임 전술이 성공한 결과가 되고 불임(不姙)정당이 되어 자유주의 가치를 존중하는 대중으로부터 버림받는 것은 시간문제일 것이다.

미래통합당이 4.15 총선에서 참패한 것은 지도부의 애매모호한 태도와 빈약한 지도력, 그리고 우파정당으로서의 정체성을 제대로 보여주지 못했기 때문이지 '극우'의 길로 갔기 때문이 아니다. 김세연 전(前) 의원이 10여 년 전 김제동이 써먹던 '약자와의 동행'을 흉내 내고 유럽 좌파들의 주장인 '기본소득제' 도입을 주장하면서 당이 '극우'로 갔다고 비판한 것이나 공학도 출신인 지상욱 여의도연구소장이 더불어민주당을 '중도보수'로 규정한 것은 이들이 정당의 정체성에 대해 얼마나 무지한 색맹들인가를 드러낸 견해들이다.

정상적이라면 국민의힘이 더불어민주당을 극좌정당으로 규정하고 비판해야 함에도 그러지 못하는 것은 이념이나 정당 정체성에 대해 무지할 뿐만 아니라 반사적으로 그들의 색깔 공세를 두려워하기 때문이다.

2020년 대표적 주사파 인사로 알려진 더불어민주당 원내대표였던 이인영 의원이 통일부장관 지명을 받아 국회 인사청문회에 출석했을 때 미래통합당 소속 태영호 의원이 "주사파로 알고 있는데 입장을 바꾼 적이 있는가?"라는 질문을 했을 때 벌어진 장면은 수준 낮은 한국 의회정치의 자화상 그 자체였다.

더불어민주당은 항상 그렇게 했던 것처럼 "지금이 어느 때인데 색깔 시비냐?"면서 반발했고 미래통합당은 더불어민주당의 그와 같은 비합리적 비판을 반박하고 태영호 의원을 옹호하기는커녕 남의 일을 보는 것처럼 방관했다.

지구상 최후의 냉전 지역으로 남아있는 한반도, 사상적 분단으로 좌우 대치가 지속되고 있는 현실에 처한 대한민국 국회에서 북한 문제와 통일 문제를 다루게 될 통일부장관 후보 지명자에 대한 우선적으로 검증할 사항은 그가 평소에 지녀온 대북 인식과 관련된 사상적 배경이 되는 것이 당연함에도 이를 두고 냉전시대 유물인 '반공수구꼴통' 사고를 벗어나지 못한 질의라고 몰아붙였다.

과연 반공(反共)은 나쁜 것이고 냉전시대 유물로 끝난 것이며 반공을 주장하면 수구꼴통인가? 반공이란 자유를 위협하는 전체주의적 공산주의자들에 대한 개인주의적 자유주의자들의 위대한 반대 투쟁을 의미한다.

북한 공산주의 체제에 의한 대남 위협이 지속되고 남한 내 친북 세력이 동조하면서 자유를 위협하고 있는 한 반공은 자유를 옹호하고 지키고자 하는 국민들의 위대한 사명이며, 자유통일이 이뤄질 때까지 포기할 수 없는 국가적 책무다.

따라서 반공이 국제사회에서는 수구꼴통들의 주장이 될 수 있어도 대한민국에서는 현재진행형이다. 현 정권의 대주주로 알려진 주사파들의 구호가 '위수김동'이었음을 감안할 때, 그들의 입을 통하여 현재의 입장을 확인하는 것은 우파 국회의원의 첫 번째 가는 의무일 것이다.

미래통합당은 4.15 총선 직후인 5월 18일에 열린 자체 세미나에서 '부자정당, 영남정당, 꼰대정당'이라는 이미지에서 벗어나야 하고 약자 편에 다가서고 호남을 끌어안아야 하며 젊음을 앞세워야 한다고 떠들었다.

이들 스스로 부자정당인 것처럼 말한 것은 지금까지의 우파정권들이 성장 중심과 대기업 위주 경제정책에 의존한 결과 양극화가 심화되었다는 좌파들의 정략적 비판을 의식하여 부유층이 밀집되어 있는 강남 지역에서 지지도가 높았던 것을 염두에 두고 한 말이다.

성장 중심 경제정책은 잘못된 것인가? 지구상에서 성장을 동반하지 않은 분배가 성공한 예는 없다. 한국은 성장 중심 경제정책으로 약자를 소홀히 한 적이 없는 국가다. 현 정권이 줄기차게 추진하고 있는 소득주도경제 정책으로 인한 양극화 심화와 초라한 결과가 확실한 증거다.

자원과 자본이 없는 빈곤국가였던 한국이 성장 우선, 기업 중심 경제정책으로 한강의 기적을 달성했고 다른 신생독립국가들보다 분배 면에서도 비교적으로 성공한 국가가 되었음을 부정할 수 있을까?

성장 우선 정책을 비판하는 자들은 대기업 위주 경제 정책과 시장만능주의 정책으로 양극화가 초래된 것처럼 주장하고 대기업 소유주들이 주범인 양 비판하는 경향이 강하다. 80년대까지만 하더라도 정주영, 이병철 같은 대기업 총수들은 국민의 영웅으로 칭송되었으나 90년대 이후 특히 좌파들이 득세하면서부터 죄인처럼 수모를 당하는 존재로 전락하고 있는 것은 정상적 현상이 아니라 이념적 경제정책 운용을 내세운 좌파정권의 정치적 공세와 왜곡의 결과다.

영세 자영업자와 중소기업들 모두가 중견기업, 대기업과 연계되어 생존하고 성장하는 것이 자본주의 시장경제의 작동 원리다.

기업 총수들의 윤리적 일탈과 기업 운영을 구분해서 다루지 않고 정치적으로 다루는 것만큼 잘못된 것은 없다. 정치적 후진국일수록 이러한 경향이 심하다. 정치인들이 기업과 유착해서 정치자금 도움을 받고 각종 이익을 취했다고 해서 부자 편을 드는 정치인이 되고 정당이 되는 것은 아니다. 우리의 경우 우파정당도, 좌파정당도 예외가 아니다. 권력이 있는 곳에 항상 악취가 풍기는 풍토가 한국 정치사회다.

참된 우파정당이라면 국가 번영을 통해 모두가 최소한 중산층의 삶을 살아가도록 노력해야 하고 모두가 부자가 되는 꿈을 버리지 말자고 강조해야 한다. "잘 살아보자." "부자가 되어 보자."는 것이 우파정당이라면 "부자는 나쁘다."는 것이 좌파정당의 속성이다.

강남 부자들의 지지를 받는 것이 잘못인가? 모두가 강남 부자들처럼 잘 살 수 있는 날이 오도록 노력하는 데 앞장서겠다고 다짐해야 하는 것이 우파정당의 참모습일 것이다.

미래통합당이 가진 자들을 각별하게 도와준 적이 있었나? 강남 부자들을 만들어준 것도 아니면서 그들의 지지를 계면쩍어하는 것은 그들 스스로 가짜임을 인정하는 셈이다.

'한강의 기적'에 아무런 기여도 한 것이 없으면서 기생충처럼 부르주아 삶을 살아가고 있는 강남 좌파들이 지난날 성취를 폄훼하고 가진 자들을 적대시하는 것이야말로 우리 시대 최대 위선이자 악이다.

우리나라는 여전히 곳간을 채워가면서 분배의 몫도 키워가야 하는 나라이므로 가치와 원칙을 지키면서 성장을 앞세우되 분배를 소홀히 하지 않는 건실한 우파정당을 그 어느 때보다 필요로 함을 인식하고 있다면 부자 정당 이미지를 벗어나겠다는 헛소리를 내기 어렵다.

4.15 총선에서 미래통합당은 지역구 당선자 84명 중 56명이 영남에서, 28명이 비(非)영남 지역에서 당선되었으나 호남 지역에서는 1명도 당선되지 못했다. 참패 속에서도 그나마 생명을 유지할 수 있게 해준 것이 영남 유권자들임에도 당내 호남 인사들, 비(非)영남 소장파들이 '영남당'이라는 지역당의 인상을 털어내야 한다고 주장하고 나섰고 지금은 당 지도부까지 이에 동조하고 있다.

정당정치에서 정치적 근거지(homeground) 확보만큼 중요한 것은 없다. 김영삼과 부산·경남, 김대중과 광주·호남 관계가 좋은 예라고 할 수 있다.

총선에서 부산, 울산, 경남에서는 7명의 더불어민주당 후보가 당선되었으나 호남 전 지역을 통틀어 미래통합당 후보는 단 한 명도 당선되지 못했다. 2021년 4월 7일 보선에서 국민의힘(구 미래통합당) 후보들이 전 지역에서 압승한 데 비해 호남 지역에서는 한 명도 당선되지 못했고 더불어민주당 후보들이 휩쓸었다.

이상과 같은 사실을 두고 판단할 경우, 국민의힘이 '영남당'이라면 더불어민주당은 확실한 '호남당'이다.

그러나 국민의힘은 자신들이 영남당인 것처럼 움츠러들면서 더불어민주당에 대해서 '호남당'이라는 비판은 하지 않고 있다. 총선 후 비대위 체제를 출범시킨 국민의힘 지도부가 가장 먼저 방문한 곳이 광주였다.

김종인 전(前) 비대위 위원장이 소장파 의원을 대동하고 광주부터 방문한 것을 두고 정치적 행보라고 하지만 이것은 정치적 배반자, 기회주의자들의 행보였다. 이들은 당연히 국민의힘을 살려준 영남 지역부터 방문했어야 마땅하기 때문이다.

감사할 줄도 모르면서 표만 요구해온 우파정당들의 행태를 어김없이 보여준 것도 부족해서 지금은 영남당이라는 누명(陋名)을 벗어나는 것이 자신들이 사는 길이라고 주장하고 있다. 이렇게 한다고 호남이 국민의힘을 끌어안아줄까? 착각일 가능성이 훨씬 높다. 오히려 자신들의 근거지인 영남을 배반한 나머지 정치적 기반이 없는 고아 신세가 되어 군소정당으로 몰락할 가능성이 커질 수밖에 없다.

이것은 정치세계에서 전개되는 게임의 일반적 법칙이다. 지난 총선에서 더불어민주당이 수도권에서도 압승했다고 하지만 호남 출신 유권자 수를 가려내지 않고서는 단정하기 어렵다.

"꼰대정당이라는 오명(汚名)에서도 벗어나야 한다."

당내 소장파들의 주장이다. "나이 든 고참들은 뒤로 물러나고 젊은 사람들이 전면에 나서야 한다."는 한국 정치사회에서 사용되는 저속한 표현이다. 꼰대정당이란 실체가 없는 정치적 수사(修辭)일 뿐이다. 그러면서 이들 소장파들은 80대 노인인 비대위 위원장을 둘러싸고 졸졸 따라다녔고 비대위 위원장은 병아리 떼를 몰고 다니는 것처럼 이들을 들러리로 내세우면서 당이 젊어진 것처럼 행세했으나 본질적으로 달라지지 않았고, 오히려 본질을 비켜가면서 대중영합의 흥행성 정치에 집착했으며, 이들 소장파들이 보여준 역사관이나 가치관은 운동권 수준을 넘어서지 못했다.

선거 계절만 되면 세대교체론이 반복되었고 패배하고 나면 소장파들이 당을 이끌었던 중진들 탓으로 돌리면서 꼰대로 매도하고, 자신들은 책임이 없었던 것처럼 앞장서야 한다고 떠드는 잘못된 버릇이 관행처럼 되어가고 있다.

젊어도 생각이 고루하거나 뒤쳐질 수 있고 나이 들어도 생각이 앞서고 진취적일 수 있는 것이 인간이며 젊음 이상으로 중요한 것이 지성과 경험과 지혜다. 젊다고 앞장서기를 좋아하고 명문대 출신이라고 잘난 척하는 정치인들만큼 못난 인간은 없다.

이러한 정치인들은 큰 그릇으로 성장하여 무리의 길잡이가 되기보다는 조직을 갈라놓고 공동체를 혼란스럽게 만드는 경우가 허다하다. 물론 중진이라고 해서, 경험이 많다고 해서 소장파들을 무시하고 추종만을 강요하는 것이 잘못된 경우임은 당연하다.

정당 활동에서 지도부의 지도력 못지않게 중요한 것이 당원들의 공동 책임의식 발휘와, 능력과 처신 면에서 중진들의 모범과 젊은이들에 대한 사랑이며, 당원 간 상호의존과 존중이 당의 성패를 좌우한다는 것을 알고 실천하는 것이 소장파들의 일반적 덕목이다.

평소 중진들의 실책이나 과오에 대한 선의의 비판을 주저하지 않을 뿐 아니라 주요 정책을 둘러싼 논의에도 적극적으로 참여하면서 당을 위해 헌신할 때 자신들의 몫을 요구할 수 있고 당내 입지를 다져갈 수 있지만, 중진들의 뒤를 따라가며 침묵하거나 맹종하고 방관하고 나서 일이 잘못되면 중진들에게만 책임이 있는 것처럼 비판하고 뒤로 물러서야 한다고 주장하게 되면 책임 회피이자 기회주의자들의 처신이 되고 당내 세대 간 괴리(乖離)만을 조장할 뿐이다.

정당정치에서 젊은 얼굴 이상으로 중요한 것이 젊은 생각이다.

'젊은 보수'가 비전과 패기로 당의 활로를 열어야 한다고 주장하면서도 다수가 공감하고 시대가 요청하는 비전을 제시하지 못하고 운동권 좌파인사들의 것을 모방한 듯싶은 주장을 함으로써 사고의 한계를 드러냈다. 미래통합당 중앙선거대책위 부위원장이었던 조성은은 "전두환의 악랄함과 박근혜(박정희)의 역사만 보수진영의 주된 가치인 양 자리 잡게 되었다."고 비판했으나 이 주장에 동조할 수 있는 인사가 얼마나 있을지도 의문이다.

미래통합당의 전신이라 할 수 있는 김영삼 정권은 전두환 전(前) 대통령을 감옥으로 보냈고 5공을 반란과 내란 정권으로 단죄했으며 그 이후 어떤 우파정권, 그들이 말하는 보수정권도 5공을 옹호한 적이 없을 뿐만 아니라 박근혜 대통령 탄핵에 동참했던 인사들이 지금의 당 주류로 자리 잡고 있는 것이 사실임을 알고 있다면 그와 같은 발언은 할 수 없었을 것이다.

진실을 두고 지금도 다투고 있는 5.18 문제와 관련해서 5.18 정통성을 수용해야 한다는 청년 비대위 주축인사들인 천하람(34세), 김재섭(33세), 조성은(32세)은 1980년대 말 출생 인사들인데 1980년 상황을 얼마나 알고 주장하는 것인지도 의문이다. 이들이 김종인 전(前) 비대위 위원장을 수행하여 광주 5.18 묘역을 참배했다고 해서, 당이 5.18 정신을 계승하기로 했다고 해서 역사적 진실이 달라지거나 자신들이 속하고 있는 당의 모습이 달라지는 것도 아니며 당명을 '국민의힘'으로 바꿨다고 해서 당의 DNA가 하루아침에 바뀌는 것도 아닌 줄 모르는 인사들이 당을 이끌어가는 한 당의 앞날이 밝기보다 어두울 수밖에 없다.

색깔을 말하지 말라?

여기서 논의되는 색깔이란 사상의 색깔, 이념의 색깔을 말한다. 한국사회에서 자유주의(자본주의)는 흰 색으로, 사회주의(공산주의)는 붉은 색으로 인식되는 것이 일반적 현상이다.

'붉은 사상'이라고 하면 사회주의(공산주의), '흰 사상'이라고 하면 자유주의(자본주의)로 통하는 배경이기도 하다. 사상이나 이념이 없다고 하면 색깔이 없는 것으로 이해될 수 있는 이유다.

2020년 4월 15일 총선 직후 취임하여 2021년 4월 7일 보선 직후에 당을 떠난 김종인 전(前) 비상대책위원회 위원장이 2020년 8월 31일 의원총회에서 당명을 '미래통합당'에서 '국민의힘'으로 바꿀 것을 제안하면서 듣는 이들의 귀를 의심케 하는 발언을 했다.

"지금은 이념이라고 하는 게 존재하지 않는 시대다. 더 이상 이념적 측면에서 당명을 얘기할 필요가 없다. 시대 변화에 맞는 국민 의견을 청취해 새 기회를 창출한다는 의미에서 당명을 바꾸기로 했다."

사상이 빈곤한 정치 나그네다운 무지와 독단의 변(辯)이자 색깔의 시대가 지나갔으므로 더 이상 색깔을 말하지 말라는 것은 우파정당이기를 포기하라는 말과 같다. '이념이 존재하지 않는 시대'라는 것만큼 거짓된 주장이 있을 수 없고 혹세무민(惑世誣民)의 극치에 가까운 주장이자 대중을 바보로 인식하지 않고서는 입에 담을 수 없는 발언이다.

그의 발언 내용은 남한 내 좌파들이 우파 인사들을 향하여 상투적으로 뱉어내는 언어인 "동서냉전이 끝난 지가 언제인데 색깔 시비를 하는 건가?" 하는 언사와 다르지 않다.

동서냉전 종식이란 사회주의(공산주의) 패배와 자유주의(자본주의)의 승리를 뜻하고 동서냉전 이후 승리한 자유주의가 국제사회 흐름을 주도하고 있음을 의미한다면 지금은 이념이 존재하지 않는 시대가 아니라 자유주의 사상이 국제사회를 주도하고 있는 시대다.

미래통합당이 김종인 전(前) 비대위 위원장의 주장을 얌전하게 경청하고 받아들여 '국민의힘'이 된 순간 흰 색도, 붉은 색도 아닌 투명정당이 되었고 우파정당이기를 포기한 가치중립 정당, 거세된 정당이 되고 말았다.

시대 변화에 맞는 국민 의견을 청취해 새 기회를 창출하고자 당이 견지하고 있는 사상을 바꾸는 것은 불가능하고 다만 시대 변화에 맞게 당의 정책 노선이나 정책들을 융통성 있게 조정하고 조절해나가는 것이 정당정치의 기본 행태다. 인간사회가 존속하고 국가가 존재하는 한 사회를 꾸려가고 국가를 운영하는 원리·원칙은 그 사회, 그 국가가 선택한 사상에서 비롯되는 것이 현대 사회, 현대국가들이 지니고 있는 공통점이다.

어떤 경우에도 사상이 없는 정당, 색깔이 없는 정당이란 존재하지 않는다. 사상이 없거나 색깔이 없는 정당은 영혼이 없는 인간과 같다. 근대국가들이 지난 250여 년간에 걸쳐 수많은 결정을 내리고 실행을 통하여 현대세계를 구축할 수 있었던 원동력이 사상이며, 국가 체제를 추동해가는 신념 체계와 프로그램을 창출해내는 원천 역시 사상이다.

김종인은 대학교 교수 출신 지식인이다. 정상적 지식인인 그가 사상이 무엇인가를 모를 리가 없다. 그가 우파정당으로 자처하는, 정확하게는 보수정당으로 자처하는 제1야당인 미래통합당(국민의힘) 구성원들을 향하여 '이념이 존재하지 않는 시대'라고 하면서 "이념적 측면에서 당명을 말할 필요가 없다."고 한 것은 우파정당이기를 포기하라는 주문이다.

우파정당이기를 포기하게 되면 남는 것은 좌파정당이 되는 것뿐이다. 좌파정당이 되어야 한다고 주장할 수 없기 때문에 그렇게 말했을 가능성이 높다. 위장 우파, 가짜 우파들이 즐겨 사용하는 간교한 수법이다.

지금 현재 남한사회가 직면하고 있는 현실은 좌파세력(평등주의자, 전체주의자)이 우파세력(자유주의자, 개인주의자)을 압박하면서 벼랑 끝으로 몰아가는 가운데 사회 전체가 좌현(左舷)으로 기울어져가는 상황에서 사상과 가치관이 그 어느 때보다 중요하고 강조되어야 하는 시기다. 이처럼

빅토르 위고
Victor-Marie Hugo
1802~1885
프랑스

중요한 시기에 '이념이 존재하지 않는 시대'라고 단언하는 것은 사상 투쟁을 포기하자는 것이다. 우파세력이 사상투쟁을 포기하게 되면 좌파의 승리는 시간문제가 될 수밖에 없다.

계몽된 세계를 꿈꿨던 19세기 프랑스의 위대한 작가 빅토르 위고가 남긴 어록 중 "군대의 침략에는 저항할 수 있어도 사상의 침공에는 저항할 수 없다."는 말의 실제 현상이 제1야당인 국민의힘에서 벌어지고 있다. 사상을, 사상의 중요성을 모르기 때문에 생겨나는 필연적 현상이다.

현대국가에서 살아가는 인간은 사상의 영향을 벗어날 수 없다. 사상에 의존하지 않는 현대국가란 존재하지 않는다. 사상이 없는 인간은 문명인이 아니고 사상이 없는 국가는 문명국가가 아니다. 사상이 정치, 경제, 사회는 물론 역사, 철학, 문학, 예술, 언어, 고전 등을 망라한 인문학과 밀접한 관계를 지니고 있기 때문이다.

흔히 말하는 싱크탱크(think-tank)들도 설립 목적에 싱크탱크를 떠받치고 있는 사상에 근거하여 그들이 추구하는 원칙들을 명시해놓고 있다. 미국에서 영향력이 큰 헤리티지 재단(The Heritage Foundation)은 재단이 발간하는 모든 인쇄물에 다음과 같은 원칙들을 명시하고 있다.

"Dedication to the principles of free competitive enterprise, limited government, individual liberty and a strong defense." (자유경쟁기업, 제한된 정부, 개인의 자유, 그리고 강력한 국방 원칙에 대한 헌신)

이들 원칙들은 전형적인 자유주의 사상에서 비롯된 것들이다. 미국의 공화당, 민주당은 사상이 없는 정당들인가? 공산당 일당독재국가인 중국이 중국식 사회주의 강국 건설을 내세우고 있는 것은 사상과 무관한 것인가? 중국 지도부는 창당 100주년에 즈음하여 청소년들로 하여금 모택동

사상을 학습토록 독려하고 있다. 북한 체제를 뒷받침하고 있는 주체사회주의는 사상이 아닌가? 직업적 정치 나그네라고 할 수 있는 김종인의 주장과 글들을 종합해보면 그는 좌파에 가까운 인사다. 그 자신 좌파임을 한 번도 인정한 바 없지만 그의 발언과 글들은 대부분 우파적 정책들을 부정하거나 좌파정당의 주장에 가까운 내용들로 일관하고 있다.

그는 자유시장경제에 대해 알레르기 반응을 보이고 대기업에 대한 적대감을 숨기지 않고 있다는 점에서도 좌파적이다. 비대위 위원장 취임 100일(2020. 9. 3.) 기자 간담회에서 그가 "약자와 동행하는 정당," "국민통합에 앞장서는 정당," "누구나 함께 하는 정당"으로 체질을 개선하겠다고 하면서 기본소득, 전일제 보육지원, 노동자 권리를 강조한 다음날 대표적 좌파신문은 "당내에서 김 위원장에 대한 신임이 상당하다."고 추켜세웠다.

그가 앞장선 국민의힘은 기업이 한사코 반대하는 '기업규제 3법'에 찬성했고, 위헌 요소가 있는 기업주에 대한 과잉처벌 조항으로 점철된 '중대재해 기업 처벌법' 발의에서는 더불어민주당이나 정의당의 법안 보다 훨씬 강력한 내용을 주장했다. 이 법은 자유시장경제 체제를 운영하는 어떠한 국가에서도 찾아볼 수 없는 반(反)시장적이며 엄벌주의적인 '기업살생법'이라고 해도 지나치지 않는 법이다.

정치인들과 학자들이 시장만능주의 국가라는 거짓 주장을 부끄러움 없이 쏟아내는 한국에서 기업주가, 시장이 정치권력과 관료권력, 심지어 시민단체 권력에 의해 질식당하고 있음을 외면하면서 더욱 옥죄어야 한다고 주장하는 인사가 제1야당을 이끌고 당이 그를 추종하고 있다는 것은 '한강의 기적'을 이루어낸 국민들의 마음을 우울하게 만드는 현상이다.

손경식 한국경영자총협회 회장은 간담회에서 "올해 나온 법안 중 기업에 부담을 주는 것이 213건에 달하지만 격려하는 것은 하나도 없다."고 개탄했다. 김종인이 "지나치게 경제세력이 강해지는 것을 시정하기 위해 경제민주화가 필요하다."고 한 것만큼 왜곡된 주장도 없다.

한국은 건국 이후 무(無)에서 유(有)를 창조해내야 했던 국가였기에 출발부터 국가주도 시장경제 정책을 시행해 왔으며 이 과정에서 정치권력과 관료권력의 영향이 절대적으로 작용함으로써 관료행정편의주의가 뿌리 깊게 지배하고 있는 사회다.

대통령의 말 한 마디가, 청와대 행정관의 전화 한 통화가, 산업자원부로 하여금 멀쩡한 원전을 폐기하도록 만들고 장관과 관료들은 날조에 가까운 증거자료를 만들어 감사원 감사가 개시되자 수많은 자료들을 불법적으로 파기하고서도 잘못이 없는 것처럼 떵떵거리는 모습을 볼 수 있는 곳이 한국사회다.

기업이 사회, 경제, 문화예술, 스포츠 등 다방면에 걸쳐 영향력이 큰 것은 사실이지만 이것은 자유주의 체제 국가에서 자연스러운 현상이다.

그러나 한국의 기업주들은 국세청 관료, 공정거래위원회 관료 앞에서는 고양이 앞의 쥐가 되어야 하고 국회 국감 때만 되면 구체적 잘못이 없음에도 증인으로 불려나가 국회의원들로부터 수모를 당해야 할 뿐 아니라 정부가 필요로 하는 비(非)재정적 사업에 돈을 바쳐야 하지만 재계가 정부경제정책에 대해 비판을 했다가는 보복성 대가지불을 피할 수 없는 곳이 법치국가로 자처하는 자유대한민국이다.

현 정권 초기에 최저임금의 급격한 인상 조치와 더불어 대통령이 인천국제공항을 방문해 비(非)정규직 정규직화를 약속했을 때, 당시 김영배 한국경영자총협회(경총) 부회장이 이를 우려하여 비판하자 경총에 대해 고용노동부가 30여 년 만에 지도점검을 하고, 국세청이 특별 세무조사를 했으며, 경찰은 김 부회장을 횡령혐의로 조사했다. 2018년 김 부회장은 14년간 일했던 경총에서 쫓겨났고 재계의 목소리는 사라졌다.

2020년 9월 24일, 김종인이 공개토론 석상에서 "기업은 정부 지원과 탈법, 위법으로 급성장했으며 경제의 합리성은 안중에도 없다."고 혹평한 것은 좌파진영이 줄곧 비판해온 내용과 같다. 1961년~1987년의 26년 동안 압축 성장을 하는 과정에서 정부 주도 편법과 변칙은 불가피했고 다반사였다. 박정희 대통령이 단행한 '사채 동결'이나 중화학공업 기반 구축을 위해 정부가 보증을 해주는 '정책금융 지원,' 5공 때의 중화학공업에 대한 강도 높은 구조조정 같은 것들이 대표적이다.

유신정권 당시였던 1973년 1월, 국정 장기계획으로 중화학공업화 정책이 공식적으로 선언되고 철강, 기계, 조선, 전자, 화학 등 5대 부문을 정부가 중점적으로 지원, 기반을 조성해가는 과정에서 부문별 중복과잉투자로 인한 자원 낭비가 발생했으나, 5공 정권이 들어서면서 중화학공업에 대한 강력한 구조조정을 단행하고 반도체, 자동차 산업에 박차를 가한 결과 한국의 전자, 반도체, 조선, 자동차산업이 국제적 경쟁력을 획득하는 데 성공할 수 있었고, 5공의 중소기업 육성정책 성공으로 유사 이래 최초로 자립적 국민경제가 성립되고 이를 바탕으로 정부, 국민, 기업이 합심하여 노력한 결과, 오늘날과 같은 경제강국이 될 수 있었음을 누구보다 잘 알고 있는 그가 그와 같은 날선 비판을 하는 것은 지금의 정치 환경에 편승한 반(反)기업적 주장이자 기회주의적이며 정략적인 비판이라 할 수 있다.

인간사회에서 인간에 의한 불법, 탈법은 언제나 생겨나게 마련이고 기업 총수라고 해서 예외가 될 수 없음을 모르는 사람이 있을까? 기업의 불법, 탈법을 법으로 다스리는 것이 법치다.

2021년 5월, 워싱턴 D.C. 한미 정상회담에서 우리의 4대 기업이 미국에 대규모 투자를 약속함으로써 세계 유일 초강대국 미국 대통령으로부터 공개적인 감사를 받을 만큼 경제적으로 성공한 국가가 되기까지는 정부의 지원, 국민의 피와 땀이 뒷받침되었기 때문임을 조금이라도 인식하고 있었다면 그따위 저속한 비판은 할 수 없었을 것이다.

이 땅의 친북좌파, 반(反)자본주의 좌파들이 '한강의 기적' 수혜자들이
면서도 지난날의 성취를 폄하하는 데 비해 사실에 근거한 학문적 입장에
서 정직하게 평가를 한 인사가 안병직, 이영훈 전(前) 서울대 경제학 교수
다. 안병직 전(前) 교수는 유신정권의 매판자본주의적인 경제정책이 반드
시 실패할 것이라고 확신하고 비판했던 좌파진영의 리더 중 한 명이었고
이영훈 전(前) 교수는 안병직 전(前) 교수의 사상적, 학문적 제자다. 이들
두 전직 교수가 『대한민국 역사의 기로에 서다』(2007)라는 책에서 나눈
대담 내용은 누구도 부정할 수 없는 진실이다.

이영훈: "결과적으로 중화학공업 정책은 일정한 희생을 치렀습니다만
큰 성공을 거둔 셈입니다."
안병직: "한국경제가 애초의 가공무역에서 탈피하여 기업 간 내부적 산
업 연관을 확보하는 것은 1980년대부터이지요. 그러한 변화가 가능했던
것은 자본집약적이고 기술집약적인 대기업이 중화학공업화로 발전한 덕
분이었습니다.

정권에 잘못 보이거나 비판적이거나 비협조적인 기업은 예외 없이 국세
청에 의한 세무조사나 불이익을 감수해야 하는 나라가 대한민국임은 공
공연한 비밀이다. 특히 김영삼 정권 이래 역대 정권에서 생겨난 대형 부정
사건에 정치인, 관료가 연루되지 않은 적이 없다.
정경유착이란 정치인·관료와 기업주들 간에 이익과 이권을 주고받는 과
정에서 생겨나는 부정부패 현상을 말한다. 정치권력, 관료권력이 갑(甲)이
고 기업이 을(乙)인 나라에서 책임의 문제라면 정치인, 관료들의 책임이 기
업인들의 책임보다 훨씬 무겁다. 법을 어긴 기업이나 기업주는 법에 따라
처벌하면 그만이지 윤리적 잣대까지 갖다 대면서 과잉처벌을 하자는 것은

법치국가에서는 있을 수 없는 일이다.

김종인이 미래통합당 비대위 위원장 자격으로 광주 5.18 묘역을 방문하여 무릎을 꿇자 서울대 윤석민 언론정보학 교수는 조선일보 기고문(2020년 9월 1일)에서 "김종인이 5.18 묘역에서 보여준 모습은 놀랍고 반가웠다."고 썼다. 미래통합당이 5.18에 대해 사과할 이유나 김종인이 무릎을 꿇어야 할 이유는 없다. 미래통합당의 전신인 김영삼 정권 당시 민자당이 '역사 바로세우기'라는 구실로 위헌적 소급법인 '5.18 특별법'을 만들어 정치재판을 통하여 5공 주역들을 단죄했기 때문이다. 따라서 광주시민이 김영삼 정권에 감사해야 하는 것이 마땅한 도리가 아닐까? 그는 또 당내 반발을 무릅쓰고 이명박, 박근혜 두 전직 대통령과 관련해서도 사과함으로써 이명박 대통령의 구속과 박근혜 대통령의 탄핵을 정당화했으며, 한시적 비대위 위원장 신분에 어울리지 않게 도가 넘은 처신을 즐기듯이 했다.

또한 지난날 문재인 진영에 가담하여 더불어민주당이 오늘의 집권당이 되게 한 책임 있는 인사의 한 사람으로서 우파진영에 대해서도 사과해야만 하는 인사다. 그가 나랏돈, 국민 세금을 퍼주는 데만 뛰어난 능력을 발휘한다는 언론의 비판이 정확한 것이라면 큰 정부, 보편 복지를 주장하고 있는 더불어민주당에 적합한 인사일 뿐, 우파진영을 위해서는 백해무익한 '트로이의 목마' 같은 정치인이다.

주호영 국민의힘 전(前) 원내대표 역시 좌파가 씌워준 극우 올가미에 걸려들어 김종인의 아류처럼 말하고 행동했다. 그는 박근혜 탄핵에 동참했던 새누리당 소속 의원이었던 판사 출신 정치인이다. 그는 2020년 8월 21일, 8.15 광화문 집회에 참여한 전광훈 목사에 대해 "공동선에 반하는 무모한 일을 용서할 수 없으며 대가를 치러야 한다."는 듣기에도 섬뜩한 비난을 퍼부었고, 다음과 같이 힘주어 말했다.

"우리당 소속이 아닌 사람들의 과잉행동으로 손해 보는 것이 있다. 이분들 주장이 우리당 판단으로 오인되지 않도록 앞으로 더욱 확실하고 명확하게 선을 그을 것이다. 우리가 다가가야 할 것은 전체 국민 생각이다."

무슨 자격으로 용서할 수 없고 대가를 치르게 한다는 것인가? 국민통합을 내세우는 정당의 원내대표가 편을 갈라 비난하고 자신과 견해가 다르다고 해서 박근혜 대통령 탄핵을 비판해온 애국시민들을 적대시하는 것은 현 정권을 이끌어가고 있는 좌파인사들의 모습과 조금도 다르지 않다. 그의 발언이야말로 용서받지 못할 망언이 아닐 수 없다. 그가 말하는 '전체 국민의 생각'이란 실체가 있기나 한 것일까? 우리 사회 정치인들이 즐겨 남용하는 정치적 수사일 뿐이다. 그는 또 김종인의 5.18 사죄에 대해서도 아양을 떨 듯이 맞장구를 쳤다.

"국민통합 차원에서 당연히 해야 할 일을 너무 늦게 했다. 그간 호남 민심을 사기 위한 노력도 하지 않고 오히려 상처를 많이 냈는데 그에 대한 큰 반성과 다짐이다."

과거 우파정당들, 지금의 그들이 호남을 의식적으로 홀대한 적이 있었나? 호남인들은 그렇게 말할 수 있어도 비(非)호남인들은 그렇게 말할 수 없다. 당내 몇몇 인사가 5.18에 대해 문제제기를 했다고 해서 호남 전체에 상처를 입힌 것처럼 말하는 것은 지나친 정치적 확대해석이다.

개인의 의사 표시가 존중되어야 하는 의회정치에서 반대 진영이 그들의 발언을 망언(妄言)으로 비판했다고 해서 그들을 보호하기는커녕 징계

조치를 취함으로써 반대 진영의 주장을 정당화시켜주는 경솔하고 어리석은 정당이 집요한 극좌정당을 상대하여 국가를 지켜내고 국민을 보호할 수 있을까? 자신도 지켜내지 못하면서 어떻게 국가를 지키고 국민을 보호할 수 있겠는가! 5공이래 호남지역 인사들과 그 지역에 대한 관심은 결코 소홀한 적이 없었다. 지금은 오히려 영남 홀대, 호남 존중의 시대라고 해도 과언이 아닐 것이다. 영남 출신 전직 대통령 4명이 감옥에 갔다 왔거나 갇혀 있는 것이 현재 상황이다.

그는 세월호 참사에 대해서도 "당 차원에서 사고 책임을 솔직히 인정하고 유가족의 억울함을 풀어주기 위한 조치를 취하겠다."고 했다.

박근혜 당시 대통령이 사과했으나 이 사고로 인해 탄핵 당한 후 감옥에 가 있고, 사고 원인 조사를 통하여 다수의 관계기관 인사들이 형사 처벌받았으며, 유가족에 대한 보상 역시 이루어졌음에도 유족들의 요구에 따라 2020년 12월 아홉 번째 조사위원회가 구성되는 결정이 내려진 상태다. 그와 미래통합당이 할 수 있는 것은 조사결과를 기다리는 것뿐이다. 권한도 없으면서 어떤 조치를 취하겠다는 건가?

"영남은 절대 극우가 아니다."라고 하면서 억울한 누명을 덮어쓴 것처럼 항변(抗辯)한 것은 그가 좌파들이 씌워준 '극우'라는 멍에를 얼마나 부담스러워하고 있는가를 나타내는 단적인 예다.

총선 참패라는 잿더미 속에서 새롭게 태어나야 하는 우파정당의 원내대표이자 야전 사령관으로서 그는 우파정당이 지향해야 할 가치와 원칙을 다짐하며 당당하고 담대하게 집권 좌파정당에 맞서야 할 책임을 지니고 있었으면서도 스스로 우파이기를 포기하고 상대방이 씌워 준 극우 프레임을 벗어나고자 부정에 부정을, 변명에 변명을 거듭하는 좀비 부르주아 정치인, 사상적 색맹 정치인으로 행세했을 뿐만 아니라 자신이 태어나고 자란 고장에 대해서 자랑스러워하지도 않았다.

영남은 6.25 당시 자유대한민국을 지켜낸 최후 보루였고 5,000년 역사 이래 처음으로 '한강의 기적'을 만들어낸 지도자들을 길러낸 지역이자 그 어느 지역보다 자유주의 가치와 자유주의 체제를 존중해온 땅이다. 이것은 지역정서와는 무관한 역사적 진실이다. 그가 진심으로 사과해야 할 것이 있었다면 박근혜 대통령에 대한 개인감정으로 탄핵에 동참하고 문재인 좌파정권을 탄생시킨 부분일 것이다.

그는 애국시민들에 대해서는 차갑게 대하고 좌파정권에 대해서는 순치된 양처럼 고분고분했다. 또한 "당이 너무 시장경제만 주장하면서 시장에서 실패한 분들에 대해 배려가 부족했다."고 했는데 이것은 시장경제가 어떤 것인지, 건국 이래 한국경제가 어떤 과정을 거쳐 지금에 이르고 있는지를 전혀 모르고 한 소리다. 지난 총선에서 미래통합당은 자유시장경제라는 단어조차 거론한 바가 없었고 당시 황교안 대표가 제시했던 '민부론(民富論)'은 김대중 대통령이 주장했던 '대중경제론'의 복제품이 아닌가 하는 의문을 갖게 했다.

촛불시위와 박근혜 대통령 탄핵에 동조함으로써 문재인 좌파정권 탄생에 일조한 조선일보, 동아일보는 미래통합당을 우려하고 응원이라도 하는 것처럼 하면서 논평기사를 실었으나 내용은 좌파들, 거리의 젊은이들의 비판이나 견해를 옮겨놓은 수준을 넘어서지 못했다.

"국민 다수는 여당을 중도보수, 통합당을 극우정당으로 본다."
(조선일보, 2020년 4월 25일)

기사를 쓴 기자가 사상에 대한 이해가 부족한 탓으로 보수와 진보와 중도, 우파와 좌파를 구분할 줄 모르는 일반인의 견해임을 알고 있었다면 자신의 견해와 다르지 않은 것처럼 인용하지는 않았을 것이다. 위의 글은 좌파들이 항상 떠들어대는 선전 내용 그 자체다.

동아일보 이승헌 정치부장은 2020년 7월 8일자 기사에서 많은 사람들이 "통합당은 역시 보수꼴통이라는 명제를 연상케 하는 장면으로 태영호의 질의를 기억할 것이다."라고 썼다. 동서냉전 시대가 끝나고 이념의 시대도 지나갔다고 하는 좌파들의 주장을 베껴 쓴 글이라 해도 무방한 내용이자 아예 이념을 거론하지 말라는 주문이다.

"통합당이 반(反)호남, 반(反)민주적으로 비친 것은 당 안팎의 극단적 인사들이 검증되지 않은 주장으로 5.18을 폄훼하기 일쑤였고… 일방적 주장을 펴는 극단적 세력과 단호히 절연하지 않으면 통합당의 미래는 없을 것이며… 그동안 헌법재판소 판단이 내려진 탄핵의 그림자를 걷어내지 못하고 양극화 저성장 시대에 과거 성장주도관만 고집했던 모습…."
(동아일보 사설, 2020년 8월 21일)

5.18에 대해 더 이상 왈가왈부하지 말고 외부 애국세력과 절연하고 박근혜 대통령 탄핵의 합법성을 인정하고 성장우선 정책을 포기하라는 주문의 글이다. 미래통합당이 더불어민주당 일색인 호남에서 외면당했을 뿐이지 반(反)호남이었던 적은 없었다. 또 미래통합당이 반(反)민주적 행태를 취했다기보다 집권여당인 더불어민주당이 반(反)민주적 행태를 반복하고 있는 것이 지금의 현실이 아닌가?

양극화 저성장의 원인이 성장주도 정책 때문인지 아니면 소득주도성장 정책 때문인지는 과학적 검증이 필요한 사항임에도 불구하고 일방적으로 단정 짓는 것은 언론의 오만이자 편견이 아닐 수 없다. 동아일보가 스스로 자처하는 보수언론이라면 성장우선 정책 포기를 주장할 것이 아니라 한국 경제를 짓누르고 있는 관치경제 틀을 깨뜨리는 데 앞장서 달라고 주장하는 것이 순리다.

2021년 4월 9일자 사설에서는 "김종인 없는 야(野), 지역당 꼰대당 탈피 못하면 미래가 없다."면서 당 지도부의 전면적 세대교체 필요성을 강조했다.

4월 13일자 조선일보에서 최승현 정치부 차장 역시 약속이나 한 듯이 "영남과 장·노년층 위주로 편중된 당원 구조를 바꿔야 하고 무엇보다 양극화된 이념정치의 함정에 빠져들어서는 안 된다."는 글을 썼다.

한국사회의 주류 세력을 교체하고 자본주의 체제를 변혁하려는 집권 좌파정당을 상대해야 하는 제1야당을 향하여 이념정치의 함정에 빠지지 말라고 하는 것은 그 자신 정당정치에서 이념과 사상이 얼마나 중요한지를 전혀 모르고 하는 허영에 가득 찬 주장이며 투항하라는 권고에 가깝다. 그 자신 극좌정당인 더불어민주당 대변인처럼 주장하고 있음을 알고나 있을까?

현실 정치에 관심을 갖고 있는 교수들 역시 언론을 통하여 "따뜻한 보수"가 되고 "매력 보수"가 되라는 듣기 좋은 주문을 했고 명지대 김형준 교수는 "압축 성장, 반공, 시장경제를 넘어 균형성장, 약자 배려, 평화와 같은 진보의 가치를 포용하라."고 썼다.

압축 성장은 과거에 속하는 것이고 반공은 여전히 진행 사항이며 시장경제란 대한민국이 포기할 수 없는 경제정책의 바탕임을 부정하지 않고서는 도저히 주장할 수 없는 논리이자 실체를 제시하지 않고 균형성장을 강조하는 것은 지적 포퓰리즘이라고 할 수 있다. 이 땅에서 누가 평화를 거부한 적이 있었던가. 우리 모두가 한반도의 영원한 자유와 평화와 번영을 위해 노력하고 있음을 누가 부정할 수 있겠는가!

한국사회의 참여 지식인들인 이들 언론인, 교수들이 본질적 문제를 무시하고 평범한 일반인들의 수준을 넘어서지 못하는 진부한 비판과 제언을 거듭하는 것은 정당의 생명력이 당의 정체성에 있고, 당의 정체성은 당이 지향하고 있는 사상, 즉 가치관과 원칙에 근거하고 있다는 사실에 대한 이해가 부족하기 때문이며. '국민의힘'의 최대 약점이 사상적 빈사 상태에 있다는 것을 모르기 때문이다. 이들의 견해를 통틀어 한 마디로 요약하면 다음과 같다.

"우파정당이기를 포기하고 더불어민주당 아류(亞流)가 되라."

김종인과 그를 따르는 당내 소장파들의 견해와 다르지 않고 이미 그렇게 진행되고 있다. 정당을 향해 색깔을 말하지 말라는 것은 거세하라는 말과 같다.

거세된 노새 정당

국민의힘이 색깔을 말하지 않기로 한 순간 자유주의 가치와 원칙에 바탕을 두는 우파정당이기를 포기한 것을 의미한다.

따라서 국민의힘이 자유대한민국 체제를 굳건하게 지켜내고 자유주의 가치를 실현해주리라 기대하는 것은 불가능하게 되었고 국민의힘은 거세당한 노새와 같은 존재가 되었다.

거세된 노새는 새끼를 잉태할 수 없다. 색깔 없는 정당이란 존재할 수 없지만 존재한다고 하더라도 인간의 삶을 의미 있고 풍요롭게 안내하는 보편적 가치의 구현이 불가능하고 단순한 이익집단에 머물 뿐이다. 거세된 노새가 생산력을 상실한 것처럼 이러한 정당이 정권을 창출해낸다는 것은 힘든 일이지만 창출해낸다고 하더라도 자유대한민국을 다시금 반석 위에 올려놓는다는 것은 불가능하며, 자칫 잘못하면 화근이 될 수 있다.

거세된 노새가 오직 먹는 것에만 집착하는 것처럼 거세된 노새와 같은 정당은 눈앞의 이익, 개인의 이익에만 집착하는 불임정당이 될 가능성이 매우 높고 이러한 정당에게 가치와 원칙이란 무용지물일 뿐이다. 조선일보 최보식 기자만이 2020년 5월, 가슴에 와 닿는 글을 썼다.

"현 정권보다 지금의 미래통합당이 더 두렵다. …어떤 가치와 노선을 지키려는지, 과연 그런 게 있는지 모호하다. '보수와 자유우파라는 말을 싫어한다.'라는 80세 노인 김종인에게 자신의 운명을 맡기고 편안함을 느끼는 모습이 더 두렵다.”

　김종인 전(前) 비대위 위원장은 “배고픈 사람이 빵집을 지나다가 김이
나는 빵을 먹고 싶은데도 돈이 없어 먹을 수 없다면 그 사람에게 무슨 자
유가 있겠나.”라고 하면서 자유우파라는 것이 쓸모없다고 했다.
　어처구니없는 말장난이다. 마치 우리가 빵조차 제대로 먹지 못하는 나
라에서 살고 있는 것처럼 말하지만 한국은 비싼 소고기를 배불리 먹지 못
하는 국민은 있어도 빵을 못 먹는 국민은 없는 나라이고 최소한 빵보다 더
맛 좋은 라면 정도는 먹을 수 있는 국가다.
　대한민국이 ‘한강의 기적’을 달성할 수 있었던 것은 공산주의 체제를 거
부하고 자유주의 체제를 지켰기 때문이며, 더 큰 발전과 도약을 성취하려
면 자유주의 체제를 위협하거나 약화시키려는 좌파세력의 기도를 저지하
고 자유주의 체제를 더욱 공고하게 다져나가야 하며 이를 위해 자유우파
의 존재와 노력이 그 어느 때보다 중요하고 필요한 시대에 살아가고 있는
것이 우리의 입장이다.

　제1차 세계대전 직후 베르사유 조약 체결을 위한 회담에 참여하고 패전
국 독일에 대하여 프랑스를 비롯한 전승국의 과도한 피해보상 요구가 훗
날 새로운 불행의 씨앗이 될 것이라고 우려했던 영국의 유명한 경제학자
케인즈(J. M. Keynes)는 1923년에 쓴 글에서 당시 유럽 민주 진영의 실상
을 다음과 같이 묘사했다.

　“1차 세계대전은 목적도, 영혼도 없는 쌍방 간 도살(mutual slaughter),
그 자체였다. 우리는 신조가 전혀 없는 인간들이다(the most creedless of
men). 정신적으로 공허한 자유주의(spiritually empty liberalism)와 조잡

한 민주주의 문화(coarsened democratic culture) 속에서 종교적, 정치적 속물인 우리 개개인은 좀벌레에 먹힌(moth-eaten) 낡아빠진 존재에 불과하다."

케인즈가 살아있어서 오늘날의 한국사회를 둘러봤다면 어떤 글을 남겼을까? 아마도 다음과 같은 기록을 남기지 않았을까 싶다.

"과거 민주주의 전통이 전무하고 민주주의 역사가 짧기 때문인지 한국인들은 민주시민으로서 지켜야 할 신조가 전혀 없거나 애매모호하고 액세서리와 같은 자유주의와 천박한 민주주의 문화 속에서 언론의 아바타, 주

헨리 멩켄
Henry Louis Mencken
1880~1956
미국

사파들의 먹잇감이 되고 있는 존재들이다.”

　우리 사회에서 벌어지고 있는 현상 가운데 가장 황당한 것은 국민을 향해 “색깔을 거론하지 말고 평화만을 말하라.”는 주사파들과 국민의힘을 향해 “중도로 가야 한다.”고 외치는 얼치기 지식인들의 주장이다.

　이들을 두고 ‘호모 사피엔스(Homo Sapiens)’를 본 딴 ‘호모 얼간이엔스’들이라 해도 지나친 표현은 아닐 것이다. 이 난어는 20세기 미국의 유명 언론인 헨리 멩켄이 기독교 근본주의자(fundamentalist)들을 풍자하기 위해 만들어낸 말이다.

지혜의 안내

지금은 분열이 포용으로 포장되듯 거짓이 진실로 포장되고, 투자가 투기로 뒤집어지듯 진실이 거짓으로 뒤집어지며, 불신이 신뢰를 밀어내고 좌절이 희망을 집어삼키며 증오가 유령처럼 떠도는 어둠의 시대다.

언어는 날로 거칠어지고 법은 날로 가혹해지며 세금은 날로 무거워지고 정의는 공허해지며 공정은 빈말이 되고 관용과 타협이 없는 잔인한 시대다. 공직자는 권력자의 파수꾼이 되고 아첨꾼이 되어야 자리를 보존하고 살아남을 수 있으며, 대중은 점점 폭민으로 변해가고 지식은 넘쳐나지만 지성은 천박하여 손끝으로 글을 쓰고 입술로 말하기를 좋아하는 자들이 영혼을 팔고 사상을 조롱하는, 실로 혼돈의 시대다.

가치와 원칙이 쓸모없게 되고 권력과 명예와 이익이 대중을 마비시키면 갈등과 충돌이 분출하게 되고 권력자들, 권력을 등에 업은 자들의 독선과 붉은 광신이 사회를 농락하게 되면 권력을 독점한 자들이 오만한 괴물로 변하여 과거를 짓밟고 현재를 파괴하며 미래를 매몰하고 폐허 위에 그들만의 신전(神殿)을 세우게 된다.

신전 안에 놓인 우상들은 한가운데 주체사회주의, 그 오른쪽에 반일반미 민족주의, 그 왼쪽에 민족해방 자주통일이다. 신전이 세워지고 우상이 섬겨지는 사회는 석화(石花)된 사회다. 석화된 사회에서는 비정상이 정상이 되고 악(惡)이 선(善)으로 바뀌기 때문에 지배세력에 속한 개개인은 양심의 가책이나 죄의식을 전혀 느끼지 않는 현상인 '악의 평범성'이 만연하게 된다고 아렌트가 강조했다.

오늘날 우리가 살아가고 있는 시대, 우리가 살고 있는 사회에서 벌어지고 있는 현상들이 이와 같다고 해도 과언이 아니다.

그러나 신전과 우상은 때가 되면 파멸이라는 운명을 피할 수 없고 권력자들이 권력의 힘으로 우상숭배를 강요하지만 한때의 소동으로 끝나는 것이 세상사의 순리다.

끝장을 내는 주체는 언제나 지혜로운 자들, 시민과 국민이다.

이미 우리 사회는 변화의 마그마(magma)가 응축되면서 대폭발과 더불어 역사 발전의 물결로 변해가려는 징후들이 곳곳에서 쌓여가고 있다. 변화의 마그마로 하여금 폭발을 일으키게 하고 변화의 물결을 타면서 역사 발전의 숨결을 깊이 호흡하려면 지혜의 힘을 빌려야 하고 지혜의 안내를 받지 않으면 안 된다. 지금은 메시아(messiah)를 기다려야 하는 때가 아니라 용기와 함께 하는 지혜(知慧)가 요구되는 시대다.

산업화, 민주화 과정에서 선진국 문물에 대한 학습은 강조되어 왔으나 일상의 삶에서 지혜를 중시하고 강조한 경우는 매우 드물었다. 지식 과잉 속에서 지혜의 필요성이나 중요성을 무시하거나 망각하고 살아왔다고 할 수 있다. 지도자도 개인도 시민도 국민도 지혜의 안내를 받아야만 지식과 경험의 한계를 뛰어넘어 우리가 직면하고 있는 온갖 모순과 병폐를 극복하면서 넘치는 기력과 활력으로 창창한 앞날을 열어갈 수 있다.

4.15 총선에서 참패한 국민의힘(미래통합당)이 재기를 다짐하면서 내놓은 처방 중 하나가 "꼰대 이미지를 벗어나기 위해 젊은이들을 앞세워야 한다."는 것이었고 조선일보, 동아일보 역시 같은 소리를 반복해서 기사화했다. 선거 때마다 각 정당들은 세대교체가 만사형통의 처방인 것처럼 떠들면서 적지 않은 젊은 인사들을 받아들였으나 정당의 체질과 의회정치 수준이 발전적으로 달라졌거나 개선된 적이 없다. 인품, 능력, 통찰력이나 선견지명 같은 내면적이고 본질적인 요소보다 새로운 얼굴, 젊은 얼굴과 같은 겉모습에 유혹을 받는 정치풍토는 정치인을 상품처럼 인식하는 정치 후진국에서 흔히 볼 수 있는 현상이다.

젊음이 값지고 미래의 희망임은 분명하지만 젊음이 어려운 문제 해결의 열쇠를 독점하고 있다거나 믿음직한 길잡이라고 믿는 경우는 드물다. 물론 인간의 역사에서 수많은 예외가 없었던 것은 아니지만 극적인 상황에서 극적으로 등장한 것이 대부분의 경우다. 중진들이 나이가 많다고 해서 주책을 부리는 것도 나쁘지만 젊은이들이 젊다고 까불어대는 것도 나쁘다. 인간이 익지 않은 과일을 피하는 것처럼 성숙되지 않은 인간을 조심하는 것은 무시해서가 아니라 경솔함을 경계하기 때문이다.

고대 아테네에서 소크라테스와 플라톤이 활동하던 시대, 그들이 지녔던 이상적 지도자상은 성장기, 훈련기, 성숙기를 거치는 데 40여 년이 필요하고 50대가 되었을 때 비로소 대중이 신뢰할 수 있는 지도자 반열에 오를 수 있다고 믿었을 만큼 성숙된 인간을 중요시했다. 그들이 성숙(成熟, matured)된 인간을 중요시한 결정적 이유는 성숙된 인간을 지혜의 소유자로 인식했기 때문이다.

성숙된 인간이란 단순히 나이든 인간이 아니라 성장기, 훈련기, 성숙기를 거치면서 무리의 안내자가 될 만한 역량과 지혜를 갖춘 인간을 말한다. 현대적 의미에서 훈련이란 교육이고 성숙이란 경력과 경험을 뜻하며 지혜란 그러한 과정을 거치면서 축적된 통찰력과 판단력과 본능적 직관력(instinct)을 아우른 지적 역량이다.

이와 같은 지혜를 지닌 자는 평범한 인간이 예측할 수 없는 앞날의 일을 예측하고 남다른 문제해결 방책과 목표달성 방도를 제시할 수 있다. 지식만

소크라테스
Socrates
BC470~BC399
고대 그리스

능주의, 기술만능주의가 팽배해질수록 중요해지는 것이 지혜이고 어렵고 중요할 때일수록 지혜를 지닌 자의 안내가 필요하다.

우리에게 지금이야말로 젊음의 안내가 아니라 지혜의 안내가 절실히 요구되고 있는 시대다.

고대 로마인들이 올빼미(owl)를 지혜의 상징으로 삼았던 것은 올빼미가 어둠 속에서도 볼 수 있는 능력을 지닌 동물이었기 때문이다.

로마신화에서 지혜의 여신으로 등장하는 미네르바(Minerva)의 상징 역시 올빼미다. 옥스퍼드(Oxford) 영어사전에서 지혜란 "예지(叡智) 능력으로 실현 과정에서 생겨나는 긍정적, 부정적 결과를 미리 판별하여 가장 이로운 방책과 방도를 선택함으로써 현재와 미래에 도움을 줄 수 있는 것"이라고 설명하고 있다.

지혜를 신앙 차원에서 인식하고 심층적으로 추구했던 주인공들은 고대

플라톤
Plato
BC427~BC347
고대 그리스

히브리인(Hebrew)들과 그리스인, 그리고 불자(佛者)들이다. 구약성서 시편에 "여호와를 경외함이 지혜의 근본이다.", 사도 바울(Paul)이 "그리스도(Christ)는 하느님의 지혜이고 이 안에 인간의 지혜와 지식의 보화가 숨겨져 있다."고 한 것은 절대자에 대한 참된 인식, 절대자의 섭리에 대한 믿음이 지혜임을 강조함으로써 인간의 지혜란 평범한 지식이나 상식을 초월하는 지적 능력이라고 설명하고 있다.

구약성서에 등장하는 지혜의 왕 솔로몬(Solomon)은 지혜로운 일처리가 지혜의 본질이라고 했다. 세속적인 온갖 영화와 명예를 누렸던 그가 남긴 삶에 대한 독백은 지혜의 압축판이라 할 수 있다.

> 허무하도다! 허무하도다!
> 모든 것이 허무하도다!
> 지혜가 많아질수록 슬픔도 많아지고
> 지식이 많아질수록 불행도 많아지도다!
> Meaningless! Meaningless!
> Everything is meaningless!
> For with much wisdom comes much sorrow,
> the more knowledge the more grief. (전도서)

그는 인간이 지닌 능력의 한계를 절감하면서 절대자의 지혜야말로 참된 지혜임을 고백하고 인간의 오만과 자만을 경계했다고 할 수 있다. 유태인들의 탈무드(Talmud)에서는 지혜로운 자는 앞날을 내다볼 줄 아는 자이며, 스스로 선택한 것의 결과를 미리 알아내는 자라고 했다.

히브리인들의 바이블에서 지혜는 '호크마(chokmah)'로 표현되어 있고 이것이 지닌 뜻은 '두려움(fear)'이다. 호크마, 즉 지혜란 무(無)에서 비롯된 직관적 통찰력이자 의식을 관통하는 빛과 같은 것으로 영혼과 관계되어 있는 것이기 때문에 측량할 수 없는 깊이와 넓이를 지닌 탓으로 인간 능력으로는 포착할 수 없다. 따라서 인간은 두려움에서 벗어날 수 없는 존재라고 믿었다.

히브리인들과는 달리 고대 그리스인들은 철학자란 지식과 지혜를 사랑하는 자로 규정하면서 참된 지혜란 자신을 아는 것이라고 했다. 지혜로운 인물로 널리 알려진 소크라테스(Socrates)가 남긴 말이 대표적이다.

"나는 내가 모른다는 것을 안다."

우상을 숭배했던 고대 그리스인들이 국가 대사를 앞두거나 재난이 있을 때마다 신전에서 신탁(神託, oracle)을 받았던 것은 신의 지혜를 빌려 인간사를 처리하고 재난에서 벗어나고자 했던 행위였다. 지혜에 이르는 길을 추구하는 불자들은 모든 현상의 본성(本性)을 꿰뚫어 보는 것이 지혜이며 모든 집착에서 벗어나 해탈과 열반에 이르는 과정에서 반드시 필요한 것이 지혜라는 믿음을 지니고 있다. 중국의 노장사상(老莊思想, Taoism)은 지혜란 어둠을 없애는 빛으로 설명하고 있다.

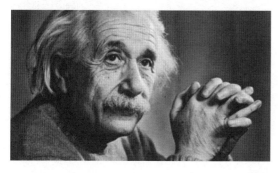

알버트 아인슈타인
Albert Einstein
1879~1955
독일, 스위스, 오스트리아,
미국

지혜로운 사람을 현자(賢者)라고 한다.

젊은 천재를 만나는 것은 쉽지만 젊은 현자를 만나는 경우는 거의 불가능한 것이 인간의 삶이다. 천재란 본질적인 것과 보편적인 것을 구분할 줄 아는 지적 능력이 뛰어난 인물이고, 현자란 성숙한 삶을 통하여 지혜를 응축해가는 인물이다.

천재는 인간에게 도움을 주지만 본의 아니게 해(害)를 끼치기도 하는데 비해 현자는 해를 피하고 도움을 주고자 하는 존재다.

대표적인 사례가 있다면 아인슈타인일 것이다.

아인슈타인은 20세기를 대표하는 물리학 천재로서 빛과 중력의 본질을 규명해낸 과학자였다. 그는 2차 세계대전 당시 루즈벨트 미국 대통령으로 하여금 원자폭탄을 만들도록 하는 데 큰 영향을 끼쳤으나, 미국 뉴멕시코(New Mexico)에서 행해진 최초의 원폭실험 성공 결과를 알고 난다음 반핵 평화주의자가 되었다. 원폭 실험 성공 직후 맨해튼 프로젝트(Manhattan Project)에 참여했던 군부 인사들을 중심으로 하는 정부 인

레오 실라르드
Leo Szilard
1898~1964
헝가리, 미국

사들과 민간 과학자들 간에는 실전 사용 여부를 놓고 심각한 논의가 있었고 결국 군부의 주장이 채택되었다.

연합군은 원폭 실험 성공 이전에 나치를 궤멸시켰고, 원자폭탄을 투하하지 않았다 하더라도 일본이 태평양전쟁에서 승리한다는 것은 불가능한 상태였다. 미국으로 하여금 원자폭탄을 만들도록 앞장서서 결정적 역할을 했던 헝가리 부다페스트 유태인 출신 과학자였던 레오 실라르드는 트루먼 미국 대통령으로 하여금 원자폭탄을 사용하지 않도록 하기 위해 백방으로 노력했으나 뜻을 이루지 못했다. 그는 당시 실험장에 일본 측 인사들을 초청하여 가공스러운 파괴력을 목격시킴으로써 전쟁을 포기하도록 하자는 안을 제시했다.

그 후 핵폭탄은 국제사회의 정치, 군사 환경을 영원히 뒤돌려놓을 수 없게 만들었고, 인류로 하여금 핵공포를 떠안고 살게 만들었다. 결과적으로 아인슈타인은 위대한 천재 과학자였으나 현자는 될 수 없었다. 핵무기의 가공할 파괴력이 인류에게 얼마나 큰 재앙을 가져다줄 것인지에 대해 안이한 판단을 했기 때문이다.

현자는 인간의 본성과 인간 삶의 본질을 꿰뚫어보는 데 있어서 천재를 능가한다. 인간의 지혜에 가장 근접하는 단어가 성숙이다. 성숙한 인간은 사색을 멈추거나 사고를 게을리 하지 않는다.

성숙함이 없는 인간이란 사색은커녕 사고를 경시하고 게을리 하는 가벼운 인간을 말한다. 사고하지 않는 천박함이 만악(萬惡)의 근원이라 한 것도 사고가 얼마나 중요한 것인가를 의미하는 말이다.

사고하지 않고 성숙함이 없는 인간은 쉽게 도그마에 빠지고 원한과 증오의 화신이 되어 사회에 말할 수 없는 해악(害惡)을 끼칠 수 있다. 삶에서 성숙함이 부족한 젊음을 경계해야 하는 이유다.

고대 그리스인들이 인용하기 좋아했던 '지혜의 이빨(wisdom tooth)'이란 의술의 아버지로 불리는 히포크라테스의 글에서 유래된 표현으로 가장 마지막에 나오는 '세 번째 어금니'를 의미했다.

히포크라테스가 지혜를 '세 번째 어금니'에 비유한 것은 연륜과 더불어 성숙해가는 인간만이 극단을 피하고 합리적이고 올바른 삶을 살아갈 수 있다고 믿었기 때문이다. 고대 그리스가 남긴 수많은 사례 가운데 생생한 기록으로 전해지고 있는 것 중의 하나가 BC 490년 마라톤(Marathon) 회전 당시 그리스 영웅 중의 한 명이었던 아리스테이데스(Aristeides, BC 520?~BC 468?)가 남긴 말이다.

대제국 페르시아의 대군이 그리스 본토를 침공했을 때 그리스는 수많은 소국들로 분산되어 전열을 갖추지 못한 채 우왕좌왕하고 있었으나 정

히포크라테스
Hippocrates
BC460(?)~BC377(?)
고대 그리스

치가(statesman)이자 장군이었던 아리스테이데스가 소국들을 설득하여 델로스 동맹(Delian League)을 맺도록 하고 그리스연합군을 형성, 단일한 지휘체계를 갖춤으로써 역사에 길이 남는 승리를 가능케 했다.

그가 델로스동맹을 성사시키기 위해 구사했던 결정적 논리가 지혜의 논리였고, 이것을 조대호 연세대 철학과 교수가 최근 언론에 소개했다.

"지혜로운 사람들을 믿고 따르는 것은 수치가 아니라 고귀하고 안전한 길이다."

그는 너무나 정직했기에 도편추방(陶片追放)을 당해야만 했던 일화를 남겼고 미국 보스턴 비콘 힐(Beacon Hill)에는 지금도 그의 동상이 세워져 있다.

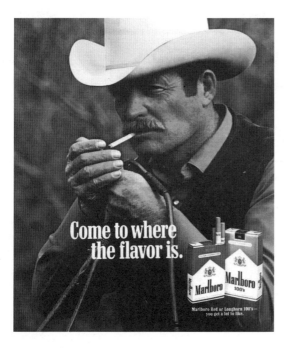

대럴 윈필드
Darrell Winfield
1925~2015
미국

"회색 카우보이모자(a gray Stetson)를 쓴, 고상하고 세상 풍상을 다 겪은 모습(a noble, weatherbeaten face)을 한 그는 미스터리한 방랑자(a mysterious wanderer)이고, 어디로 가야 하는지를 아는 현대판 오디세우스(a modern Odysseus)다."

2015년 85세의 나이로 고인이 된, 미국 담배회사 필립 모리스(the Philip Morris Company)의 유명광고 모델이었던 대럴 윈필드에 대해 영국 주간지 이코노미스트(the Economist)지가 실은 조사(弔詞)의 한 부분이다.

윈필드는 우리에게도 낯설지 않은 인물이다. 'Marlboro Man'으로 유명했던 그는 젊은 날 해군 풋볼 코치, 울타리 회사 경영, 경찰 드라마 조역, 뉴욕 체육클럽에서의 삶 등 다양한 이력을 가졌으나 '말보로 맨'이 되고 나서부터는 넓은 평원과 아메리카 원주민들의 세계관에 매료된 삶을 살았고, 그 자신의 천막집(a lodge)에는 사고하는 인간의 신성한 땀(sacred sweat)이 배어 있을 만큼 고귀한 삶을 살았다.

그의 삶은 "회복력(resilience), 자족(self-sufficiency), 독립(independence), 그리고 자유기업(free enterprise)"의 압축판이며 "바람과 태양, 그리고 거친 승마(hard riding)가 어떠한 나약함도 허용하지 않는" 삶을 살다가 갔다. 이코노미스트지가 쓴 조사는 한 인간의 지혜로운 삶이 어떤 모습인가를 아름답게 묘사했다.

지혜는 공간의 영역이라기보다 시간의 영역이다.

시간은 인간에게 죽음을 가져다주면서 동시에 성숙함을 안겨주는 필연의 메신저이며 운명의 사자(使者)다. 지혜의 관점에서 볼 때 젊다는 사실을 특권인 것처럼 생각하고 잘난 척 행동하는 인간은 미숙하고 어리석은 자들이며, 가장 위험한 자는 도그마에 빠진 광신자들이고, 가장 비천한 자는 증오심에 사로잡혀 남을 해치는 자들이며, 가장 훌륭한 자는 인간과 사회에 도움을 주는 지혜의 소유자다.

지혜를 중요하게 생각하는 사람들은 지식인에 대해 기대를 하면서도 경계심을 버리지 않는다. 지식인들이 독선과 광신에 사로잡히게 되면 세상을 소란스럽게 만들고 인간들에게 해를 끼치기 때문이다. 소련 공산주의와 독일 나치스 시대 전체주의 광풍을 일으키며 앞장섰던 무리는 교육 받은 지식인들이었다.

이들은 자신들이 맹신하는 이데올로기로 대중을 현혹하여 폭민(暴民)으로 만들어 동맹관계를 맺고 권력집단의 앞잡이 노릇을 했다. 이들은 이것을 '연대(連帶, solidarity)'라고 했다.

1980년대 '위수김동' 구호를 외쳤던 전대협(전국대학생대표자협의회, 全國大學生代表者協議會)을 모태로 하는 오늘날의 주사파 인사들이 강조하고 있는 것 역시 연대다. 연대란 집단주의자들(collectivists)이 사용하는 가장 상징적인 정치적 단어다. 이들에게 중요한 것은 개인이 아니라 집단이며 집단의 형성을 위한 필수 조건이 연대다.

연대한 세력이 국가권력을 장악하게 되면 국가는 재앙을 피할 수 없게 된다. 집단에 속한 개인이 양심의 포기를 강요받고 대중은 지식인들이 가공해낸 신화의 미끼를 물면서 맹동(盲動)을 서슴지 않으며, 여과되지 않고 정제(精製)되지 않은 민주주의 사회에서 어리석은 자들이, 위험한 자들이, 비천한 자들이 국가권력을 독점하게 되면 역사를 함부로 왜곡하며 민주와 정의를 앞세워 아무런 거리낌 없이 국민을 능멸(凌蔑)하고 보편적 가치를 짓밟을 수 있기 때문이다.

현재 대한민국이 직면하고 있는 현실이 이와 같다.

2021년 4월, 서울대 보건대학원 유명순 교수 연구팀이 조사·발표한 한국사회 '울분' 현상이 위와 같은 현실을 뒷받침하는 구체적 증거의 하나다.

국민 10명 중 6명이 만성적 울분에 시달리고 있고 사회적·정치적 사안 가운데 가장 울분을 많이 느끼게 한 영역이 정치·정당의 부도덕과 부패라고 했다. 우리나라가 세계에서 자살률 1위인 것도 울분 현상과 무관하지 않을 것이다.

　지혜의 소유자, 지혜를 지닌 자가 가장 경계하는 것이 독선과 광신과 맹종이며, 이것들이 극렬하게 충돌하는 곳이 종교와 이념의 세계다. 20세기에 인류는 독일 나치스와 소련 공산주의 시대를 겪으면서 값비싼 희생을 치른 바 있으나, 16~17세기 기간 종교의 세계는 더 길고 처절했으며 에라스무스(Erasmus)와 루터(Luther) 간의 관계를 통하여 당시의 심각성을 짐작할 수 있다. 이들의 목소리가 유럽에 울려 퍼지던 당시는 로마가톨릭이 극도로 부패했던 때였다. 교황이 자식들을 두었고 그를 둘러싼 엽관주의가 만연했으며 로마에서 번창했던 사업이 포도주 교역과 매춘이었다.

　네덜란드 출신 에라스무스는 북유럽의 르네상스를 주도한 위대한 인문주의자였으며, 독일 출신 루터(Martin Luther, 1483~1546)는 종교개혁 선구자였고 둘 다 성직자였다.

　에라스무스는 가톨릭 안에서의 제도개혁과 인간 자신의 내면적 변화를 주장하면서 가톨릭 안에 머문 데 비해 루터는 가톨릭과 결별하고 개신교를 탄생시켰다. 루터는 믿음(faith)을 앞세운 급진 노선을 추구하면서 타협을 거부했으나 에라스무스는 온건 노선을 취하면서 루터의 동참 요청을 거절했다. 루터는 이로 인해 에라스무스를 거짓말쟁이, 성난 뱀(enraged reptile), 허영심이 강한 짐승(vainglorious beast), 사탄의 도구(instrument of Satan)라는 극단적 표현으로 비판했고 반(反)유태주의(anti-Semitism)의 문을 열어젖혔다.

　가톨릭교회가 분열되기 이전의 유럽에서 최후의 위대한 지성인으로서 세계시민(citizen of the world)으로 자칭했던 에라스무스는 교회 내의 기존 제도들을 개혁하는 것은 쉽지만 카리스마가 넘치는 설교자에 의해 영감을 받은 광신도의 생각을 바꾸는 것은 힘든 일이라고 말했다. 에라스무스가 우려했던 바와 같이 루터 이후 비(非)관용이 독선(self-righteousness)과 손을 잡고 주기적으로 신앙적 광풍과 광란을 불러일으켰다. 책들이 불태워지고 인간들이 화형에 처해졌다. 누가 더 순수한 영혼의 소유자이며 누가 더 맹렬한 믿음의 소유자인가를 두고 가톨릭과 개신교가 격돌했고 개신교와 개신교 간에도 충돌했다.

끝내 가톨릭 세력과 개신교 세력 간에 30년 전쟁(1618~1648)이 발발하

에라스무스
Desiderius Erasmus
Roterodamus
1466(?)~1536
네델란드

여 유럽 대륙이 전쟁에 휩싸였다. 이 기간 동안 독일 인구의 3분의 1이 살육당하고 집단 강간, 마을 방화와 고문이 자행되었다.

15세기부터 시작된 마녀사냥은 1775년까지 계속되었고 약 5만여 명이 목숨을 잃은 것으로 추정되고 있다.

에라스무스는 이러한 비극을 우려했다. 루터는 광신(狂信)의 소유자였으나 에라스무스는 지혜의 소유자라고 할 수 있다. 그 자신 파리 소르본 (Sorbonne) 대학에서 8년간 신학을 공부하며 접했던 유사 신학자들(quasi-theologians)에 대해 남긴 소감의 글을 2020년 12월 19일자 이코노미스트지가 소개한 것을 보면, 에라스무스가 가식적이고 허위의식에 사로잡힌 당대의 지식인들을 얼마나 혐오했는가를 알 수 있다.

두뇌는 가장 공허하고, 혀는 가장 촌스럽다.
재치는 가장 따분하고, 가르침은 가시투성이다.
개성의 매력은 바닥이고, 삶은 가장 위선적이다.
대화는 가장 비방적이고, 그리고 심장은 지구상에서 가장 어둡다.
brains are the most addled, tongues the most uncultured,
wits the dullest, teachings the thorniest,
characters the least attractive,
lives the most hypocritical,
talk the most slanderous,
and hearts the blackest on Earth.

동서고금을 통하여 시대가 혼란해지면 언제나 가장 두드러진 혼란 현상이 지배하는 곳이 지식인 사회다. 지식인들이 혼란의 원인 제공자이면서 주인공이기 때문이다.

에라스무스가 살았던 시대는 교회와 신앙을 둘러싼 극단적 갈등과 충돌의 시대였고 분열의 시대였다. 이코노미스트지가 이 시기에 에라스무스를 거론한 것은 다자주의(multilateralism) 시대가 위협을 받는 가운데 정치적 포퓰리즘(populism)이 득세하고 경제적 보호주의(protectionism)가 꿈틀거리는 국제 환경을 우려해서다.

에라스무스는 결코 극단주의 유혹에 넘어가지 않았고 루터의 도그마적 기질을 싫어했다. 그가 우려하고 경고했던 대로 그의 사후 오랫동안 종교적 극단주의가 유럽 역사를 피로 얼룩지게 했다. 그는 생시엔 외로웠으나 세월이 가면서 그의 주장이 빛을 발했고 훗날 18세기 계몽주의 사상가들이 절대자(God) 대신 인간의 이성(reason)을 앞세우면서 독단의 시대, 극단의 시대를 뒤로 하고 관용(tolerance, 톨레랑스)을 미덕으로 받아들이는 관용의 시대, 톨레랑스 시대를 열어가는 데 씨앗을 뿌린 위대한 인문주의자로 존경을 받게 된다. 그러나 그것은 거기서 끝난 것이 아니라 새로운 시작을 잉태하고 있었다.

신앙이 인간사회를 좌우하고 종교적 독단이 인간의 삶을 지배하던 시대는 끝났으나 투쟁적 이데올로기가 이성을 밀어내는 가운데 또 다른 비(非)관용과 독단의 시대가 도래(到來)하면서 인류는 고통을 감수하고 희생을 치러야 했으며, 한반도 역시 그와 같은 세기적 소용돌이를 피할 수 없었을 뿐 아니라 동서냉전이 끝난 이후에도 오직 한반도만이 소용돌이 끝자락을 벗어나지 못하고 독단과 비(非)관용, 광신과 증오에 휩싸여 있다.

적화통일을 꿈꾸는 북한 공산주의자들, 남한 내 북한 추종자들, 주사파, 그리고 배타적 민족주의자들이 그 주인공들이다.

시대가 필요로 하는 사상가, 현자의 출현이나 등장은 흔하지도 않고 쉽지도 않은 것이 인간사회다.

기다려야 할 수밖에 없는 국민으로서는 국가와 국민을 들먹이며 달콤한 미끼로 유혹하는 선동가들에게 속지 말아야 하고, 상식의 도움으로 올바른 판단과 선택을 할 수 있도록 노력하는 길밖에 없다.

상식의 도움을 받는다는 것은 역사와 위대한 인물들의 삶을 통하여 지식과 지혜를 빌리는 것을 말한다. 일반적으로 지혜의 보고(寶庫)라고 하면 역사와 위대한 인물들의 삶, 이들이 남긴 글과 말이다. 직업이 무엇이든 전공분야가 어떤 것이든 지식인이라면 역사와 위인들의 자취와 그들의 글과 말을 반드시 읽어야 하는 이유다.

특히 역사를 읽을 때 유의해야 하는 점은 성공의 역사보다 실패한 역사를 주의 깊게 읽어야 한다는 점이다. 똑같은 실패를 반복하지 않기 위해서이고 실패한 경험을 통하여 성공의 단서를 찾아내기 위해서다. 성공한 역사는 망각해도 문제가 생겨나는 일은 없지만 실패한 역사를 망각하면 더 큰 문제와 실패를 자초할 수 있기 때문이다.

우리는 이 점에서 매우 취약하다. 실패한 역사를 감추거나 자초하는 자는 어리석고 이데올로기 영향을 받아 역사를 왜곡하거나 날조하는 자는 위험하다. 유태인들이 실패한 역사를 잊지 않는 데 비해 우리는 애써 외면하거나 감추거나 왜곡하고 심지어 날조까지 하는 것을 마다하지 않는다. 예컨대 2001년 5월~2002년 7월 사이에 KBS가 뮤지컬 <명성황후>를 TV 드라마로 방영하면서 내놓았던 취지가 압권 중의 하나다.

"조선의 역사를 승리의 역사로 이끈 위대한 철의 여인 명성황후의 이야기."

그녀가 누구인가를 모르는 국민은 드물다. 조선의 역사를 승리의 역사로 이끈 것이 아니라 조선왕조를 망국의 길로 몰고 간 주역의 한 명이다. 조선의 왕궁, 경복궁에서 일본 낭인 무리에 의해 살해당한 비극의 주인공을 등장시켜 반일정서를 부추기려 했음을 짐작케 한 드라마였다.

이러한 행태는 지금도 반복되고 있다.

반일(反日)민족주의 정서를 자극하고 대한민국 정통성을 훼손하며 지난날의 우파정권들을 악마화하기 위해 소설을 쓰고 드라마를 제작하고 뮤지컬을 연출해냄으로써 대중을 오염시키고 있다.

위대한 인물들이 남긴 글과 말, 사상과 이론들로 인해 인류가 발전해왔음을 믿고 그들의 글을 읽고 삶을 기억하는 것 역시 삶의 지혜다. 2500여년 전 공자(孔子, BC 551~BC 479)가 남긴 말이 20세기 드골(Charles De Gaulle, 1890~1970)이 한 말과 크게 다르지 않은 것은 그들이 깊은 사고의 소유자들이며 국가존망에 대한 남다른 지혜를 갖고 있었기 때문이다.

"배우기만 하고 사색하지 않으면 아둔해진다."

이렇게 말했던 공자가 활동했던 시대는 중국 중앙왕조인 주(周)나라가 동쪽 낙양(洛陽)으로 옮기면서 쇠락해가자 제후국들이 난립하여 패권을 다투던 혼란스럽고 위험이 가득했던 춘추시대(春秋時代, BC 771~BC 476)였으며, 드골은 군인으로서 1차 세계대전에 참전했고 2차 세계대전 당시 프랑스가 독일 히틀러의 나치스 군에게 패배하여 점령당했을 때 조국의 해방을 위해 절치부심의 시기를 감내하면서 저항했던 인물이다.

공자는 말했다.

"위정자가 청렴하고 예절에 투철한 것은 소의(小義)이고 나라를 지키고 백성의 고통을 줄이며 편안히 살게 하는 것이 대의(大義)다."

드골은 말했다.

"정치에서 도덕적 책무(moral imperative)란 나라의 독립(independence)을 유지하고 안보(national security)를 지키는 것이다."

공자는 인류의 성현(聖賢)의 반열에 올랐고, 드골은 파리에 그의 동상이 세워져 있을 만큼 프랑스인들이 가장 존경하는 인물이 되었다. 공자는 혼란스러운 전란시대를 살면서 제후들이 올바르게 나라를 다스리고 지키며, 백성들의 고통을 덜어주고 편안하게 살 수 있도록 하는 가르침과 설득을 멈추지 않았다.

드골은 1차 세계대전을 겪은 후 다음에 전쟁이 다시 발발한다면 기계화부대가 주력이 될 것이므로 프랑스 육군도 기계화해야 한다고 주장했으나 받아들여지지 않았다. 당시 그의 계급은 소령이었다. 2차 세계대전이 발발하여 프랑스가 독일군에 패배하여 점령당하자 영국 런던으로 건너가 '자유 프랑스' 기치를 내걸고 국내 저항투쟁을 촉구하고 지원했으며 전쟁이 끝난 후 조국을 전승국 대열에 합류시킴으로써 프랑스가 전후 국제평화회의 테이블에 함께할 수 있게 하여 프랑스인의 명예를 지키고 자존심을 높여준 위대한 지도자였다.

그러나 1968년 국민투표가 부결되자 미련 없이 대통령직을 그만두고 고향으로 돌아갔다.

근대 이후 세계 역사상 가장 충격적인 군사적 패배는 2차 세계대전 당시 독일 나치스에 의한 프랑스의 패배였다. 국가 간 전쟁에서 성패를 둘러싼 원인분석은 전문가들마다 다른 것이 일반적이지만 이 당시 프랑스 패전 원인을 둘러싼 논란만큼 분분했던 적은 드물다.

1870년 보불 전쟁에서의 치욕적 패배와 1차 세계대전에서 독일 침공을 겪어야 했던 프랑스는 야심찬 마지노선(Maginot line)을 구축하여 난공불락의 요새임을 자랑했으며, 전투역량 면에서도 독일에 비해 크게 뒤지지 않았다.

　　그러나 1940년 5월 10일, 히틀러가 판자부대(Panzer, 기계화 부대)를 앞세워 침공하자 순식간에 무너지고 1940년 6월 11일 파리가 점령당했다. 전쟁 역사에 기록되어 있는 독일군의 전격전(電擊戰, blitzkrieg)은 이때 등장했다.

　　패전 원인을 두고 수많은 논란이 있었으나 가장 주목을 받았던 견해는

앙드레 타르디외
André Tardieu
1876~1945
프랑스

타르디외의 견해다. 1차 세계대전에 참전했던, 지성을 겸비한 정치인이었으며 클레망소 수상을 보좌했고 그 자신 잠시 수상 직에 오르기까지 했던 타르디외는 프랑스가 패배한 원인은 '국가의 타락(national decadence)'에 있었다고 했다.

"프랑스 패배는 정치적 주저함이나 군사적 오판이나 불운 때문이 아니라 국가의 타락에서 비롯되었다."

그가 말한 '국가의 타락'이란 공화국 자체에 대한 신념 결핍이 제도적 위기와 사회·경제적 위기를 초래했고, 지식사회의 지적 교착상태가 지적

조르주 클레망소
Georges Clemenceau
1841~1929
프랑스

태만과 오만을 만연시킨 결과를 두고 한 말이다. 지금 대한민국이, 한국사회가 처하고 있는 현실 역시 이와 다르지 않다. 유감스럽게도 타르디외와 같은 관점에서 대한민국을, 한국사회를 진단하고 비판하는 정치인이나 지식인은 매우 드물다.

청렴하지도 않고 예절도 바르지 못하면서 나라를 위태롭게 하고 국민에게 불안과 고통을 안겨주면서 국민으로 하여금 불신과 좌절 속에 살게 하고 있는 것이 현재의 좌파정권이며, 진보니 보수니 하는 좌우 정치인들이다.

자유민주공화국 체제를 주체사회주의 체제로 변혁하려는 좌파들은 위험한 세력인 데 비해 자유민주공화국 체제 가치를 소홀히 하고 곁눈질을 하면서 개인의 이익과 영달만을 꾀하는 우파들은 타락한 세력이다. 이들

아담 스미스
Adam Smith
1723~1790
영국 스코틀랜드

로부터 지혜는커녕 평범한 상식조차 찾아보기 힘든 국민은 가련하지만 그들을 선택한 주체가 국민 자신이므로 책임을 피해갈 수는 없다.

그러나 자유민주공화국 체제에 대한 확신이 없으면 주권자로서 책임을 감당해낼 수가 없다.

지금도 우리 곁에서 숨 쉬고 있는 것처럼 느껴지는 역사상 위대한 사상가이면서 경제이론가였던 한 명의 인물을 예로 든다면 단연코 아담 스미스일 것이다.

현대 경제학의 창시자인 스코틀랜드 출신 아담 스미스의 사상과 이론은 지금도 경제학계에서 다이아몬드 같은 지위를 잃지 않고 있다. 존 로

존 로크
John Locke
1632~1704
영국

크, 데이비드 흄과 더불어 영국을 대표하는 계몽주의 사상가의 한 명이었던 그의 학문적 바탕은 인간 본성 탐구였고, 그를 주목하게 만든 첫 번째 책이 『도덕감정론 The Theory of Moral Sentiments』(1759)이며, 그를 유명하게 만든 책이 인간 본성에 대한 이해를 바탕으로 하여 쓴 『국부론 An Inquiry into the Nature and Causes of the Wealth of Nations』(1776)이다.

그는 모교인 스코틀랜드 글라스고 대학과 에든버러 대학에서 도덕철학을 강의했다. 회의론자이고 경험론자이며 무신론자에 가까웠던 흄의 영향을 지대하게 받았던 그가 인간 본성을 깊게 탐구한 이유는 인간으로 하여금 생각하도록 하고 행동하게 하고 행복을 추구하게 만드는 본능적 동기를 찾아내고, 인간의 참여와 능력 발휘로 국가 번영을 달성할 수 있는 길

데이비드 흄
David Hume
1711~1776
영국 스코틀랜드

을 찾아내기 위해서였다.

이런 목표를 위한 그의 학문적 탐구 방식은 관찰과 숙고를 수반하는 연구였고, 수많은 현장을 방문하여 필요한 자료를 수집하고 현장 인사들과 의견을 교환함으로써 자신의 생각과 인간 본성에 대한 정의와 이론 확립에 이용하였다.

그의 인간 본성 탐구가 중요한 의미를 갖는 이유는 그가 살았던 당시의 인간이나 지금의 인간은 달라진 것이 없고 인간의 본성 역시 변한 것이 없으므로 인간 본성에 근거한 그의 사상과 이론 역시 시간의 흐름과 관계없이 설득력과 생명력을 지니기 때문이다.

인간의 모든 활동은 인간의 본능적 의식이 작용한 결과이므로 인간 본성이 미치는 영역에는 구분도, 경계도 있을 수 없다. 따라서 계몽주의 사상가들의 목표가 '신으로부터 인간의 해방과 자유'였던 시대를 살았던 그가 경제학과 도덕은 분리된 것이 아니며 정의, 권리, 역사 같은 것들이 인간 본성에 의해 하나로 연결되어 있다고 주장한 배경이다.

그가 자유시장을 통해서 작용하는 자기 이익 추구가 인간 본성에서 비롯된 것으로 경제성장의 결정적 요인이 된다고 단언하면서도 자유시장경제 이론을 논함에 있어서 도덕보다 법치를 중요시한 것은 공동체의 삶에서 인간 본성의 한계를 인식한 결과다. 인간이 비록 도덕적 성품을 지니고 태어난 존재라 할지라도 국가공동체 내에서 개인 간의 이해충돌은 불가피하므로 법치(法治)가 필수조건임을 강조했고, 인간 본성을 존중하는 자유시장경제가 법치를 동반하지 않으면 성공할 수 없다고 단언했다.

"자유시장이야말로 계몽주의에서 바라는 목표를 달성하기 위한 가장 효율적 방법이며, 가장 도덕적인 방법이다."

그는 또 자유롭고 개방적인 시장, 즉 '자유시장'이 없으면 "사상의 자유도, 개인의 자유도 보장될 수 없다."고 하면서 자유시장에서 '보이지 않는 손'이 순조롭게 작동하려면 정의, 즉 법치가 뒷받침되어야 한다고 했으나 그 자신 자유방임주의라는 용어는 사용하지 않았다.

Laissez faire('그냥 내버려 두라', 자유방임)라는 용어는 프랑스 루이15세의 주치의였던 프랑수아 케네(1694~1774)가 처음으로 사용했고 아담 스미스에게도 큰 영향을 끼쳤다.

아담 스미스의 사상과 이론은 고대 그리스인들이 창조해낸 민주주의가 오늘날까지 생명력을 잃지 않고 있는 것과 같이 인류사회가 존속하는 한 불변의 지혜로 전해질 가능성이 높다. 오늘날 자유주의 체제 신봉자들이 자유시장경제를 중시하는 것은 인간 본성을 깊이 이해하고 인간 존엄성을 가장 존중하는 사상이 담겨져 있을 뿐 아니라 개인의 자유가 가장 소중한 가치임을 전제로 한 것이고 개인에게 행복을, 국가에는 번영을 가져다줄 수 있는 최선의 길임을 믿기 때문이다.

그가 자유무역을 옹호하면서도 노동자 계급을 옹호했으며 무역 규제 최소화를 주장한 것도 국가 번영을 위해서였다. 1930년대 말부터 1940년대에 이르는 기간 그의 사상적 후예들이 소련 공산주의자들의 계획경제가 인간의 자유를 말살하고 가난의 평등을 초래할 것이라는 확신으로 작은 정부, 큰 시장을 옹호하면서 법치를 중요시한 신자유주의 경제이론을 제시하여 1980년 이후 미·영을 주축으로 한 세계경제를 주도하면서 글로벌 시장경제 시대를 열었으며 그 중심에 하이에크(Friedrich Hayek)를 주축으로 한 오스트리아 학파와 프리드먼(Milton Friedman, 1912~2006)을 필두로 한 시카고학파가 있었다.

『좋은 사회(The Good Society, Lippmann, 1938)』, 『노예의 길(The Road to Serfdom, Hayek, 1944)』, 『관료사회(Bureaucracy, Mises, 1944)』,

『열린사회와 그의 적들(The Open Society and Its Enemies, Popper, 1945)』,『자유사회를 위한 경제정책(Economic Policy for a Free Society, Henry Simmons, 1946)』,『신자유주의와 전망(Neo-liberalism and Its Prospect, Friedman, 1951)』같은 책들이 신자유주의 선구자들의 대표적 사상과 이론서들이다.

노벨 경제학상 수상자이고 미국 시카고대학 경제학 교수였으며 레이건 행정부의 경제 자문으로 활동했던 프리드먼은 이렇게 말했다.

"경제적 약자를 돕는다는 명목으로 실시한 정책은 당사자들을 더욱 빈곤하게 만들었다."

이 말 역시 우리가 경청해야 할 지혜의 조언이며 우리가 현재 경험하고 있는 진실이다. 경제적 약자를 돕겠다는 현 좌파정권의 소득주도성장 정책, 반(反)기업·반(反)시장·친(親)노동 정책, 재정확대 정책 등은 실패를 거듭하고 있다. 중산층이 줄어들고 빈곤층은 늘어나며 국가부채와 가계부채가 눈덩이처럼 불어나고 공무원과 공공기관의 인원이 폭증하고 있음에도 경쟁은 악이고 평등이 선인 것처럼 떠들어대고 있다.

문화대혁명

공산주의자들이 경쟁이 불필요한 세상, 계급이 없고 만인이 평등한 세상, 사유재산도 필요 없고 인민이 공생·공존하는 세상을 건설하는 것이 역사 발전의 필연이라는 신앙 차원의 믿음으로 투쟁했으나 혁명과 폭력, 억압과 빈곤이 지배하는 세상을 만들어 수많은 인간들에게 말할 수 없는 고통과 희생만을 안겨주었을 뿐이다.

　　다만 한 가지, 뼈저린 교훈과 지혜를 남겼을 뿐이다.

　　"결과적 평등은 영원히 실현 불가능하다."

　　20세기 최악의 극단적 사례가 중국공산당 모택동의 문화대혁명과 캄보

폴 포트
Pol Pot
1925~1998
캄보디아

디아 크메르루즈 공산당 폴 포트 정권에 의한 '순수 평등주의' 사회 건설 투쟁이다.

프랑스 공산주의자들이 참여민주주의(participatory democracy)와 완전 평등사회를 구현하기 위하여 파리에 '사회주의 도시정부'를 세웠던 '파리 코뮌(The Paris Commune, 1871. 3월~5월)'에 영감을 받은 것으로 알려진 모택동이 '순수 평등주의 사회' 구축이라는 꿈을 이루기 위하여 홍위병을 앞세워 1966년~1976년, 10년에 걸쳐 '문화대혁명'이라는 정치적 대(大)소란을 일으켜 1200만 명~2000만 명에 이르는 인민을 처형하거나 오지로 추방했으며, 1800만 명에 달하는 정부·공산당 간부 중 300만~400만 명을 체포하거나 숙청했고 혁명동지 다수가 비참한 죽음을 당한 후에야 막을 내렸다.

캄보디아 공산당 크메르루즈의 폴 포트 정권(1975~1979) 역시 극단적 모택동주의 노선을 따라 완벽한 평등주의 사회 건설을 위해 토지 균등분배, 통화(通貨) 폐지, 사유재산 몰수, 어린이 국가 양육 등을 강제하면서 지주, 자본가, 지식인, 반대파 등 200여 만 명에 달하는 인민을 학살함으로써 '킬링필드'라는 악명 높은 흔적을 남기고 사라졌다.

인간에게 '능력의 평등'이 없는 것처럼 '결과적 평등'은 실현될 수 없으며 오직 문명사회에서 법 앞의 평등, 기회의 평등만이 가능할 뿐이다. 지구상에서 평등한 삶을 누리는 존재는 사육되는 동물뿐이다. 사육되는 동물은

영화 킬링필드(Killing Field)

사육하는 자의 선택에 따라 도살장으로 끌려가 도살당하고 인간의 식탁에 오르는 운명을 피할 수 없다.

평등을 앞세우는 전체주의 체제에서는 정치 권력자들, 이들의 하수인이자 도구인 관료들이 인민의 사육자들이며 인간 도축자들이다. 현재의 북한이 여기에 해당한다. 모두가 빈곤하고 모두가 노예라는 점에서 북한은 인류역사상 현존하는 최악의 결과적 평등 사회다.

정의와 평등을 앞세우고 자유를 독점하다시피 하면서 책임을 지지 않는 자들이 국정을 좌지우지하는 나라에서 삶을 꾸려가야 하는 국민만큼 고달픈 국민은 없다.

"자유와 책임은 분리될 수 없다."

이것은 모든 선진 자유민주주의 국가들이 존중하고 실천하는 기본적 정치원리다. 자유가 있는 곳엔 반드시 책임이 따르고 책임이 있는 곳에서만 자유로울 수 있다.

이것을 제도적으로 뒷받침한 것이 법치(the rule of law)다.

칸트(Kant)는 자유와 책임과 인간 존엄성이라는 가치가 공동체의 생명이라고 했다. 인간 존엄성을 경시하는 자는 양심이 없고 양심이 없는 자는 책임을 질 줄 모른다.

이러한 현상이 팽배한 사회에서 자유란 허울에 불과하고 오직 힘을 독점하고 있는 자들만이 자유를 누릴 수 있다. 법치가 무너진 현상이다.

법 앞에 만인이 평등하고 그 누구도 법 위에 군림할 수 없다는 근대국가의 법치 원칙은 인류가 자유를 지키고 누리기 위하여 혁명과 투쟁을 치르면서 고귀한 피의 대가로 획득한, 포기할 수 없는 황금 원칙이다. 민주주의 국가에서 주권자인 국민에게 주어진 권리 가운데 으뜸가는 권리가 자유를 행사하는 권리이지만 타인의 자유를 존중해야 하는 공동체의 삶에서 질서와 안전을 보장하고 공정을 실현하려면 법치는 필수조건이 된다.

이 경우 법치는 자유를 위한 파수꾼이자 최후의 보호자다. 폭군과 폭력이 지배하는 전체주의 국가, 공산주의 국가가 실패를 피해갈 수 없는 것은 인민에게 자유가 없고 책임만 주어질 뿐, 인민의 자유를 보호해줄 수 있는 법적 장치가 없기 때문이다.

한국사회에서 법치가 살아있다고 믿는 국민이 얼마나 될까? 최악의 법치 현상은 권력을 등에 업고 국회 다수의 힘으로 원하는 법을 만들어 법의 이름으로 헌법정신과 법치주의를 유린하는 행위다. 여기에 수많은 지식인들, 적지 않은 언론인들, 공직자들, 시민단체들, 노동단체들이 합세하게 되면 무법천지(無法天地)가 된다.

이 무법천지에서 폭민들로부터 조롱과 수모를 당하고 정책 결정권자들의 노리개처럼 취급당하는 기업주들, 살아있는 권력 앞에서 숨을 죽이고 직을 수행해야 하는 공직자들만큼 가련한 존재가 또 있을까?

콘라드 아데나워
Konrad Adenauer
1876~1967
독일

인간의 존엄성을 무시당하고 양심의 자유를 포기하고 살아가야 하는 존재가 되기 때문이다. 무법천지가 되면 가련한 존재들이 더 많이 생겨나는 것은 자연스러운 현상이다.

서독 수상 콘라드 아데나워가 1949년 수상 취임 후에 행한 첫 의회 연설에서 첫 번째로 강조한 것이 '개인의 자유와 책임'이었으며 두 번째로 강조한 것이 '효율적 시장(effective markets)'이다.

패전과 나치스 광풍이 휩쓸고 간 후의 좌절과 폐허의 땅, 동독과 동구가 공산화되고 공산주의 물결이 거칠게 휘몰아치던 시대, 전통적으로 사회주의 사상 뿌리가 깊은 서독에서 자유주의 체제를 구축한다는 것은 초인적 인내와 용기, 노력과 지혜를 필요로 하는 과업이었으나 끝내 성공했고 '라인 강의 기적'을 달성했다.

쾰른(Köln) 시장이었던 그는 나치스에 의해 두 번이나 투옥당한 반(反)

루드비히 에드하르트
Ludwich Erhard
1897~1977
독일

나치스였으나 종전 후 다시 쾰른 시장에 당선되고 수상 직에 올라 14년 (1949~1963) 동안 재임한, 프랑스의 드골에 버금가는 지도자로서 독일 국민을 향해 인내, 책무, 용기의 미덕을 발휘하자고 호소했다. 그가 첫 의회 연설에서 '자유와 책임'을 강조한 것은 '민주주의와 법치'를 의미했고 '효율적 시장'을 강조한 것은 '시장경제'를 의미했다.

그가 말한 효율적 시장이란 독일의 신자유주의(neo liberalism)인 '질서 자유주의(order liberalism)' 원리에 입각하여 법과 규정이 공정한 질서를 보장하는 자유시장경제를 의미한다.

이 정책을 주도적으로 뒷받침한 인물이 훗날 수상이 된 신자유주의 경제학자 에르하르트였다.

지혜의 반대말은 어리석음이다. 인간이 어리석은 자의 실패를 통해서 얻는 지혜는 단단하다. 타인의 어리석음에 대해 무관심할 수 없는 이유다. 20세기 말 그리스를 국가부도 상태로 몰아넣고 국제사회의 비웃음거리가 되었던 안드레아스 파판드레우가 좋은 본보기다.

1981년 아버지 뒤를 이어 수상이 된 그가 취임 직후 각료회의에서 발언

안드레아스 파판드레우
Andreas Papandreou
1919~1996
그리스

한 제일성이 "국민이 원하는 것은 다 줘라."였다. 그의 발언 내용은 30년 전 아르헨티나의 후안 페론이 했던 말 그대로다.

"국민에게 줄 수 있는 모든 것을 줘라."

파판드레우는 대중영합적인 좌파답게 재정을 퍼부어 소득분배 정책을 적극적으로 추진했다. 선별복지를 보편복지로 바꾸고 무상교육, 무상의료, 출퇴근 시 대중교통 무료, 취임 1년 만인 1982년에는 최저임금을 전년 대비 45.9%까지 인상하고 노동자 해고를 제한했으며, 공무원·노조 관련 정책에 관심을 집중했다.

그의 치하에서 그리스는 '공무원 공화국'이 되었고 공무원들은 '황제복지' 수혜자가 되었다. 1981년, 30만 명이던 공무원 숫자가 2010년 구제금융을 받을 당시 76만 8,000여 명으로 증가했으며, 취임 1년 만에 공공부문 임금을 33.4%까지 인상함으로써 공무원들에게 지급하는 월급액수가 GDP의 50%를 넘었다. 전형적인 큰 정부 형태다. 노동인구 4명 중 1명이 공무원이고 58세 때 퇴직하면 월급의 95%에 해당하는 연금을 평생 동안 수령하는 시스템을 만들었다.

그는 국가재정, 즉 국민의 세금으로 공무원과 노조를 매수한 덕분에 11년간(1981~1989, 1993~1996)이나 집권할 수 있었으나 국가를 빈사 상태에 빠지게 하고 국민으로 하여금 정부에 의존하여 살아가게 만들고 떠났다. 2018년 그리스의 청년실업률은 39.4%로 전체 실업률인 19.3%의 두 배에 달했고 국가경제는 빈사 상태에서 완전히 벗어나지 못하고 있다.

정의와 공정과 평등을 앞세우는 좌파정부, 큰 정부 옹호자들은 국민의 이름을 팔고 국민의 호주머니를 털어 자기들끼리 권세와 영달을 독점하는 괴수(怪獸)들이다.

한 나라 안에서 가장 큰 도둑은 표를 얻고 지지를 받기 위해 나랏돈을 자기 돈인 것처럼 흥청망청 낭비하는 자들이다. 그러나 세상엔 공짜가 없다. 오늘 국가로부터 공짜로 얻어먹지만, 오래지 않아 심지어 자식 세대에 가서 수십 배로 토해내야 하고 얻어먹은 만큼 정치 권력자와 관료들에게 고개를 숙이고 살아가야 하는 것이 국가와 국민 간의 관계다.

지혜로운 국민이라면 국가 능력을 벗어나는 정부의 복지혜택을 결코 받아들여서는 안 되고 교활한 정치인들의 유혹을 뿌리쳐야 한다. 우리보다 훨씬 잘 사는 스위스 국민들이 국민투표에서 '기본소득 안'을 거부한 것은 그들이 얼마나 지혜로운 국민인가를 말해준다.

한국의 정치인, 언론인, 지식인, 시민단체들, 좌·우파 구분 없이 '기본소득' 지급이 시대 흐름인 것처럼, 자기 호주머니 돈으로 지급하는 것인 양 떠들고 있지만, 지금은 코로나 전염병으로 인해 2년 째 손발이 묶여 있는 상태이고 코로나-19 이후 국제 경제 환경이 어떻게 전개될지도 불확실한, 가장 힘들고 어려운 시기임을 인식하는 정치인, 지식인이라면 국민에게 인내를 호소하면서 국민 혈세로 유권자를 매수하려는 생각이나 행위를 강력히 비판해야 하고, 타락하지 않은 국민이라면 반대해야 하는 것이 당연하다.

그러나 우리의 현실은 비관적이다. 위험한 좌파 선동가들과 위선적 우파

선지자 예레미야

기회주의자들이 정치무대를 장악하고 있는 가운데 대중은 분노하면서도 날로 분별력을 상실해가면서 체념 상태로 빠져들고 있어 극적 반전이 아니고서는 탈출이 불가능해 보인다. 극적 반전으로 추락과 타락의 수렁에서 벗어나지 못하면 우리나라 역시 그리스의 전철을 밟게 되는 것은 시간문제일 따름이라고 하겠다.

우리나라는 건국 이래 큰 정부 틀 안에서 국가를 관리해온 나라임에도 국민을 바보로 취급하는 정치인, 지식인들이 작은 정부, 시장만능주의 경제 정책으로 양극화 사회가 되었다는 거짓을 창조해내면서 보편복지를 부추기고, 세금폭탄을 투하하면서 낭비성 재정투입을 거듭하며 공무원 조직을 대폭 늘리면서 정부 간섭과 개입을 강화하여 개인과 시장의 자유를 제한하는 위험한 악법을 양산하는 어리석음의 행진이 계속되고 있는 나라다.

성서(聖書, Bible)는 기독교 신앙을 갖지 않은 일반인에게도 도움이 되는 내용이 많다. 구약성서에서 선지자 예레미야는 예루살렘 성전(聖殿, the Temple)을 "강도의 소굴로 만들고 있다."고 한탄했고 신약성서에서 예수는 "내 아버지의 집을 장사하는 집으로 만들지 말라."고 질책했다. 성전을 둘러싸고 벌어진 물질적 거래로 인해 성전이 더럽혀지는 것을 유대민족의 타락과 동일시했음을 의미하는 내용들이다.

예수

성전을 현대국가에 비유한다면 행정부, 입법부, 사법부를 아우르는 정부다. 정부가 장사꾼의 터전처럼 변한다면 그 국가는 타락한 국가가 된다. 합법을 가장하여 세금으로 국민을 매수하여 자기편으로 만들고 법의 이름으로 국고를 낭비하는 것은 성전에서 이루어졌던 거래와 다를 것이 없다. 이경우 질책할 수 있는 주체는 오직 국민뿐이지만, 깨어있는 국민, 어리석지 않은 국민일 때만 가능하다.

정부가 국민의 호주머니를 짜내서 흥청망청 낭비할 때 "정부가 강도의 소굴이 되었다."고 해도 틀린 말은 아니다. 선거철만 되면 정당과 후보들이 돈 잔치를 벌이고자 혈안이 되는 것이 한국의 정치판이다. 총리, 집권당 대표까지 지낸 인사들, 현직 도지사가 대통령 꿈을 꾸며 이성을 상실한 것처럼 금전을 미끼로 낯 두꺼운 호객행위를 벌였다.

"모든 신생아가 사회 초년생이 됐을 때 20년 적립형으로 1억 원 지원을 하자."

"대학에 진학하지 않는 청년들에게 세계여행비 1,000만 원을 지원해주자."

"제대할 때 3,000만 원 장만해 드렸으면 좋겠다."

세계 어느 곳에서 이러한 일들이 벌어지는 나라가 있을까. 국민이 채찍을 들지 않고서는 잠재울 수 없는 심각한 지경이다.

국민의 돈으로 국민을 매수하는 줄도 모르고 그들이 던져주는 미끼를 물거나 금전 공세에 중독되는 국민은 졸망(拙亡)을 기다리는 패자와 같다. 이러한 이치를 깨닫는 것이 지혜다.

역사에서 근대국가 출현 이래 오늘날에 이르기까지 수세기 동안 인류가 피의 대가를 치르면서 체득한 인류사(人類史)의 대세(大勢)가 있다면 이것을 인류 공동의 지혜라고 해도 무방할 것이다.

"정부가 작을수록, 시장이 자유스러울수록, 개인의 자유와 행복, 그리고 국가 번영의 기회는 그만큼 증가한다."

이를 실현하고자 하는 제도적 장치가 '정치적 자유 대의민주주의(liberal representative democracy), 경제적 자유시장경제(free-market economy), 사회적 법치(the rule of law)'다. 이는 곧 자유주의 체제를 말한다. 인간이 불완전한 존재인 것처럼 인간이 인간사회를 유기적으로 작동시키려고 창안해낸 제도 역시 완전할 수 없지만 최상의 목표를 달성하려는 인간의 의지와 지혜의 산물인 것만은 부정할 수 없다.

자유주의 체제를 위한 위대한 사상적 선구자들과 정치 지도자들의 노력과 투쟁의 초점이 인간의 본성과 인간 존엄성, 자유와 평등, 정의와 공정, 국가의 필요성과 위험성, 개인의 안녕과 행복, 국가의 안전과 번영에 맞춰져 있었기에 그러한 결론에 도달할 수 있었고, 인류사회 발전을 위한 대세를 이룰 수 있었다.

현명한 인간은 위대한 선구자들이 물려준 사상과 교훈, 그리고 지혜의 산물을 결코 소홀히 하지 않는다. 이것은 역사와도 직결되어 있다. 로마 공화정 말기, 위대한 정치가이며 사상가였던 키케로(Marcus Tullius Cicero, BC 106~BC 43)가 남긴 글은 지금도 전혀 퇴색되지 않는 의미를 전해주고 있다.

"네가 태어나기 전에 일어났던 일에 대해 무지하면 여전히 어린아이일 뿐이다. 역사 기록에 의해 과거와 연결되어 있지 않다면 무엇이 삶의 가치인가를 알 수 있겠는가?"

키케로의 글은 '역사'란 과거사(過去事)를 기록한 것이라는 점에서 '과거'에 속하는 것이지만 현재와 미래의 삶에 끊임없이 영향을 끼치고 있다는 점에서 '현재'와 '미래'에 속하는 것이기도 하다는 의미를 함축하고 있다.

『프랑스 혁명에 대한 고찰』(1790)로 널리 알려져 있는 영국의 사상가 에드먼드 버크가 "죽은 자(the dead), 살아있는 자(the living), 그리고 태어나지 않은 자(the unborn)는 떼려야 뗄 수 없는 관계(the indissoluble link)"로 연결되어 있다고 한 것이나, 현대 영국의 유명작가인 힐러리 맨텔이 "역사란 과거가 아니다(History is not the past.)."라고 한 것도 같은 맥락이다.

우리나라는 역사 기록이 단절되어 있거나 부실하고 근·현대사를 두고서도 학자마다 다른 주장을 하고 있는 혼란스러운 국가다. 오늘날 한반도에는 반(反)문명적이고 반(反)시대적인 순혈 종족주의와 배타적 민족주의가 짙게 뒤덮고 있다. 북한에서는 순혈 종족주의가 신앙처럼 받들어지고 남한에서는 배타적 민족주의가 정치적 흉기로 남용되고 있다. 미숙아 상

에드먼드 버크
Edmund Burke
1729~1797
영국 아일랜드

태를 벗어나지 못했기에 역사를 읽을 줄 모르는 부끄럽고 우려스러운 현
상이 아닐 수 없다.

　지각 있는 국민이라면 이 시기에 미국 제26대 대통령 프랭클린 루즈벨트
가 남기고 간 뜻깊은 말을 거듭해서 읽어볼 필요가 있다. 세계 경제대공황
을 극복하고 이태리의 파시스트, 독일의 나치스, 일본의 군국주의 세력에
게 철저한 패배를 안겨준 주역이었던 그는 전체주의 세력을 타도하기 위하
여 필요에 따라 악의 제국 소련과도 손을 잡았을 만큼 냉철한 현실주의자
(realist)였으나 평화롭고 번영하는 인류 공동체의 미래 청사진을 제시한 이

힐러리 맨텔
Hilary Mantel
1952~
영국

상주의자(idealist)이기도 했다.

1780년대 미국 건국지도자의 한 명이었던 알렉산더 해밀턴이 먼 훗날 교역국가로서 위대하고 번영하는 미합중국을 내다봤던 것처럼 1940년대 루즈벨트는 2차 세계대전 이후 인류 공동체로서 국제사회가 '자유 국제 질서 liberal international order' 속에서 상호의존, 상호협력을 추구해야만 공동 평화, 공동 번영을 누릴 수 있다고 역설했고 인류는 지금도 실천 과정에 있다. 그가 그렇게 말할 수 있었던 배경은 그가 지녔던 뛰어난 지성과 국가적, 국제적 대(大)난국 극복을 위한 초인적 노력과 체험에서 비롯된 것이다. 그는 죽기 얼마 전 다음과 같은 지혜의 말을 남겼다.

프랭클린 루즈벨트
Franklin Delano Roosevelt
1882~1945
미국

"우리는 평화 시에도 혼자 살아갈 수 없다는 것을 배웠다. 우리 자신의 안녕(well-being)은 먼 곳에 있는 다른 나라들의 안녕에 의존하고 있기 때문이다.

우리는 인간으로서 살아가지 않으면 안 된다는 것을 배웠다. 사육사의 손에 의존하는 타조들이나 개들처럼 살아갈 수 없기 때문이다.

우리는 세계시민(citizens of the world), 인류공동체 구성원(members of the human community)이 되어야 한다는 것을 배웠다.

우리는 에머슨(Ralph Waldo Emerson)이 말했던 '친구를 얻기 위한 유

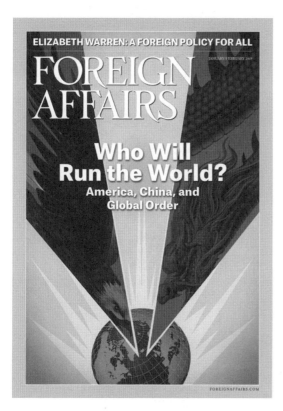

2019년 포린 어페어스
(Foreign Affairs) 1·2월호

일한 길은 친구가 되는 것.'이라는 단순한 진리를 배웠다."

2019년 포린 어페어스(Foreign Affairs) 1·2월호에 소개된 글이다.

　우리의 정치 지도자들은 기업 총수의 수준보다 낮다. 2020년 10월 24
일, 고인이 된 삼성그룹 이건희 회장이 선대를 이어 왕성하게 활동하던 시
기였던 1995년 중국 베이징에서 한국 특파원 기자들과 만난 자리에서 "정
치는 4류, 행정은 3류, 기업은 2류"라고 언급하며 화제를 남긴 적이 있었다.
그는 이 발언으로 인해 당시 김영삼 정부로부터 곤욕을 치렀고 그 후 자세
를 낮추면서 조심조심 살아가야만 했다.

　그날로부터 25년 후인 2020년, 그는 이 세상을 떠났으나 삼성그룹은 세
계 일류기업으로 성장했고 2021년 최빈국에서 출발한 한국경제는 세계
10위에 진입했다. 그의 발언이 있은 지 25년 동안 정권이 5번이나 바뀌고
수많은 선거가 치러졌으나 정치는 4류에도 머물러 있지 못하고 날로 추락
하며 타락해가고 있다.

　이건희가 승리하고 대한민국 정치가 패배한 결과다. 그가 남긴 26조 원
이라는 유산에 대해 그의 유가족은 12조 원이라는 세계 최고 수준의 상속
세를 납부해야 하면서도 감염병·희소병 퇴치에 1조 원, 창업자 이병철 회장
때부터 수집해온 국보급을 포함한 미술품 2만 3천 점을 기증했다.

　정기현 국립중앙의료원장이 국가조차 투자에 인색함에도 감염병 대응
시스템 구축에 7,000억 원을 기부한 이건희 회장 유족에 감사하다고 하고
언론이 연일 보도하자 더불어민주당 부대변인은 "이건희어천가에 구토증
이 난다."는 증오를 숨기지 않았다. 반(反)자본주의적이며 대기업에 적대적
인 현 집권세력의 본심이 여과 없이 드러난 촌평이다.

　2021년 7월, 삼성가의 맏상주가 되는 이재용 삼성전자 부회장은 박근혜

전(前) 대통령, 최순실에게 심정적으로 뇌물을 주었다는 죄목으로 징역 2년 6개월의 실형을 선고받아 복역 중 8.15 특사 여론이 나돌자 2021년 7월 6일, 반(反)자본주의 성향을 갖고 있는 참여연대와 경제정의실천시민연합 등 시민단체 회원들이 종로구 세종문화회관 옆에서 "사면·가석방을 절대 반대한다."는 입장을 밝혔고, 전국 8개 지역에서 동시다발로 열린 동조 기자회견에는 1,056개 노동, 인권, 종교, 시민단체가 이름을 올렸다.

이들 기자회견이 지닌 의미는 경제적이라기보다 지극히 정치적이고 이념적이다. 한국 제1기업 삼성그룹 대표의 숨통을 조이는 행위는 한국 자본주의의 숨통을 조이는 것과 같은 상징성을 나타내기 때문이다. 그들은 이재용 구속이 자신들 투쟁의 결과인 양 환호했고 지금은 그 어떤 관용도 베풀어서는 안 된다는 잔인한 요구를 하고 있다. 내외경제 환경이 그 어느 때보다 심각한 시기에 삼성그룹은 5년 가까이 과거에 대한 조사와 수사에 묶여 작은 투자나 기업합병(M&A) 결정 하나에도 정치권과 시민단체 눈치를 살펴야 하는 현상이 19세기 프랑스 에두아르 드뤼몽의 '유대인에 대한 증오'를 떠올리게 하고 있다.

그의 저서 『유대인의 프랑스』(1886)가 베스트셀러가 되어 프랑스인들의 반(反)유대인 정서를 증폭시킨 책에서 유대인들이 프랑스를 부패시키고 착취한다고 맹비난하면서 부유한 유대인 금융가 로스차일드를 악당으로 몰아세웠다.

대기업주의 안목에도 미치지 못하는 자들이 '민주'를 팔아 국가를 파탄으로 몰아넣고 국민의 희망을 앗아가며 국민이 피와 땀으로 이룩해놓은 산업화의 열매로 화려한 성찬을 즐기면서도 정작 산업화의 역군들과 영웅들에 대해서 감사하기는커녕 증오에 찬 모욕과 수모를 안겨주고 있는 곳이 세종로와 여의도이다.

한국은 의심의 여지없는 정치·사회 후진국이다. OECD 회원국들 중에서 대학교 진학률이 가장 높은 나라, GDP 10위 경제강국이면서 정치·사회 후진국이라는 것은 우리 사회가 그만큼 편중되어 있고 우리 국민은 그만큼 현명하지 못하다는 반증일 수 있다.

초강대국 선진 자본주의 국가 미국, 젊음이 넘쳐나는 나라 미국이 국내외적으로 어려운 시기를 맞아 2020년 대통령 선거에서 역대 후보들 중 가장 나이가 많은, 그러나 가장 성숙되고 노련한 조 바이든(Joe Biden)을 선출한 데 비해 2022년 정권교체를 다짐하고 있는 한국의 제1야당은 국회의원 당선 경험조차 없는 30대 청년을 당대표로 선출함으로써 당내 소장파와 언론들이 그토록 비판했던 '꼰대정당' 모습에서 벗어난 것처럼 허세를 부린 현상에서 정치 선진국과 정치 후진국의 차이가 극명하게 드러났다.

이러한 현상은 한국 정치사회가 인간의 성숙함과 현명함을 얼마나 소홀하게 인식하고 있는가를 의미하고 있다. 세상이 어려울수록, 사회가 혼란할수록 요구되는 것이 인간의 성숙함과 지혜다. 쉽게 갖춰지는 것이 아니다. 생각하고 노력할 때만 갖춰진다.

썩은 늪과 같은 사회, 감격도 환희도 사치스럽고 비장함도 처절함도 허망한 나라의 신세를 벗어나려면 반드시 지혜의 안내를 받아야 한다. 지혜의 영역은 한계가 없다.

시간을, 공간을 초월하는 인간 삶의 길잡이이며 인간의 삶을 값지고 풍요롭게 만드는 도우미이자 국가 안전과 번영을 안겨주는 헤르메스(Hermes)다. 악과 부정의는 숨을 곳이 없고 때가 되면 변화의 바람, 혁명의 바람이 불어 닥친다는 믿음을 지닐 때만 지혜의 목소리를 들을 수 있다.

인간사를 주사위로 결정할 수는 없다.

바람과 함께라면

산업혁명이 무르익으면서 도시화가 가속화되고 산업 노동자들의 등장
으로 인해 이들의 정치·사회적 중요성과 영향력이 급증하면서 영국사회가
요동치던 시기에 영국을 대표하는 소설가 찰스 디킨스가 쓴 작품 『두 도
시 이야기』에 다음과 같은 내용이 있다.

"그것은 최상의 시기이자 최악의 시기, 지혜의 시대이자 어리석음의 시
대, 확신의 세대이자 불신의 세대, 광채의 계절이자 암흑의 계절, 희망의 봄
이자 낙망의 겨울이었다."

긍정과 부정, 밝음과 어둠이 극명한 대조를 이루면서 함께 흘러가는

찰스 디킨스
Charles Dickens
1812~1870
영국

강물을 보는 것 같은 느낌을 불러일으키는 표현이다. 최상과 최악, 지혜와 어리석음, 확신과 불신, 광채와 암흑, 희망과 낙망이라는 절묘한 균형(balance)은 동양의 음양(陰陽) 사상을 연상케 한다.

어둠의 끝자락에 밝음이 있고 추락의 밑바닥이 상승의 시작점인 것처럼 기회는 언제나 위기의 뒤를 따라오는 것이 인간의 삶과 인간사회가 작동하는 호흡 방식이자 리듬이다.

따라서 고난과 고통, 좌절과 실패가 인간을 정복할 수 없다. 괴력을 지닌 그 어떤 거인도, 초능력을 지닌 그 어떤 초인도 인간으로부터 희망을 강탈해 갔거나 희망, 그 자체를 죽일 수 없었다.

현실을 살아가야 하는 인간이 회의적일 수도 비관적일 수도 있지만 낙관주의적 삶의 방식을 버릴 수 없는 이유다.

비록 지금은 증오의 시대이자 잔인한 시대이며, 어둠의 시대이자 어리석음의 시대이며, 독선의 시대이자 불신의 시대이며, 낙망과 좌절의 시대이자 추락하는 시대이지만, 어둠 다음에 밝음이, 어리석음 다음에 현명함이, 불신 다음에 믿음이, 낙망 다음에 희망이, 좌절 다음에 성취가, 추락 다음에 상승이 도래하리라는 믿음을 포기할 수 없다.

이것은 포기하지 않음으로써 상실에 대한 보상을 받을 수 있는 유일한 길이다. 비록 지금은 이념 과잉 세력과 양심불량 무리들이 민주공화국 체제를 위험에 빠뜨리고 자유시장경제 체제를 파괴하며 법치주의를 유린하고 물질적 이익의 포로가 된 대중은 더 이상 드높은 이상을 위해 자신을 희생하겠다는 생각을 저버림으로써 가치와 원칙이 쓸모없게 되어가고 있지만, 우리의 마음과 영혼 속 깊은 곳에서 응축되어가고 있는 변화를 향한 마그마(magma)가 대폭발을 일으키고 폭풍을 동반하면서 땅 위의 오물들을 휩쓸고 갈 날이 반드시 올 것이라는 믿음을 지닐 때, 높이 솟아올라

축복을 함께 나눌 수 있는 기회를 맞이할 수 있다.

그러나 변화의 마그마는 쉽게 폭발하지 않는다. 정치, 경제, 사회적 모순이 임계점까지 쌓이는 과정에서 인간의 의지와 분투를 만나야만 가능하다. 우리 시대가 기다리는 바람은 변화와 혁명의 바람이다. 우리는 보편적 사상, 올바른 가치관, 혁명적 변화의 바람과 함께 할 때만 빛나는 언덕 위에 도달할 수 있다.

2019년 청와대가 행정부처에 대해 압력을 가하는 것에 분개하여 이를 폭로한 탓으로 고초와 우여곡절을 겪은 후 새로운 삶을 준비해가고 있는 전(前) 기획재정부 소속 신재민 사무관이 2021년 1월 언론과의 인터뷰에서 말문을 열었다.

"우리는 선출된 절대선(善)이라 여기는 정권에 화가 납니다. 민주주의의 기본 전제는 '견제와 균형'이라고 배웠습니다. 선거에서 이겼다고 그분들이 내세우는 목적이 절대적 지고지순함을 부여받고, 공무원은 무조건 그 목적을 이루는 데 동원되어야 합니까? 권력을 위임받았다고 해서 그 권력을 무한대로 사용하면 독재와 무엇이 다른가요?"

그는 명문대 출신이다. 남들이 가고 싶어 하는 기획재정부에서 상사에게 고분고분하고 부당한 압력도 못 본 척, 못 들은 척했다면 순탄한 엘리트 공무원의 삶을 살아갈 수 있었음에도 감연히 반기를 든 탓으로 대가를 치렀다. 그는 비록 오늘 뒤안길로 사라졌으나 어둠이 걷히면 밝은 모습으로 우리 앞에 나타날 것이다.

그는 아름다움이며 우리 시대 의인(義人)의 한 사람이다. 의인은 그만이 아닐 것이다. 수많은 의인들이 때를 기다리고 있을 것이다.

바람과 함께라면

바람과 함께 라면
어딘들 못 가랴!
높은 산 깊은 계곡
먼 바다 넓은 들!
변화의 바람
혁명의 바람!
우리 모두 미풍이 되고
강풍이 되고 폭풍이 된다면
어딘들 못 가랴!

깨어있는 시민, 지혜의 안내를 받는 국민이 혁명적 변화의 바람과 함께할 때만 가치관 혼동과 제도적 모순과 후진적 풍토(風土)로 인해 혼탁한 사회를 벗어나 독선과 부정의가 만연한 시대를 끝내고 새로운 사회를 향한 새로운 시대를 열어갈 수 있다.

우리는 개인이 국가를 위해 존재하는 집단주의 사회와 결과적 평등주의 사회와 국가계획경제 사회를 단호히 거부하고, 배타적 민족주의 시대, 권력에 의한 독단의 시대, 다수의 폭군 시대, 반(反)민주 반(反)공화 시대를 끝내야 한다.

우리는 국가가 개인을 위해 존재하는 개인주의 사회와 모든 국민이 법앞에 평등하고 기회의 평등을 보장받는 사회, 법치가 존중되는 사회, 민주와 공화가 정상적으로 작동하는 사회, 자유시장경제를 바탕으로 하는 따뜻한 자본주의 사회, 자유와 진실이 존중되고 개방적이며 포용적이고 역동적이며 다원적인 사회를 지향해야 하고 보편가치 공유시대, 글로벌 시대, 상호의존과 상호협력 시대, 통일시대를 살아가야 한다. 그리고 작은 정부·큰 시장 시대를 열정적으로 열어가야 한다.

통일된 대한민국은 국제사회 일원으로서 해양국가, 교역국가로서 자주국방 터전 위에 자유와 평화와 번영을 누리는 선진국, 자유민주공화국이어야 한다. 우리의 선조들은 조선조 500년 보릿고개와 인고의 세월을 견뎌냈고 일제 식민지 시대 36년 핍박에서 살아남았으며, 20세기 우리는 건국과 전쟁과 혁명을 거치면서 새롭게 태어났고 희생과 헌신으로 한강의 기적을 달성했다.

이제 21세기 주역 세대는 이 땅 위를 뒤덮고 있는 어두운 그림자를 걷어내고 '빛나는 역사의 언덕'으로 시민을, 국민을, 민족을 안내해야 하는 사명과 책임을 지니고 있다. 지난날 기적을 이뤄냈던 것처럼 또 한 번의 기적을 연출해낼 수 있어야 하고, 반드시 해내야만 한다.

지금은 비록 정치인들, 관료들, 그리고 이들을 추종하는 무리들로부터 버림받다시피 한 시민과 국민은 한없이 '고독하지만', '빛나는 언덕'에서 함께 하는 날 환희가 고독을 잠재울 것이다.

헌정(獻呈)과 감사의 글

이 책은 우리 자신에 대한 반성적 비판서이자 혁명적 변화를 갈구(渴求)하는 독자들이 지혜의 안내를 받아 역사 발전의 주인공이 되어주기를 바라는 마음으로 썼다.

언제나 수고를 아끼지 않는 출판사 '새로운사람들'의 이재욱 사장과 편집부 직원들의 우의와 노고에 감사하고 자료 제공에 도움을 준 박주현 사장에게도 감사를 전하며, 자료 검색과 원고 정리에 남다른 노력을 해준 민가람 연구원에게도 고마운 마음이다.